L’Adepte

Isabelle Sebagh

L'Adepte

Sept ans dans l'enfer d'une secte

Le Comptoir
EDITIONS

14 rue de la Corraterie, 1204 Genève

Si l'enfant ne trouve pas
suffisamment l'approbation de ses parents,
il la cherche dans l'irrationnel.

Bruno BETTELHEIM

On dit que le temps apaise toute douleur,
On dit que tout peut s'oublier,
Mais les sourires et les pleurs, par-delà les années,
Tordent encore les fibres de mon cœur.

George ORWELL

LE GOUROU

Mégalomanie : Surestimation par un sujet de ses capacités intellectuelles, psychiques, sexuelles ou sociales — hypertrophie du moi. Peut aller d'une simple surestimation de soi-même jusqu'au délire de grandeur.

Grand Dictionnaire de la psychologie, Larousse.

L'ADEPTE

Schizophrénie : État pathologique caractérisé par une rupture de contact avec le monde ambiant, le retrait de la réalité, une pensée autistique. Sous le terme de schizophrénie, on regroupe un ensemble de troubles tels que des idées délirantes (vol de la pensée, par exemple), des hallucinations auditives et visuelles, un raisonnement illogique, l'indifférence affective, l'isolement social, une conduite étrange.

Dictionnaire de la psychologie, Larousse.

I

Ailleurs

L'homme en général n'est pas fait pour rester toujours dans l'enfance. Il en sort au temps prescrit par la nature ; et ce moment de crise, bien qu'assez court, a de longues influences.

Françoise DOLTO.

Dans six mois, j'ai dix-huit ans. Enfin la majorité : la liberté. Mais qui suis-je et quelle sera ma voie ? Quel chemin emprunter sans trop faire d'erreurs ? Pour quoi et pour qui suis-je faite ? À qui je ressemble ? Ma famille m'est étrangère. Que vais-je faire de ma vie déjà bien mal commencée ? J'ai tant rêvé de ce jour !

Depuis deux ans déjà, je fugue de la maison familiale, à chaque fois un peu plus loin de mes repères. Je m'invente un monde parallèle pour y abriter mon âme. Je fuis dans l'idée d'un absolu possible pour ne pas voir un jour mon imaginaire se tarir. Le miroir que j'ai du monde reflète trop d'injustices ; vols, trahisons, abus de pouvoir, misères affectives… Alors je berce mon mal-être sur la musique… « *Let it be* », chantent les Beatles. « Laissez-moi être » pensé-je du fond de ma banlieue, en face du cimetière parisien.

Je souffre de solitude intellectuelle. Peu disposée à l'étude, j'ai pourtant besoin de partager mes interrogations, de confronter mes certitudes. Malgré mon côté enjoué, au fond, ça ne va pas. Ce monde n'a pas de place pour moi. Alors je m'engouffre dans le sommeil, comme atteinte d'onirisme aigu. Je cours vers l'irrationnel infini. Mes modèles ne me sont d'aucun secours, je les ai jetés aux oubliettes.

À commencer par ma mère, esclave sacrifiée à la cause des hommes et à celle de ses enfants. Elle subit sa vie et celle des autres. En renonçant à son bonheur, elle s'est exécutée. Elle érige son sacrifice au rang de vertu et brandit son renoncement comme un devoir. Je ne veux pas lui ressembler. Je ne passerai jamais mes journées dans la cuisine à mijoter des petits plats pour un homme que je n'ai pas choisi. Je n'accepterai pas non plus les « infidélités hygiéniques » d'un mari despote. Je ne réduirai pas mon corps à une obligation conjugale vide de désir et de plaisir. Je saurai faire l'amour, moi, je vivrai, je voyagerai, je rêverai, je rirai. Je m'épanouirai.

La vie de ma mère est parsemée de résignations et de solitudes. « *Mektoub* », se défend-elle, c'est écrit sur le parchemin de la destinée. Moi, je ne pense pas que tout soit écrit. Tout se décide encore, se crée et s'invente. Sinon, à quoi bon vivre ? Les femmes sont-elles donc maudites, toutes vouées à un destin de soumission ?

Ma mère croit-elle vraiment que, comme elle, je vais offrir ma virginité à un prétendant respectable mais indifférent à mon bonheur ? Certes, mon accomplissement la vengerait. Mais m'encourager dans la voie de la révolte signerait l'aveu de son échec. Elle a un rôle à tenir. Pour rien au monde, elle ne faillirait à son devoir. Bien sûr, elle intercède auprès de mon père quand il devient trop violent, lorsque l'une de nous est à terre, en larmes et rouée de coups. Mais elle redoute sa colère, et je connais cette peur. Elle est au fond de mon ventre, gigantesque. Tous les matins au réveil, je la retrouve, comme une compagne insistante. Elle suit chacun de mes gestes et mes mots en sont imprégnés. Sans mon père, bien sûr, je n'existerais pas. Mais avec lui, je n'existe pas non plus. On ne se comprend pas. J'ai tant de questions et si peu de réponses. Mes modèles sont faussés. Ma crise d'adolescence est de type chronique.

Je m'enferme souvent dans ma chambre, musique à fond, je m'invente un autre espace, un ailleurs qui ne peut être que meilleur. Je veux briser le carcan d'une éducation enchaînée à des causes dépassées que je ne reproduirai pas. Je prends un malin plaisir à assener à mon père qu'il est juif, certes, mais aussi arabe, puisqu'il est né en Tunisie. Pour lui, c'est une insulte.

Pourtant, cette famille, je la porte au plus profond de moi. D'une manière ou d'une autre, elle va influencer mes choix. Elle n'est qu'un reflet de ce monde. D'autres, bien plus sombres, m'attendent…

Ce jour-là, j'attends Esther, une amie de lycée que je n'ai pas vue depuis que j'ai quitté le collège, à quinze ans. Elle arrive, joyeuse, fidèle à elle-même, accompagnée de Serge, sa dernière conquête. Il paraît effacé à ses côtés. Sans doute calme-t-il ses excès. Je les invite à boire le thé dans ma chambre, mon territoire. Une fois les présentations faites, j'enchaîne sur mon nouveau Graal : les tarots divinatoires de Marseille, dits « tarots initiatiques ». Est-ce dû à mon côté mystique ? À mes origines juives, à mon intérêt pour la Kabbale — les vingt-deux « arcanes » du tarot, figurant les vingt-deux phases de l'âme humaine, correspondant aux vingt-deux chiffres hébraïques, symboles ésotériques ? Je ne suis pas une diseuse de bonne aventure, loin de là. Ce qui m'intéresse, ce n'est pas de lire l'avenir dans les cartes. Non. Moi, ce qui me fascine dans les tarots, c'est le symbolisme. Je m'attache à lire l'évolution spirituelle de l'âme. J'ai commencé mon apprentissage par les cartes simples, et je ne me débrouille pas si mal.

Serge m'annonce que sa sœur, Véronique, s'intéresse à ce genre de choses : le symbolisme, l'ésotérisme, le mysticisme.

Mysticisme, Inde, Gandhi, paix... Mes pensées s'ordonnent ainsi. Et je fonce la tête la première, ignorant tout, ou presque, du monde.

Sentant que j'accroche, Esther lance à Serge des regards désapprobateurs, presque agressifs.

— Ta sœur nous empoisonne la vie avec ses histoires. Elle fait tout pour nous entraîner dans son groupe. Je hais ces gens et leur vérité sans faille.

— Sois plus tolérante, Esther. Chacun son chemin… Et si Isabelle est intéressée, elles pourraient très bien se rencontrer.

Puis, à mon intention :

— Si tu veux, je peux demander à ma sœur de t'appeler ?

Mes retrouvailles avec Esther prennent une tournure inattendue. Je ne la reverrai plus jamais.

— Allô, Isabelle ? Je suis Véronique, la sœur de Serge.

Véronique ?… Elle m'était complètement sortie de la tête.

Bien qu'empruntée, la voix est douce, presque enfantine.

Les présentations sont brèves et la conversation aboutit en deux phrases à un rendez-vous pour le lendemain, à quatorze heures, au café *Le Z.*, à Alésia. Elle me précise qu'elle sera habillée tout en blanc et qu'elle a les cheveux très longs et très blonds. Pourquoi refuserais-je l'invitation ? Elle paraît plutôt aimable, pas antipathique ; je ne la connais pas, c'est tout.

« Méfie-toi des inconnus, au royaume des aveugles, les borgnes sont rois », répétait ma grand-mère. Mais le message ne s'adapte pas à ma réalité. Je me méfie avant tout des humeurs massacrantes de mon père. Lui, je le connais bien. Le mal, c'est mon plus proche parent. Les inconnus me paraissent tellement plus gentils…

Dans le café, je repère Véronique en un clin d'œil. Visiblement, je ne suis pas la seule. Toute de blanc vêtue, cheveux oxygénés jaune poussin tombant jusqu'aux reins, yeux bleus auréolés d'un fard bleu vif, elle sirote tranquillement une orange pressée. J'ai rendez-vous avec une poupée Barbie parfumée à la violette. Drôle de style pour une mystique...

— Véronique, je suppose ? dis-je en allumant une cigarette.

Elle me sourit, désignant le siège en face d'elle. Je m'assois, lui tend mon paquet de Chesterfield.

— Bonjour, tu en veux une ?

— Non merci, je ne fume pas.

Son regard se pose sur mon blouson noir et mon jean. Mes allures de garçon manqué détonnent à côté de sa féminité tout en dentelles. Serait-elle déçue ? Impassible, son sourire me rassure.

Elle aborde directement le sujet.

— Alors voilà. Nous étudions effectivement diverses approches de connaissance de soi, sous forme d'ateliers expérimentaux. Nous avons plusieurs points de rencontre à Paris, nous sommes très bien installés. Souvent, nous nous retrouvons sur une péniche. Mais pour effectuer un véritable travail sur soi, vivre en pleine nature est plus indiqué. Nous possédons plusieurs domaines à la campagne, dans toute la France, et même un château.

Elle marque une pause en admirant ses ongles nacrés blancs. Seules ses lèvres ne sont pas maquillées.

— Nous sommes très ouverts aux autres, poursuit-elle, à tous ceux qui cherchent la « voie intérieure ». Tout être a le droit, sinon le devoir, de nourrir sa véritable personnalité, tellement négligée dans cette société de consommation.

Quelle assurance !

Cette Véronique doit avoir tout juste vingt ans. Elle semble épanouie, je me cherche encore. Elle tranche, elle affirme ; je tâtonne, je doute.

Elle coupe court à mes réflexions :

— C'est vrai, nous sommes mystiques, mais aucune religion ne nous coiffe. Nous ne possédons pas de temple. Notre lieu de culte, c'est le corps, temple de l'âme.

— Oui, bien sûr… Et vous êtes nombreux ?

— À peu près trois cents, en comptant tout le monde, les internes et les externes, car chacun peut adapter son appartenance à notre mouvement.

— Vous faites quoi ? De la méditation ?

Elle sourit.

— Nous ne faisons pas que méditer. Nous agissons subtilement pour le bien de l'humanité. Certains, même, offrent des dons pour la bonne cause, que nous n'acceptons pas systématiquement : l'argent n'est pas toujours propre…

L'argent… Dans ma famille, l'argent semble faire le bonheur. Pas le mien. Mes oncles calculent leur conscience en francs. La culture, la notoriété et l'argent ne les empêchent pas de se retrancher derrière de sombres morales. L'argent souille, la notoriété compromet, la culture assèche les cœurs. Je rejette ces valeurs. Et l'argent en particulier. Je ne suis pas matérialiste, loin de là.

— Je crois que ce sont les tarots qui t'intéressent, c'est bien ça ? Mais tu sais, fais attention, Isabelle : les gens qui veulent connaître l'avenir sont manipulés par les forces souterraines...

Les forces souterraines, la magie noire... C'est vrai, depuis ma puberté, je suis hantée par le diable. Une peur obsessionnelle. Comme si je pressentais qu'un jour ou l'autre, je devrais l'affronter. Je me défends :

— Oh ! non, je te rassure : ce qui me passionne dans les tarots, c'est le symbolisme. La Kabbale. Mais je ne maîtrise pas cette connaissance. Et, dans la religion juive, celle de mes parents, on ne peut étudier la Kabbale avant l'âge de quarante ans, alors j'ai le temps de m'ennuyer, tu comprends ! De toute façon, je n'attends rien de ma religion. Elle est barbare et misogyne, comme toutes les religions d'ailleurs qui trahissent le refus de la différence et l'élitisme faiseur de guerre, et les femmes n'ont jamais le beau rôle. La difficulté, c'est d'apprendre seule.

J'avais prononcé le mot clé.

— Seul, tout est difficile ! L'homme est né pour vivre en groupe. Isolé, il n'a plus aucune raison d'être. La société pousse l'homme à s'individualiser, à s'isoler. Nous, nous pensons et agissons ensemble, pour être plus forts face à la masse oppressante. Ainsi nos rêves ne virent pas au cauchemar, nos idéaux ne glissent pas dans la résignation. Pour revenir à ce qui t'intéresse, je ne suis pas une spécialiste en tarologie, mais tu trouveras certainement parmi nous des gens qui s'y connaissent, conclut-elle, en enfonçant son regard dans le mien.

D'un geste lent, elle ramène sa longue chevelure décolorée sur son épaule.

— Première règle, annonce-t-elle sur un ton moralisateur, décalé avec sa voix deux tons trop hauts. Nous sommes végétariens, nous ne fumons pas. Nous ne consommons aucune drogue.

Son regard se pose un instant sur mon paquet de cigarettes.

— Nous aspirons à une vie saine, loin de ce système corrompu. Notre travail est fondé sur la purification. Le monde est pollué, physiquement et psychiquement.

Quelle conviction ! Je ne peux pas en placer une. Je l'écoute poliment réciter sa leçon. Je remarque qu'elle ne parle jamais à la première personne du singulier.

— Nous nous considérons bouddhistes. Un bouddhisme revu et corrigé par Osi, notre guide, notre maître spirituel si tu préfères. Il détient une immense connaissance, c'est un initié. Il reste pourtant simple et humble. Il se partage entre sa propre communauté à Paris et sa maison de campagne.

— Mais... vous vivez en groupe, alors ?

— C'est un peu ça. Mais ce n'est pas une obligation, on peut appartenir à notre confrérie en continuant de vivre en dehors. On est complètement libres. Pour nous retrouver, nous organisons une grande réunion tous les vendredis soirs. D'ailleurs, si ça te dit, tu peux venir à la prochaine, notre guide sera là.

Pourquoi pas ? Qu'est-ce que je risque ? Et puis, j'avoue que je suis curieuse de voir à quoi peut bien ressembler un prophète des temps modernes.

— Et vous faites quoi, pendant ces réunions ?

— Viens voir par toi-même. Ça ne t'engage à rien. Tu ne seras pas déçue. Nous méditons beaucoup, mais de manière différente pour chaque niveau vibratoire. Enfin, ce serait trop long à expliquer. Une journée entière n'y suffirait pas.

Tout cela paraît passionnant et tellement riche d'expériences ! Un peu étrange, peut-être, mais si différent de ce que je connais.

— Prends toujours l'adresse. C'est à Vincennes, métro Bérault, 58 rue des M., juste en face du bois, à vingt heures précises. Mais si tu viens, arrange-toi pour être à l'heure : notre guide ne nous réunit pas tous les jours et il y aura du monde…

Je note scrupuleusement l'adresse sur mon carnet rouge.

Elle me sourit.

— Je te sens bien, Isabelle. Si je te parle aujourd'hui, c'est que tu as été guidée jusqu'à nous. Il n'y a pas de hasard…

À ces mots prophétiques, j'écrase nerveusement ma cigarette, me sentant soudain coupable de polluer sa pureté immaculée. Elle me lance un regard amusé, elle gagne du terrain sur moi.

J'avale une dernière gorgée de café froid, décidément trop amer sans cigarette. Elle se lève.

— Au fait, se ravise-t-elle. Pour vendredi, il faut que tu sois sûre de venir. Nous devons avertir le maître avant d'inviter des nouveaux. Il sent les gens à distance, il est très fort…

— Je peux t'appeler pour confirmer ?

— Non, c'est dans deux jours, et je suis injoignable…

Elle part, aérienne, laissant flotter derrière elle un parfum de violette.

Drôle de personnage que cette fille. Qui peuvent bien être ses amis ? Une foule de questions se bouscule entre mes oreilles. La quête de l'absolu, le chemin de la sagesse, l'amour parfait… L'impossible serait-il possible ? L'irrationnel aurait-il sa part de vérité ?

Ce soir-là, comme tous les vendredis pour le peuple juif, c'est sabbat à la maison. Ma mère transpire le sacrifice au-dessus de son couscous dans sa cuisine toujours en désordre où se mêlent les odeurs d'épices. Une cigarette pendouillant de sa bouche, elle remue inlassablement les boulettes dans l'huile bouillante. La musique orientale à tue-tête, elle chante et roule des hanches.

J'ai faim, mais je ne prends pas le temps de manger ; j'ai mieux à faire. Pour cette première rencontre avec le « grand sage », je décide de m'habiller tout en vert, couleur de l'espoir. Un rapide coup de peigne dans mes cheveux teints au henné à la mode maghrébine, un peu de mascara sur les yeux, je n'aime guère les artifices féminins.

J'embrasse ma mère. Ses yeux expriment le regret.

— Même ce soir, tu ne seras pas là, se lamente-t-elle. Alors pour qui je cuisine, si ce n'est pas pour mes enfants ?

Je m'esquive. Pas question d'être en retard.

À l'adresse indiquée, je me retrouve devant une coquette maison bourgeoise du XIXe siècle, de deux étages et protégée par une grille en fer forgé. Des sculptures ornent tout le haut de la façade et le rebord d'un grand balcon. Un vieux chêne se dresse au milieu du petit jardin et de gros blocs de verre, posés çà et là, reflètent la lumière, dessinant des arabesques à ses racines. Je sonne.

Une voix féminine grésille dans l'interphone :

— Qui est-ce ?

Je m'annonce, timide.

— Vous ne me connaissez pas. Je viens pour la soirée que vous organisez.

— Tu veux dire la réunion. Qui t'envoie ?

— Véronique, mais je ne sais pas son nom de famille.

— OK, tu peux entrer.

Je pousse la grille du jardin, la porte d'entrée de la maison est entrebâillée. Une fois à l'intérieur, je suspends mon blouson à l'un des nombreux portemanteaux vissés sur les murs d'un petit couloir étroit et sombre. Passé un épais rideau blanc, je plonge dans la quatrième dimension. La pièce est uniformément tapissée de vinyle blanc brillant, du plafond jusqu'au sol. Les bancs paraissent sculptés dans la même matière. Des néons roses et violets baignent le vestibule d'un étrange éclairage tamisé.

Où suis-je tombée ? Je n'ai jamais rien vu de semblable.

Je dois être la première arrivée, personne n'est là pour m'accueillir. Où est donc la fille qui m'a répondu à l'interphone ? La curiosité est trop forte. Je me dirige vers une porte ovale découpée dans le bois. Elle s'ouvre avec un léger couinement. Derrière, se profile un long vestibule et trois nouvelles portes, dont une toute ronde, recouverte de papier argenté. Je vois sortir une blonde d'une vingtaine d'années, très maquillée, fard bleu sur yeux bleus, combinaison bleu ciel. Je n'ai pas le temps d'expliquer ma présence ici.

— Non, non, non. Tu ne peux pas entrer ici. Tu dois attendre dans le sas. Les êtres vont arriver d'ici une heure. Tu es en avance.

Je me confonds en excuses et, docile, je retourne dans le « sas » attendre les « êtres ». Oui, ce sont bien les mots qu'elle a employés. Curieux dialecte. Tout ici me surprend. Je m'assois sagement et j'observe mon reflet se déformer sur le plafond de vinyle blanc.

Un jeune homme fait son apparition. Il est vêtu d'un pantalon blanc et d'un pull rose fuchsia lamé tricoté main. Ses cheveux châtains tombent en boucles sur ses épaules. Ses grands yeux bleus se posent sur moi.

— Salut ! On ne se connaît pas ? C'est la première fois que tu viens ?

Je suis troublée.

— Oui. C'est Véronique, une grande fille blonde, qui m'a invitée. Mais elle n'a pas l'air d'être là...

Un sourire angélique sur les lèvres, il se présente.

— Je m'appelle Gwen.

Il croque à pleines dents une pomme verte.

— Il faut attendre longtemps avant que la réunion commence ? Il y a bien une réunion, ce soir ?

— Oui, bien sûr, dans une heure environ. On commence toujours un peu en retard.

Un petit groupe entre dans le vestibule. Les filles, parées de bijoux de strass et de cristal, affichent des maquillages irisés et pailletés. De vrais feux de brouillard. Leur façon de me regarder, avec insistance, me donne le sentiment d'être la curiosité des lieux. Peu à peu, ils arrivent, par groupes de trois ou quatre, en habits blancs, de cérémonie semble-t-il. L'ensemble évoque un peu les ashrams hindous.

Le sas devient vite trop petit pour contenir tout ce monde et les gens s'entassent dans le jardin. Gwen s'évapore dans la foule. Une petite brune aux cheveux courts, en jean, se glisse vers moi, mi-perdue, mi-amusée par cette multitude d'allumés.

— C'est la cohue ici, on est poussé de partout !

Elle saisit fermement mon bras.

— Sandrine. Tu n'es pas une habituée, toi non plus ?

Je me présente sur le même ton, rassurée de ne pas être la seule étrangère.

— Isabelle. Tu connais qui, ici ?

— Cédric, un ami d'enfance.

Elle s'assoit à côté de moi.

— Cédric habite là. J'étais avec lui. Tu sais, au-dessus du vestiaire, il y a une petite trappe au plafond. Eh bien, c'est sa casemate.

— Sa casemate ?

— Oui, son « espace vital », comme ils disent. Je crois que c'est japonais, genre zen...

Elle rit. Complices, nous nous mettons bientôt à décortiquer un à un les participants. La majorité n'a pas vingt-cinq ans. Les hommes voilent leur visage d'une barbe touffue et de longs cheveux. Les femmes, toutes outrageusement maquillées, moulées dans des combinaisons ou des minijupes, sont juchées sur de hauts talons aiguilles ou chaussées de grandes bottes cavalières métallisées. Les gens parlent tout doucement, s'envoient des sourires, des petits clins d'œil. Certains me sont même adressés.

Je passe de la sidération à la curiosité. Je suis peu à peu charmée et enivrée par l'abondance de parfums capiteux. Quel est ce lieu ? Qui sont ces gens ? Nul doute, cette fois je suis vraiment *ailleurs*.

Enfin, j'aperçois Véronique. Elle se fraye un chemin jusqu'à moi. Elle crie mon prénom comme si nous nous connaissions depuis des lustres.

— Isabelle ! Je suis si contente que tu sois venue !

Comment vas-tu ? As-tu trouvé facilement ? Mais… tu es habillée tout en vert !

Elle soupire, manifestement contrariée. Confondue, je regarde mes vêtements.

— Qu'est-ce qu'il y a ?

Son ton devient alors professoral.

— Chaque couleur a un pouvoir sur l'âme. Porter du vert est très négatif pour l'aura. Je t'expliquerai tout ça plus tard. Je dois te laisser, j'ai du monde à voir.

Elle repart comme elle était venue. Sandrine, sans relever les propos singuliers de Véronique, enchaîne sur son ami Cédric. Depuis qu'il vit avec « le groupe », il a décroché des voies sans retour des drogues dures. Car ces fervents adeptes de la nature protègent la vie sous toutes ses formes. Ils ont ramené Cédric sur le chemin des vivants, en y mettant toute leur âme, leur compassion et leur savoir-faire. Là où la famille et les institutions ont échoué, ils triomphent. Je suis impressionnée.

Brusquement, le brouhaha cesse. Un lourd silence enveloppe l'assemblée. C'est alors que j'avise un homme grassouillet traversant lentement la foule qui s'ouvre et se referme sur son passage. Il est vêtu d'une combinaison blanche moulante zébrée de fermetures Éclair et retenue à la taille par un énorme ceinturon où se profile un serpent à deux têtes. Ses doigts charnus sont ornés de grosses bagues de fakir. Le visage rond, plutôt jovial, le front protubérant, ses cheveux noirs corbeau se répandent en boucles sur ses épaules. Ses petits yeux noirs brillent d'un éclat singulier. Mais le plus curieux, c'est l'étonnante barbe à deux tresses, longue d'une vingtaine de centimètres, qui lui tombe du menton. Cinq femmes le suivent pas à pas. Elles sont blondes pour la plupart et leurs paupières grimées de rose, de bleu ou de mauve leur donnent des allures de poupées. Le mysticisme, ici, ne semble guère souffrir d'un excès de sobriété. Ils sont bien loin les sinistres offices religieux de mon enfance, la sévérité de nos rabbins !

L'homme se dirige dans le silence vers une porte coulissante qui donne sur une grande pièce et s'y enferme avec un petit groupe. Les autres attendent, méditatifs. Certains ferment les yeux, d'autres se balancent d'avant en arrière, à l'image des prieurs devant le mur des Lamentations. À quoi tout cela rime-t-il ? Je suis de plus en plus intriguée.

Au bout d'un long quart d'heure, les portes s'ouvrent. Les disciples se déchaussent et entrent un par un, solennels. Sandrine et moi sommes les dernières. Nous suivons, muettes et dociles. Ce n'est pas le moment de poser des questions.

Tout le monde prend sa place, assis en tailleur à même le sol sur une moquette bleu électrique. Du papier argenté recouvre les murs et le plafond. Des néons bleus sont disposés sur les quatre arêtes de l'estrade où le guide est installé. Les mêmes femmes qui le suivaient sont assises en tailleur autour de lui. De gros blocs de verre dépolis, semblables à ceux du jardin, occupent le centre de la pièce.

L'homme prend la parole, d'une voix forte et claire.

— Bonjour, mes amis, compagnons de l'Internel. Hâtez-vous de vous installer. Cette nouvelle enceinte est magnifique. Je félicite ceux qui ont consacré leur temps précieux à sa réalisation.

Il se lève, déambule de long en large de l'estrade, puis se fige. Son regard perçant embrasse l'assemblée.

— Vaisseau 42, porte interdimensionnelle 588.

Il prononce ces mots en tenant dans ses mains une espèce de maquette de vaisseau spatial qui émet des sons aigus et des lumières rouges clignotantes. Il se rassoit. Mon regard éberlué croise le sien.

— Well, well ! Reprenons. Avant d'aller plus loin dans notre programme, je voudrais savoir s'il y a des nouveaux parmi vous ? Je sens un circuit extérieur et j'ai des choses essentielles à vous communiquer qui ne peuvent être entendues par des oreilles profanes. Cela gêne mon B4 qui voudrait investir la zone.

— Oui, clame fièrement Véronique. J'ai amené une nouvelle. Elle s'appelle Isabelle.

— Nouvelle ? Isabelle ? Où est-elle ? Qu'elle lève la main.

Impressionnée par deux cent paires d'yeux rivés sur moi, je lève timidement la main. Sandrine fait de même. Le maître pointe un gros doigt dans notre direction.

— Toi là-bas.

— Qui, moi ?

La voix de Sandrine et la mienne se font écho.

Sans comprendre à laquelle de nous deux il s'adresse, nous répondons à nouveau en chœur, hilares, privant bien involontairement le guide de son effet. Notre fou rire s'étend bientôt à toute l'assemblée.

— Bon, je n'ai pas le temps, grogne-t-il. Il y en a une trop mûre et une trop verte. Pour le moment, sortez toutes les deux. Je vous verrai tout à l'heure. Allez attendre dans le sas.

Nous quittons à regret la pièce, un peu déçues de manquer la suite. Nous nous retrouvons assises devant une montagne de chaussures malodorantes. Sandrine s'indigne :

— Dis donc, pas aimable leur super initié !

— « Une trop mûre et une trop verte » ! La trop verte, c'est moi. Tu te sens trop mûre, Sandrine ?

Elle semble vexée.

— Je n'ai pas envie d'attendre. Je m'en vais.

— Reste un peu ! On est en plein film de science-fiction !

— Non. À un de ces jours, Isabelle.

Pourquoi ne suis-je pas partie avec elle ?

À nouveau seule dans le sas intergalactique, je plonge dans mon bouquin d'Isaac Asimov, *Fondation et Empire*. Une ou deux heures passent, je ne sais plus. Je ne porte pas de montre : l'heure et le temps représentent l'esclavage de la discipline sociale.

Subitement, ils déferlent tous dans le sas. Le maître sort en dernier, retenu par des disciples. Je l'observe du coin de l'œil, il le remarque. Il passe devant moi. Il se parfume, c'est évident. Conquérant, il me dévisage de la tête aux pieds. L'insistance de son regard me trouble. Mais, au bout de quelques secondes, je le fixe à mon tour. Il joue avec les deux tresses de sa drôle de barbe. Souriant, il engage la conversation.

— Hé, hé, hé ! Quel est ton nom, déjà, chère enfant ?

— Isabelle, dis-je, timide.

— C'est joli. Tu as une très belle enveloppe, mais sacrement trop verte. Tourne-toi par ta droite, s'il te plaît. Cela te paraît sans doute bizarre, mais je prends contact avec tes véhicules subtils sur une autre dimension.

Je ne sais plus trop où j'en suis. Intriguée, j'obéis. Une centaine de sourires me gratifient de leur soutien. Puis, sans autre explication, l'initié repart prodiguer ses bienfaits. Je le suis, avec les autres, dans l'escalier qui mène à une cave. Et là, je n'en crois pas mes yeux : il s'agit ni plus ni moins d'une boîte de nuit !

Voûté devant un vieux piano en bois, un grand brun typé débite un flot de paroles obscures à l'oreille de Véronique. Les présentations sont ponctuées de sourires engageants. Il s'appelle Mathias.

Et tout d'un coup, l'atmosphère bascule. La musique d'Earth, Wind and Fire, *Love Song*, donne le coup d'envoi : la fête commence. L'ambiance se dégèle très vite. Tout le monde danse, les corps se frôlent dans une chorégraphie un peu anarchique. Des garçons m'invitent à danser, sans arrière-pensée, juste pour le feeling, dans une délicieuse atmosphère de légèreté. D'autres viennent me parler, très ouverts, vraiment sympathiques. Ils semblent tous heureux de me voir, comme si j'étais des leurs. Et moi qui m'attendais à une nuit de méditation, à de sages discours sur le sens de la vie, à des positions de yoga alambiquées ! Véronique, pourtant, me l'avait bien dit : leur guide a sa propre interprétation du bouddhisme. Aurait-il débarrassé cette philosophie de tous ses gestes millénaires pour l'adapter aux jeunes générations occidentales ? Veut-il nous prouver que la sagesse n'engendre ni austérité ni tristesse ? Cela devient intéressant.

Le temps passe vite en aussi singulière compagnie. Déjà, j'ai fait quelques connaissances. Il est trois heures du matin, peu à peu la salle se vide. Le maître est parti. C'est alors que Véronique, du haut de ses talons aiguilles blancs, propose de me raccompagner. Cela me semble très courtois de sa part.

Nous traversons la cour déserte, la nuit est fraîche et claire. Je monte dans sa voiture qui relève du plus pur style futuriste : le tableau de bord est recouvert de papier métallisé, un bloc de verre trône au centre. Dans le cendrier inutilisé, des fleurs en tissu composent un bouquet artificiellement parfumé. Je m'enfonce dans la fourrure synthétique bleu cobalt qui enveloppe les sièges.

— Alors, Isabelle, tu t'es bien amusée, ce soir ? Tu ne t'attendais pas à cela, je suppose.

— Ah ça, j'ai été surprise ! Vous faites souvent la fête, comme ça ?

— Oui, à peu près une fois par semaine. Tu vois, notre initiation passe aussi par le plaisir. On ne se prend pas au sérieux comme la plupart de ces communautés mystiques qui poussent un peu partout. Nous avons compris que la fête fait partie intégrante de l'initiation. Il faut savoir se lâcher de temps en temps !

Elle me regarde en souriant. Elle semble radieuse. Je reprends un peu mes esprits égarés :

— Quand même, je suis déçue de ne pas avoir participé à votre réunion, dans la grande salle... Qu'est-ce qu'il vous a raconté, votre... guide, pendant une heure ? Et c'était quoi, ce truc dans ses mains ?

— Ne t'inquiète pas, Osi t'a parlé, c'est bon signe. Pour le reste, tu comprendras peut-être plus tard, si tu reviens nous voir. Osi a enregistré ton circuit, c'est-à-dire ce que tu représentes dans ta globalité. Ton aura, ton karma, ton inconscient. Et si l'autre fille est partie, c'est qu'elle était trop chargée. Il est très fort, tu sais, il l'avait senti.

— Chargée ?

— Oui, chargée de ténèbre. La vie se départage entre la ténèbre et la lumière. Tout ce qui n'est pas lumière est ténèbre, tout ce qui n'est pas ténèbre est lumière. En fait, c'est très simple. Mais beaucoup de choses nous échappent dans les mondes invisibles. Je veux parler de l'aura.

J'en profite pour sortir ma science :

— Je vois, oui, je sais ce qu'est une aura. J'ai lu *Les Secrets de l'aura*, de Lopsang Rampa. À une époque, il m'arrivait de voir des lumières autour des gens. Et puis, un jour, je n'ai plus rien vu. Mais je suis sûre qu'à force de concentration, je pourrais retrouver ce don... Comment tu dis qu'il s'appelle, le guide ?

— Osi. C'est son nom cosmique. À toi aussi, un jour, il te révélera ton nom cosmique.

Nous arrivons devant chez moi.

— Eh bien, écoute. Je pense que nous sommes en résonance.

— Comment ?

— Je veux dire que nous pouvons nous entendre, Isabelle. Si ça t'intéresse, il y a une réunion une fois par semaine. Je t'appellerai pour la prochaine. Si tu veux vraiment apprendre et comprendre le sens de la vie, il faudra venir régulièrement. Tu dois, pour commencer, effectuer un travail d'épuration énergétique. Nous t'y aiderons.

Je claque la porte de sa voiture après l'avoir saluée.

En tout cas, cette fille a un sacré vocabulaire. Elle doit en savoir, des choses ! En même temps, c'est étrange : elle parle la même langue que moi et pourtant, ce n'est pas le même langage. Je suis de plus en plus intriguée. Cependant, et même si nous sommes « en résonance », je ne ressens pas d'affinité particulière pour Véronique. Ses amis, en revanche, m'ont séduite.

Par la vitre ouverte, elle me lance :

— Que les anges te veillent, Isabelle !

Mais pour les années à venir, les anges vont m'oublier.

II

Devenir zen

Tu veux un monde meilleur, plus fraternel, plus juste ? Eh bien, commence à le faire : qui t'en empêche ? Fais-le en toi et autour de toi, fais-le avec ceux qui le veulent. Fais-le en petit, et il grandira.

Lanza del VASTO.

D'invitations en rendez-vous, on m'initie peu à peu à la pensée zen, à une tout autre mentalité de tendance extrême-orientale. Je délaisse un port tempétueux pour un autre plus accueillant, j'accoste sur des rivages exotiques et les quelque trois cents autochtones qui habitent ce pays enchanteur ont à peu près le même âge que moi. Rencontrer autant d'amis d'un seul coup tient de l'extraordinaire. Et moi, en cœur de lotus, j'ouvre mes pétales aux premiers accents trompeurs du chant des sirènes.

Je découvre une association de jeunesse d'un type peu banal, un cercle philosophique révolutionnaire qui promet d'accomplir des idéaux qui se trouvent être aussi les miens. Osi m'a acceptée parmi eux, il m'a jugée digne d'appartenir à leur élite, et mon orgueil, autrefois bafoué, se trouve flatté. Dans ce nouveau cercle d'amis, il n'est plus question de solitude intellectuelle ; nous bavardons pendant des heures sur les sujets les plus divers, le soir, jusque tard dans la nuit. Je n'ai jamais autant parlé de moi en si peu de temps, jamais on ne m'a prêté une oreille si attentive. À leur contact, je me dévoile. La réserve des premiers temps s'est dissipée. Certes, ils ont des comportements un peu étranges, je ne les comprends pas toujours. Mais eux me comprennent, et ils partagent ma révolte comme ils adhèrent à mes rêves. Loin de me faire du mal, ils me rassurent. Leur présence m'est bénéfique.

Quand je fuguais de la maison familiale, c'était pour chercher un refuge. L'aurais-je enfin trouvé ? Comme moi, mes nouveaux amis sont tous pacifiques et désireux d'améliorer le monde. « Pour transformer le monde, commence par te transformer toi-même », professent-ils. Le meilleur se trouve là, à portée de main. Je suis prête à tout pour le conquérir.

Inlassablement, ils répondent à chacune de mes questions. Lorsque je n'ai pas bien compris une phrase, un mot, une attitude, patiemment, ils me les réexpliquent. Par exemple, pourquoi se démarquent-ils ainsi du « monde extérieur » ?

— Voilà. Tu vas voir, c'est très simple. Chaque circuit humain émet une onde émotionnelle et vibratoire sans conscience de la chaîne karmique engendrée. Nous, grâce au travail d'Osi, nous accédons à une lucidité plus subtile et plus étendue de la réalité. Afin de ne pas assombrir cette lucidité, nous devons nous couper du monde pour nous protéger. Car cette nouvelle sensibilité nous rend plus fragiles par rapport au reste de l'humanité.

Dans leur manière de vivre, tout prend un sens très précis. Grâce à leur « nouvelle sensibilité », ils affirment maîtriser le hasard, prévoir l'imprévisible et posséder la Vérité.

Comme me l'avait expliqué Véronique lors de notre première rencontre, l'association dispose de plusieurs lieux de réunion dans Paris et sa banlieue. Certains membres s'y sentent même si bien qu'ils quittent leur famille ou leur logement solitaire pour venir habiter avec les leurs. Plusieurs communautés se sont ainsi constituées. Chaque nouveau venu désireux de s'initier est adressé vers celle qui convient le mieux à sa personnalité.

L'association compte six communautés principales. La plus prestigieuse, Internella, est réservée aux « Éternels », pour la plupart blonds aux yeux bleus ; elle a son siège dans un quartier chic de Vincennes, là où avait eu lieu ma première réunion. C'est l'une des plus élevées spirituellement, après le « Centre », bien sûr, où vit le maître. Elle est dirigée par Pierre, un ancien styliste.

En deuxième position, on trouve Synthésis, au cinquième et dernier étage d'un vieil immeuble rue Saint-Martin à Paris, dans un appartement de deux cents mètres carrés. Le responsable en est Michaël, secondé par Jacky. Elle est réservée aux intellectuels bruns aux yeux noirs, aussi appelés « Séternels », du nom de Satan. Lorsque je m'étonne de cette sorte de discrimination, ils rient et me rassurent : rien n'est jamais définitif ; certains « Séternels », en effet, à force de travail spirituel, parviennent à dépasser leur condition première. Tristan, par exemple, le frère de Pierre, brun aux yeux noirs, réside à Internella.

Puis viennent les artistes d'Opéral. Très nombreux, ils occupent un immeuble entier dans le XVe arrondissement sous la tutelle de Claudius, un astrologue un peu bohème. Son frère Francis l'assiste. Tous deux blonds aux yeux bleus, ils appartiennent donc aux Éternels.

Dans le XVIIIe, la communauté de Zéta gère la comptabilité de l'association. Son responsable, Jean-Philippe, est un ancien conseiller financier. Il a aussi quelques notions de psychologie. Il est assisté par le frère aîné de Jacky, Charlot, imprimeur.

Énerga, située à Asnières, se charge des relations avec les médias. C'est un lieu agréable où musiciens et écologistes rêveurs aiment à se retrouver. Ils organisent de grandes fêtes, auxquelles je suis souvent invitée. Son responsable, Christophe, un anarchiste paisible et retranché, vient tout juste d'être remplacé — il semble qu'il ait eu des problèmes psychiques graves — par Florian, un garçon romantique, fils de haut fonctionnaire.

Nucléa, enfin, est installée à Fontenay-sous-Bois, dans une grande maison bourgeoise. Avec, à sa tête,

Sylvain — un nouveau qui a amené avec lui ses deux jeunes frères —, Nucléa regroupe en fait tous ceux, ni blonds aux yeux bleus, ni bruns aux yeux noirs, ni intellectuels, ni artistes, qu'Osi a du mal à « cadrer énergétiquement ».

Internella, Synthésis, Opéral, Zéta, Énerga, Nucléa : l'initiale de chacune de ces communautés composent le nom de notre association à but philosophique et artistique, ISO-ZEN.

Très vite, on me propose de m'initier à la méditation zen. Je suis très tentée, et en plus, c'est gratuit. Je suis dirigée vers la communauté de Synthésis. Je suis brune, j'ai les yeux noirs et, malgré une scolarité écourtée, j'ai été rangée dans la catégorie des intellectuelles. Je ne discute pas une décision qui me dépasse. Il paraît que j'ai l'esprit « synthétique »...

Depuis quelques semaines, donc, tous les jeudis soirs vers vingt heures, je me rends rue Saint-Martin. Nous sommes un petit groupe d'une cinquantaine. Nous éprouvons tous un sentiment de force à l'idée de partager ce même rituel. Une séance débute toujours de la même manière, par une thérapie collective où chacun exprime ses états d'âme du moment.

L'opération est baptisée « rééquilibrage des énergies » car, comme nous l'enseigne Osi, « avant la formation de la matière, la vie est énergie ». En un rite immuable, les filles, jugées plus « sensibles », prennent place devant les hommes. Assis en tailleur ou à genoux, nous formons deux demi-cercles autour de

Jacky, notre « centralisateur ». Il cédera ensuite sa place à Michaël, son supérieur hiérarchique, laissant toujours un espace vide pour le « guide invisible ».

Jacky se charge d'ouvrir la séance en attendant Michaël qui, avant d'arriver, s'entretient toujours avec le maître. Michaël n'a que vingt-quatre ans, mais son autorité naturelle lui confère des responsabilités. Grand et mince, il arbore lui aussi une barbe tressée longue d'une dizaine de centimètres. Doué en maths et en électronique, il est un peu notre savant fou. Comme les responsables des autres communautés, il vit auprès d'Osi, dans le XVe arrondissement, rue L. Chaque responsable est en fait le trait d'union entre les membres de sa communauté et le maître. Osi peut ainsi se tenir très précisément informé du cheminement de chacun.

Jacky prend très à cœur ses fonctions de second. Photographe de formation, il assure quelques heures de travail dans un labo. Contrairement aux autres, il a les cheveux très courts. Pour le reste, il ne se distingue guère de ses pairs, pantalon et pull-over blanc constituant l'essentiel de sa garde-robe. D'un naturel réservé, Jacky détourne ses yeux noirs en amande des regards trop pressants des jeunes filles, attendries par sa vulnérabilité.

Sans se départir de son sourire d'ange, il ouvre la séance.

— Comment vous sentez-vous, énergétiquement, en ce moment ?

Nous prenons la parole chacun notre tour, avec la plus grande sincérité.

Sophia est assise à côté de moi. Elle a tout juste vingt ans. Depuis deux ans, elle vit ici, à Synthésis. Ses yeux noirs, toujours en mouvement, tranchent avec le teint diaphane de son visage. Elle évoque son agitation intérieure permanente.

— En ce moment, dit-elle d'une voix fragile, je me sens envahie par des forces qui veulent m'infiltrer. Ces forces me coiffent, j'ai besoin d'aller voir Osi pour qu'il me recadre…

Le laïus se poursuit dans ce vocabulaire cosmique qui, peu à peu, me devient familier. Souvent, lors de nos réunions, certains garçons reprochent aux filles de « bloquer leur circuit ». « Leurs puissances sont trop lourdes », rétorquent alors celles-ci. L'insulte suprême reste très zen : « Tes plans profonds me chargent » ou encore : « Je sens que karmiquement tu me coiffes ». Nous ne disposons d'aucun lexique. L'enseignement d'Osi se transmet oralement, à l'image de la tradition indienne. Au fur et à mesure que je progresse dans ma recherche intérieure, guidée par Jacky, j'enregistre avec délice ces mots nouveaux aux tendances cybernétiques avant l'heure. À la maison, je les utilise avec la joie des enfants qui parlent en langage codé pour ne pas être compris des adultes.

Le langage codé, inventé, propre à toute secte, est une composante essentielle du processus d'isolement, de régression et d'infantilisation. L'adepte, un peu perdu au départ, ne se sent pas à la hauteur (infantilisation). Peu à peu, il va apprendre et adopter cette nouvelle langue. La pensée s'ordonne et se construit à partir du langage. À mesure que ce dernier se réduit, se limitant de plus en plus à des expressions empruntées pêle-mêle aux récits de science-fiction et aux philosophies orientales, l'espace de réflexion se ferme (régression). Le langage codé cultive l'illusion cosmique, persuade plus encore l'adepte qu'il appartient à une élite, seule à même de le comprendre, et accentue la rupture avec tout individu extérieur à cette forme de pensée (isolement).

Face à la détresse de Sophia, Jacky se montre compréhensif. C'est ce qui est merveilleux chez lui : ici, on peut tout dire, tout avouer. Chacun se confesse sans honte ni censure. La révolte est acceptée, comprise, voire entretenue. Avant de rencontrer le « groupe de jonction cosmique Iso-Zen », nous partagions tous un même sentiment, celui d'être « différents », étrangers à ce monde. Notre rébellion, nul ne la comprenait : nos parents, nos professeurs, nos amis même, l'ignoraient. Nous sommes désormais unis dans notre révolte, l'ivresse d'un combat contre le « mal social » nous donne des ailes et, à la façon d'Icare, nous nous envolons…

Jacky ne juge pas, il comprend, conseille. Avec lui, nous apprenons à libérer notre corps de toutes les énergies négatives qui le parasitent. Il nous incite à vider notre tête trop « chargée » pour mieux la remplir ensuite avec des énergies positives. Peu à peu, cette « purification » nous permettra d'accéder aux « mondes invisibles ».

— Nous allons t'aider, Sophia, dit doucement Jacky. Ferme tes poings et ne les pose surtout pas à terre. Voilà, comme ça, très bien. Nous méditons pour toi. Sens comme peu à peu tu t'allèges de cette charge qui t'oppresse.

Le silence appelle la concentration. Nous nous donnons tous la main pendant quelques minutes. Déjà, Sophia se sent mieux.

Au début, lors de ces réunions, je parlais surtout de mes parents. J'évoquais mon père et sa violence, ma mère et sa soumission, mes fugues, ma « quête de l'absolu ». Jacky m'a écoutée. Je me suis sentie soutenue. Grâce à lui, je me libère. Aujourd'hui, j'ai réussi à me décharger de ces énergies négatives. Je ne parle plus de ma famille. Peu à peu, je me vide, je deviens une entité sans attache. Dans ce cheminement initiatique, je suis assistée par Michaël. Au nom de ma « libération », il m'invite à oublier la première partie de ma vie. Si parfois je souffre de mélancolie, si j'ai encore quelques remords à renier mon passé, il m'encourage :

— Peu importe le passé, Isabelle. Concentre-toi sur ton avenir, et ton avenir, c'est Iso-Zen.

J'en suis convaincue. Tout va tellement mieux dès que je suis avec eux ! D'une semaine à l'autre, j'attends avec impatience la prochaine réunion, la prochaine séance de méditation, la prochaine soirée.

À la fin de la séance, les hommes, y compris Jacky, se retirent les premiers. Les filles, elles, bénéficient d'une instruction complémentaire spécifique. Celle-ci est dispensée par Michaël.

— Mesdemoiselles, gardez en tête que vous représentez les portes de l'âme pour tous les hommes de notre égrégore. Sans vous, nous ne pouvons atteindre les sphères cosmiques. Vous n'êtes pas sans savoir qu'Osi travaille principalement avec les femmes. Vous avez un rôle initiatique particulier en matière de purification. Vous êtes les seules à détenir la capacité de voyager sur différents plans de conscience. Sachez l'utiliser à bon escient.

Conscientes de notre tâche supérieure, nous méditons sur l'immense privilège qui nous est accordé.

Invariablement, la séance s'achève par une « visualisation mentale créatrice » :

— En ce moment, dit doucement Michaël, nous passons une porte énergétique de grande envergure. Fermez les yeux et concentrez-vous sur votre faisceau intérieur. Imaginez une tige de lumière bleue qui traverse votre corps verticalement. Fermez les poings mais ne les posez surtout pas à terre. Vous risqueriez de vous charger de forces souterraines. Visualisez une plaque de métal bleu sous vos jambes. Prenez une inspiration profonde afin d'apaiser en vous le mouvement infernal du mental.

La voix douce de Michaël me berce, je suis un bébé, je me laisse porter jusqu'au bord de l'endormissement, à mi-chemin entre l'état de veille et l'état de sommeil.

Mes membres s'engourdissent, peu à peu je sens ma tête qui se vide, prête à aspirer les énergies bénéfiques. Le flot de paroles de Michaël peut se déverser librement dans mon cerveau, nul obstacle, nulle résistance ne viendra l'endiguer.

— Maintenant, continue la voix, concentrez-vous sur votre « chakra » supérieur, au sommet de la tête. Faites ensuite circuler l'énergie du dessous de votre corps jusqu'à la racine de vos cheveux, en passant par le faisceau de lumière dont je vous parlais tout à l'heure. Laissez-vous guider par les images qui vous traversent l'esprit tout en gardant un contrôle sur vos émotions profondes.

Nous ne pensons plus. Enveloppées d'un silence ouaté, nous restons assises sans bouger jusqu'à ce que les crampes et les fourmis deviennent insupportables et que Michaël, d'une voix suave, nous délivre :

— Revenez progressivement sur ce plan en ouvrant doucement les yeux...

Légères et heureuses, nous allons retrouver les garçons pour prendre le thé et improviser les projets du week-end. Le plus souvent, nous organisons des balades à la campagne pour assainir notre corps ou des soirées dansantes pour libérer nos inhibitions. Avide de me rendre utile, je participe à toutes les activités du groupe. Je propose même de donner des cours de danse moderne une fois par semaine. Je me construis une nouvelle vie, parallèle à « l'autre » qui m'est de plus en plus étrangère. Le temps passe si vite, et j'ai tant à apprendre.

Peu à peu, je me transforme. Trois mois m'ont suffi pour abandonner ma carapace de garçon manqué. J'ai troqué mon blouson de cuir noir pour d'insolentes minijupes. J'apprends à me maquiller. Pour la première fois, je découvre le bonheur et le privilège d'être femme : alors que la société nous rabaisse au second rang, Iso-Zen nous glorifie. Nous sommes sans cesse admirées et nos efforts à incarner la « femme sidérale », l'« Ève ressuscitée » sont toujours appréciés : un compliment, un encouragement… Plus que tout, je veux me montrer à la hauteur du rôle qui m'est imparti.

Embellir mon apparence, libérer mon esprit des forces négatives qui le chargent ne peut aller sans un assainissement de mon corps. Je suis avec application les consignes de base : déjà, tabac et café ne sont plus qu'un souvenir. Dans mon alimentation, j'élimine peu à peu tous les produits nocifs pour l'organisme ; mes amis m'aident à les reconnaître et me soutiennent. L'admiration que j'ai toujours éprouvée pour les Hindous et pour le mahatma Gandhi m'a depuis longtemps préparée au régime végétarien et même à l'ascèse. J'adopte plutôt facilement les habitudes alimentaires d'Iso-Zen.

Sous ses apparences saines, le végétarisme n'est pas anodin. Ce n'est pas un hasard si toutes les sectes imposent ce type de discipline à leurs adeptes. Contrairement aux Hindous, les Occidentaux n'ont pas une constitu-

tion organique qui leur permette de s'adapter au végétarisme du jour au lendemain. Du point de vue de la médecine traditionnelle chinoise, l'organisme non habitué va se retrouver confronté à des manques. L'alimentation animale contient des éléments indispensables à l'homme que les végétaux n'ont pas, et vice-versa. La viande nourrit le corps en énergie yang, énergie de combativité. L'alimentation végétarienne pousse essentiellement dans le sol yin (passif), ce qui à long terme réduit le corps à une carence de yang (actif), un état de vide. Les végétariens ont souvent une allure un peu éthérée, leurs pieds semblant à peine fouler le sol, ils parlent à voix basse, avec lenteur.

Le passage brutal à un régime végétarien peut donc entraîner une baisse progressive de la volonté du sujet. Le végétarisme, en diminuant la combativité de l'adepte, conditionne et prépare son esprit à la manipulation mentale.

Osi sait tout cela. Outre une maîtrise en psychologie, il possède une importante bibliothèque essentiellement centrée sur la manipulation de l'individu. De très nombreux ouvrages sur les médecines traditionnelles, le bouddhisme et la spiritualité en général lui permettent d'exploiter et de détourner des vérités philosophiques et religieuses.

Ainsi, je m'adapte. Élève consciencieuse et passionnée, je progresse vite. Je suis dans la bonne voie. Je me sens reconnue, entourée et, surtout, de plus en plus, respectée.

Déjà, j'arrive de mieux en mieux à maîtriser mes émotions. Je deviens indifférente aux colères de mon père, à la peine de ma mère qui voit sa fille lui échapper. Je ne me laisse plus envahir par mes sentiments, je résiste à tout désir susceptible de me détourner de mon but : devenir zen, devenir une Internelle.

À la maison, au grand désespoir de ma mère, je ne me nourris plus que de tartines beurrées et de chocolat au lait. Comme toute mère juive qui se respecte, elle me supplie de manger. Elle m'agace. Elle se met en travers de mon cheminement spirituel.

— Tu ne vas pas te nourrir seulement de pain et de lait, s'indigne-t-elle en s'essuyant les mains sur son tablier. Tu vas manquer de vitamines et de calcium ! Regarde-toi, tu maigris à vue d'œil ! Tu veux que je te serve un bon couscous ? Je t'en prie ! *Aish benti* !

Manger, toujours manger ! Je me purifie, et elle ne pense qu'à m'étouffer avec ses boulettes de chair morte. Décidément, mes parents s'engluent dans leur karma.

Assise autour de la table de la salle à manger, ma petite sœur Matilda est occupée à peindre ses ongles d'un vernis rouge vermeil. Ma mère reste plantée là, insatisfaite.

— Mon Dieu, j'ai des enfants fous ! Ce n'est pas comme votre frère, il aime sa mère, lui ! Mais qu'est-ce que j'ai fait pour mériter des filles pareilles ! Des renégates, comme dit votre père. *Ya Robbi*, entends-moi ! s'exclame-t-elle. J'aurais dû vous envoyer toutes en Israël dans un kibboutz !

— Moi je ne veux pas y aller ! crie ma petite sœur affolée.

— Tais-toi, Matilda, tu feras ce qu'on te dira. Tu ne vas pas suivre le chemin de tes sœurs. Au moins, en Israël, vous seriez protégées de cette folie parisienne. Peut-être même mariées à un rabbin. Alors je serais en paix de vous savoir entre les mains de Dieu.

N'y tenant plus, j'oublie un instant mes résolutions zen :

— C'est ça, case-nous avec le premier circoncis venu ! Quel bel avenir tu nous promets là ! Tu t'entends, maman, quand tu parles de ton fils ? On dirait le dieu des dieux ! Il n'y en a que pour les hommes, ici. Pour toi, les filles doivent être tenues en laisse comme des chiennes. Pleurez, femmes, vous êtes inférieures pour l'éternité…

Le visage de ma mère se crispe.

— C'est cette fille qui t'a appelée, l'autre jour, qui te met ces idées dans la tête. La prochaine fois qu'elle téléphone, je vais lui parler, moi. Et puis, c'est quoi ces réunions où tu vas le soir ? Qu'est-ce que tu fais là-bas jusqu'à trois heures du matin ?

— Laisse-moi maman, s'il te plaît.

— Non, je ne laisserai pas ma fille dans cette folie ! Tu crois que je ne sais rien, peut-être ? Ta sœur Betty m'a tout raconté ! Elle y est allée, je lui ai demandé d'aller voir, m'avoue-t-elle en allumant sa trente-sixième Kool de la journée.

Betty m'a effectivement accompagnée à une réunion de « nouveaux ». Et, bien sûr, elle s'est accrochée avec mes amis. Elle n'est même pas restée jusqu'à la fin.

Ma mère est hors d'elle.

— Tu sais ce qu'ils lui ont dit, tes amis, à ta sœur ? « Laisse ton enveloppe dans l'entrée » ! Elle a refusé, et alors ? J'aurais fait pareil à sa place. Pour qui ils se prennent ? C'est quoi ces gens, ma fille ? Ce sont des malades ! Et pourquoi le manteau, le sac, pour eux, ce sont des « enveloppes » ? Il ne parlent pas normalement, ces gens ?

Incapable de me justifier, je lève les yeux au ciel.

— Attends un peu que j'y aille, moi. Je vais leur dire ce que je pense d'eux. Ils ne m'impressionnent pas, tu sais. À la place de ta sœur, j'aurais fait un scandale !

Soudain, l'idée qu'elle puisse débarquer un soir à l'improviste me tétanise. Je la sais capable des pires esclandres pour protéger sa progéniture. Imaginer ma mère venant me chercher en pleine séance de méditation ! Elle les accablerait de toutes les malédictions judéo-arabes. Personne alors, pas même Michaël, ne pourrait calmer l'ouragan.

Je baisse le ton.

— Je t'en prie, maman, ne te mêle pas de ça, dis-je d'une voix faussement polie. De toute façon, Betty est agressive avec tout le monde.

Cela ne suffit pas à calmer ses angoisses bien légitimes.

— Et puis, dis-moi, Isabelle, ils ne travaillent pas, ces gens-là ? Et toi, ma fille, tu ne veux pas travailler, gagner ta vie ?

Je me bouche les oreilles.

— Ton père en a assez. Vous vivez toutes comme des hommes !

Là, j'explose :

— C'est ce que vous vouliez, non ? Vous vouliez des garçons, eh bien vous avez des filles qui agissent en garçons !

Elle me fait les gros yeux, comme si j'avais encore cinq ans.

— Arrête de dire des bêtises. Ah ! si mon père était encore en vie, il vous mènerait à la baguette ! Quand il nous donnait un ordre, nous baissions les yeux. Nous respections nos parents, nous, conclut-elle bravement.

Hélas ! ma mère a toujours confondu respect et soumission. Nombre de fois, pour échapper aux raclées de notre père, nous nous étions soumises. Mais nous ne l'avons jamais respecté. À quoi bon tenter de lui expliquer ? Le mur d'incompréhension qui nous sépare est trop solide pour espérer y creuser la moindre brèche. Mes parents attendaient de moi que je leur ressemble, je n'en ai jamais été capable. Dès que je n'agis pas comme eux, ne pense pas comme eux, ils me sermonnent. Se sont-ils jamais vraiment intéressés à moi ? À ce que j'aime ? Leur seule préoccupation est que j'aie l'air « normale », que je vive une vie « normale », à l'image de la leur. Mais ce mot m'effraie. Il contient tout ce que j'exècre.

Ma mère revient à la charge :

— Et dis-moi, ma fille, qu'est-ce que c'est que ce tissu dans ta chambre ?

Dans la chambre que je partage avec Matilda, j'ai suspendu un voile blanc afin de séparer son lit du mien.

— Si j'ai mis un tissu, c'est pour m'isoler des ondes de Matilda.

Ma petite sœur éclate de rire.

— Pour t'isoler de ses ondes ? *Oualya hou*, quelles ondes ? Tu vois des ondes, toi, ici ?

Ma mère n'en croit pas ses oreilles. Sa fille est devenue complètement folle.

Alors elle se réfugie dans sa cuisine, le seul endroit où elle règne en maître. Aujourd'hui, elle y officie pour le dix millième sabbat. Deux jours de travail pour recevoir dignement ses frères et sœurs. Ce soir, une fois de plus, la prière de la semaine récitée en famille perpétuera une tradition qui m'apparaît stupide et dépassée. Mon père ne m'adresse plus la parole et ma mère se terre dans son impuissance. Quant à mes oncles, ils me font passer pour une anarchiste doublée d'une folle. Mon insolence dérange. Cela m'est égal. Voilà bien longtemps que je ne participe plus aux réunions de famille.

Et puis, un tout autre rite m'attend là-bas, à Synthésis. Il m'amuse de penser que notre chaleureuse séance de méditation se déroule en même temps que leur sabbat-shalom. La simultanéité des deux événements symbolise le combat des forces. Nous sommes dans le vrai, ils sont dans le faux. Nous purifions notre corps temple de l'âme tandis qu'ils gavent le leur de cadavres. Nous méditons pour la paix, ils ne parlent qu'argent. Leurs femmes sont soumises, nous sommes les déesses d'un paradis retrouvé. Ils sont dans l'« avoir », nous sommes dans l'« être » !

Ma mère se trompe. Ce n'est pas le groupe qui m'a mis ces idées dans la tête. Je ne trouve avec Iso-Zen qu'un moyen de les exprimer. Je clame ma liberté à qui veut l'entendre. J'assène ma vérité. Pas un instant je ne mets en doute la sincérité de notre maître.

Je prends le métro d'un cœur léger. Cinq stations et je vais les retrouver. Déjà, je me concentre en vue de la méditation. À Réaumur, je vole vers la sortie ; je m'en vais retrouver les miens, le reste importe peu. Je pousse la porte de l'immeuble, j'entends leurs rires dans l'escalier et j'accélère le pas.

En attendant Jacky, la discussion est enjouée : Où allons-nous passer le week-end ? Qui a une voiture disponible ? La météo a-t-elle prévu du soleil ? Mais où est donc Sophia ? Vous avez fait des gâteaux, les filles ?

Ces conversations futiles cessent dès l'arrivée de notre responsable. Jacky s'inquiète de l'état énergétique de chacun et la séance s'engage alors sur des voies plus cosmiques.

Puis, après la séance, nous allons au cinéma.

Je rentre chez moi toujours tard dans la nuit. Je marche de la porte d'Orléans jusqu'à Bagneux. Je traverse le cimetière de Montrouge, mais je n'ai pas peur. J'ai la foi, celle qui déplace les montagnes et, pourquoi pas, les cimetières.

III

La rupture

Notre Freud avait été le premier à révéler les dangers de la vie de famille. Le monde était plein de pères, et par conséquent plein de misères ; plein de mères, et par conséquent de toute espèce de perversions, depuis le sadisme jusqu'à la chasteté ; plein de frères, de sœurs, d'oncles, de tantes, plein de folie et de suicide.

Aldous HUXLEY, *Le Meilleur des mondes.*

— Isabelle ! Tu vas dormir encore longtemps ? Tu ne veux pas travailler ? Avoir une vie normale ? J'en ai assez d'assumer des cancres ! Tu m'entends, Isabelle ! Tu dors encore ?

Oui je dors, et alors ? C'est le seul moment où je peux rêver. Et quand je me réveille, c'est le cauchemar. Un marteau piqueur brise mon cœur. Mon père hurle.

— Si tu ne veux pas travailler, tu t'en vas !

Encore baignée dans les limbes d'un songe, je garde les yeux clos. La scène n'a rien d'exceptionnel. Notre mode privilégié de communication se situe rarement au-dessous de cent décibels.

Mon père ne contient plus sa hargne, il postillonne, les veines gorgées d'humeurs massacrantes. Les insultes succèdent aux reproches. Un peu de patience, dans quelques minutes il sera calmé.

Mais cette fois, il ne faiblit pas. J'ouvre enfin les yeux et m'assois sur mon lit. Mon premier regard affronte le sien. Il se tient debout dans l'encadrement de la porte. Je sens ses mains prêtes à frapper. Mais il ne me fait plus peur. Depuis toujours, je subis son autorité abusive, ses paroles humiliantes. Mais c'est fini, il ne m'impressionne plus. Je ne suis plus la petite fille sage et impuissante. Je ne me sens pas l'âme d'un bâton de vieillesse dans le fin fond de la Tunisie, à laver les pieds de mon père, le chef de famille. Parce qu'il est mon père, je devrais tout accepter ? Eh bien, non ! J'ai ma dignité.

Je crois bien que je le déteste.

Quand j'étais petite, je voulais qu'il s'en aille, qu'il nous abandonne. Tout le monde alors m'aurait plainte, tout le monde aurait été gentil avec moi. J'aurais été la plus heureuse des petites filles. On me fêterait peut-être encore mes Noël et j'aurais de jolis cadeaux à chacun de mes anniversaires…

— Rends-moi les clés ! ordonne-t-il du haut de son pouvoir. Et ne remets plus les pieds dans cette maison tant que tu n'auras pas trouvé du travail.

Je me lève d'un bond, nue pour le déranger, attrape mes clés et les jette rageusement à ses pieds. Je lui rends son dû. Il les glisse dans sa poche, enfile son manteau et sort sans même un regard pour moi. Je n'existe déjà plus.

La porte d'entrée claque, les fenêtres sursautent. La tornade m'a lessivée.

Je ne le reverrai plus avant deux ans.

Comme toujours, ma mère a assisté à la scène en incarnant l'Impuissance et la Désolation. Elle regarde le ciel, invoquant je ne sais quelle grâce divine sourde à ses prières.

Je me recouche, déjà fatiguée. Je veux dormir, ne plus rien voir, ne plus rien entendre. Ma trop douce maman caresse tendrement mes cheveux, elle sait que cela me calme.

— Isabelle, tu ne veux donc pas t'assagir, ma fille ! supplie-t-elle. Veux-tu que j'essaie encore une fois de parler à ton père ? Je peux lui dire que tu vas chercher du travail dès lundi, je peux même téléphoner à mon frère, il aurait peut-être quelque chose pour toi…

Je suis incapable de parler. Aucun mot ne peut définir ce que je ressens.

— À quoi tu penses, Isabelle ? Où tu vas aller ? J'ai déjà perdu deux filles, il faudrait que j'en perde une autre ? *Ya Robbi*, aidez-moi !

— Ne te fatigue pas, maman. Je le déteste. Il n'est plus mon père, il ne l'a jamais été.

Je suis déterminée. Elle contient ses larmes. Elle sait que je déteste la voir pleurer. Moi même, je ne pleure jamais. Dans cette famille, ils excellent dans le tragique. Le surnom que nous donnons à mon père, c'est Beethoven : pour les quatre premières notes volcaniques de sa Cinquième symphonie. Ma mère, ce serait plutôt la comédie italienne.

— Qu'est-ce que j'ai fait au bon Dieu pour mériter des filles pareilles ! Ta sœur Magalie est partie faire les vendanges, on n'a plus de nouvelles, on ne sait pas si elle est morte ou vivante ! Betty traîne avec des drogués, ou je ne sais quoi, on ne sait ni ce qu'elle fait, ni avec qui ; et aujourd'hui, elle nous ramène des singes à la maison ! Et toi, Isabelle, celle que j'ai le plus chérie, toi ma perle !...

Elle m'embrasse. Je me crispe.

— Que Dieu te protège.

Aveuglée par ma propre détresse, je ferme les yeux sur la sienne. Une à une, ses filles ont fui la maison. Ses bons sentiments n'ont pas suffi à nous protéger. Mais pourquoi ne réagit-elle pas ?

Je ne suis pas encore capable d'analyser mes parents, mon bagage névrotique.

Mon propre père, le seul, me renvoie de ce que je croyais être chez moi. Si je n'ai plus de chez moi, c'est donc que je n'ai plus de parents. Le mythe de la famille unie s'écroule lamentablement. Vaincue, je fuis le champ de bataille vers des contrées plus pacifiques.

Me voilà donc orpheline. À l'image du ciel barbouillé de nuages gris de ce matin d'automne, mes pensées sont brouillées, mon cœur embué. Où aller maintenant ? Avant, quand je fuguais, je me réfugiais chez mes sœurs, ou chez des amis. Aujourd'hui, mes amis, ce sont les membres d'Iso-Zen. À mon insu, ils ont fait le vide autour de moi. J'ai dix-huit ans dans deux mois, qui viendra fêter ma naissance ?

Je téléphone à Gaëlle, avec qui j'ai sympathisé lors des réunions à Synthésis.

— Gaëlle ? C'est Isabelle. Est-ce que je peux venir te voir ?

— Bien sûr !

— Ce soir, c'est possible ?

— Si tu veux... Mais qu'est-ce qui t'arrive ? Tu n'as pas l'air d'aller bien.

— Mes parents viennent de me renvoyer.

— Ne t'inquiète pas, Isabelle. Ta vraie famille, c'est nous. Nos parents formels ne sont que nos géniteurs, rien de plus. Ce que tu ressens est normal. Nous sommes tous passés par cette phase transitoire. Je t'attends, petite sœur, viens quand tu veux, ma porte t'est grande ouverte.

Ses paroles me sont douces.

Sans plus réfléchir, je rassemble dans mon baluchon multicolore quelques vêtements et le peu d'objets auxquels je tiens. Malgré ma hâte à quitter mon « home, hard home », j'emporte mes deux bibles de chevet, *Siddharta*, de Hermann Hesse et *Les Tarots des imagiers du Moyen Âge* d'Oswald Wirth. Je quitte ma famille de sang et de larmes pour ma famille spirituelle. Je ne laisse ni adresse ni numéro de téléphone.

C'est la rupture.

Après la phase de séduction, la rupture avec la famille est un passage obligé pour tout adepte. La famille, c'est la plus solide référence au réel. C'est l'état civil, l'identité. Elle constitue l'obstacle majeur à l'entreprise de manipulation mentale qui doit suivre. La rupture est la première étape d'un processus d'isolement progressif. Elle induit un manque affectif que le gourou, aidé de ses disciples, va s'attacher à combler, engendrant la dépendance de tout enfant vis-à-vis de ses parents. Le transfert va s'opérer, du père protecteur au gourou, et de la mère matrice au cercle des adeptes de la secte.

Je marche longtemps avant de prendre le métro, puis le RER jusqu'à Nogent-sur-Marne. C'est ici que je descends.

Gaëlle m'ouvre sa porte comme une sœur le ferait. Un sanglot s'échappe de ma gorge, je l'étouffe. Je ne vais tout de même pas me mettre à pleurer. L'intérieur de son petit appartement est décoré dans le même style futuriste que les communautés du groupe. Une petite entrée, séparée du salon-cuisine par un rideau blanc épais, sert de sas de décantation énergétique. Sous le regard bienveillant de mon hôtesse, et comme on me l'a appris, je m'y assois quelques minutes pour décharger mon aura des ondes négatives extérieures. Gaëlle m'attend dans le petit salon, assise au milieu d'une multitude de coussins pastel. Nous sommes pieds nus sur la moquette blanche. Un amas de cristaux de verre trône au centre de la pièce.

Gaëlle me sourit. Elle a déjà tout prévu :

— J'ai téléphoné à la communauté de Synthésis, ils ont une place pour toi, annonce-t-elle en me tapotant affectueusement le dos.

Elle se lève pour servir le thé.

Je suis un peu surprise par la rapidité des événements.

— Je ne sais pas... C'est gentil de leur part, mais je ne sais pas encore ce que je vais faire. Je n'ai pas de travail, pas d'argent, pas même de quoi me payer un ticket de métro, alors un loyer...

— Ne t'inquiète pas pour ça. La casemate à Synthésis ne coûte que trois cents francs par mois, et puis tu n'es pas obligée de payer tout de suite. Mais tu ne dois pas retourner chez tes parents. Ils sont négatifs pour ton évolution intérieure. De toute façon, Jacky m'a garanti qu'il te réservait une place. Tu sais, il y en a beaucoup qui aimeraient vivre là-bas...

Puis elle ajoute, coquine :

— En plus, je crois qu'il t'apprécie tout particulièrement. Peut-être l'as-tu déjà rencontré dans une vie antérieure. Il n'y a pas de hasard, tu sais. La vie n'est pas une fin en soi.

— Peut-être... Mais qui sait vraiment ce qu'il y a avant et après la vie...

— Osi.

Nous nous sourions. Elle part préparer quelques nourritures terrestres tout en m'instruisant :

— Tu sais, insiste-t-elle, notre guide est très fort spirituellement. L'extraordinaire, pour lui, c'est de l'ordinaire. Il te dira lui-même que nous nous sommes tous rencontrés dans d'autres vies. C'est le karma, la loi de cause à effet, qui nous rassemble à nouveau aujourd'hui. Il suffit simplement de regarder la vie du bon côté, comme les bouddhistes, les hindous, les taoïstes même, ils croient tous en la réincarnation. Loin d'être matérialistes, ils ne s'attachent pas à la forme, ils mangent peu, donc ils pensent beaucoup, preuve de leur spiritualité dominante. Par exemple, le jour de la mort d'un des leurs, ils s'habillent en blanc et dansent pour célébrer l'âme enfin libérée du corps, des émotions éprouvantes de la vie terrestre. En Occident, à l'inverse, on s'habille de noir, on ne fait que pleurer le disparu dont l'âme est enchaînée à nos larmes. Et crois-tu que nous pleurons vraiment pour lui ? Non. Nous pleurons de trouille.

J'adhère à son discours philosophique. La voie du Milieu, le bouddhisme, satisfait mes penchants mystiques et ma quête existentielle.

— Nous, vois-tu, à Iso-Zen, poursuit Gaëlle, nous allons encore plus loin que les bouddhistes. Nous élevons notre âme chaque jour pour qu'elle soit sauvée. Quand tu considères la loi karmique qui s'apparente à la loi du talion, tu réfléchis un peu plus à tes faits et gestes, à tes pensées même. Cela s'appelle la « magie de l'instant ». Vois-tu, quand je te parle, tout de suite, il se passe des choses dans le subtil. Tu ne le sens pas ?

— Heu…

— À notre époque, l'homme est enchaîné à la possession matérielle, et la matière engendre inévitablement la souffrance. Pour notre part, grâce au travail d'Osi, le jour de notre mort physique, notre conscience sera tellement élevée que nous ne souffrirons pas. Nous nous préparons déjà au détachement. Les entités divines qui nous guident nous accueilleront dans leur palais céleste où règnent la paix et l'harmonie. Et puis, n'est-il pas horrible de penser que tout s'arrêterait à notre mort ? Tout ça pour rien ?

— *Mektoub*...

Finalement, je parle comme ma mère !

— Qu'est-ce que tu dis ?

— *Mektoub*. En arabe, ça signifie : « C'est écrit sur le parchemin de la vie. »

Elle dépose sur la table basse un plateau de victuailles végétariennes : riz complet, avocat, algues et purée d'amandes. Gaëlle est très maternelle. Ses paroles me bercent, je me laisse faire, je suis dans un cocon.

— Tu sais, tout s'explique pour tes parents. Tu n'es pas la première à qui ça arrive. La famille a souvent des réactions violentes. Et tu sais pourquoi ?

Sans me laisser le temps de répondre, elle enchaîne :

— C'est parce qu'ils sont manipulés par leurs plans profonds, leurs pulsions négatives, ou archaïques si tu préfères. Tout se passe à un autre niveau de conscience. Ils ne peuvent pas accepter ton élévation spirituelle. Tu comprends, il est trop tard pour eux, ils sont complètement engloutis dans la matière. Ils ne se préoccupent pas de l'état de leur âme. Elle meurt tout doucement. À partir du moment où tu es sous la protection d'Osi, ton âme sera rédemptée et connaîtra l'éternité...

Dans le flot de sa verve, j'arrive quand même à l'interrompre :

— Mais Osi, qui est-il exactement ? D'où vient-il ? Il est connu ? C'est quoi, son vrai nom ?

— Aucune espèce d'importance. Il ne t'avancera à rien de connaître son nom civil. D'ailleurs, tous les membres du groupe ne le savent pas. Seuls les anciens. Mais on ne l'utilise jamais. Les entités célestes l'ont baptisé Osi, en souvenir de sa première vie sur Terre, en ancienne Égypte. Jadis, il était Osiris, le dieu du Bien, de la Végétation et de la Vie éternelle. Époux d'Isis et de Néphtys, toutes deux réincarnées dans notre confrérie par des femmes possédant des qualités hautement spirituelles. D'après Osi, nous sommes tous les princes d'une civilisation oubliée : l'Atlantide, une île fabuleuse que les Anciens, et les Grecs en particulier, situaient près du détroit de Gibraltar, dans l'océan Atlantique où elle se serait engloutie, punie par les foudres divines. Ses habitants avaient trahi la conscience supérieure...

J'acquiesce de la tête, pensive. Gaëlle écrase mécaniquement son avocat dans de la purée d'amandes. Elle poursuit, la bouche pleine de phrases toutes faites :

— Quand tu rentres dans le groupe, tu changes complètement de niveau vibratoire. Tu as donc une aura plus lumineuse. De ce fait, la ténèbre veut t'agripper. Notre élévation énergétique crée des remous dans les plans de puissance. Ce que nous faisons n'est pas anodin. Et tes parents sont tes relais avec tes puissances ! Alors, ils sont remplis de ténèbre avant toi. La colère, la haine, c'est de la ténèbre, tout ça.

Je passe de l'enchantement au doute. Tout va décidément trop vite. J'aimerais prendre un peu de temps pour réfléchir, digérer, mais je n'ai personne d'autre vers qui me tourner. Ses convictions rassurent mon petit moi perdu.

— Les gens font des enfants par égoïsme, continue-t-elle, et cela aboutit au genre de situation que tu vis. Après tout, on n'a pas demandé à venir au monde, c'est eux qui nous ont voulues !

Je n'écoute plus. Je veux dormir. Compatissante, Gaëlle plonge son regard dans le mien, esquisse un sourire et m'invite dans sa chambre.

Je m'allonge sur le grand matelas posé sur une estrade peinte en blanc. Un voile transparent brodé d'étoiles tombe de chaque côté du lit. Une fourrure blanche synthétique sert de couvre-lit. Tout est blanc. Sur la cheminée, une sorte d'autel représente une cité cosmique faite de Plexiglas, de miroirs et de cristaux. Des fleurs en tissu sont accrochées partout en bouquets et, au centre de la pièce, siègent trois énormes blocs de verre.

Je les fixe longuement.

— Tu te demandes à quoi servent ces cristaux ?

Je hoche mécaniquement la tête, comme ces petits chiens de plastique placés à l'arrière des voitures.

— Ils symbolisent la transparence de la conscience. L'âme est issue d'un monde de lumière et de pureté. Nous devons retrouver ces qualités premières que les cristaux magnétisent.

Son discours a sur moi un effet soporifique. Je lui murmure alors, tout en bâillant :

— Il paraît que le guide voyage dans l'astral… ?

— Tu sais, ce que fait Osi nous dépasse. Il est à des années-lumière plus évolué que la plupart des humains. Pourquoi crois-tu qu'il nous aide ? Parce que telle est sa mission. Il veut nous sauver de l'Apocalypse. Le nucléaire est omniprésent, les guerres font des carnages partout autour de nous. La fin du monde est proche ! s'écrie-t-elle, absorbée par ses visions prophétiques. Regarde autour de toi : penses-tu vraiment que les gens soient heureux ? Il faut faire ton choix, Isabelle ! Il est grand temps !

— Peut-on vraiment changer le cours des choses ?

— Il n'y a pas de secret. Tu es suffisamment fine pour ressentir que tout cela se passe au-delà des apparences. Ton ange gardien t'a guidée jusqu'à nous. Seule une minorité d'élus s'engage dans la voie intérieure. On peut tout changer, en commençant par soi-même. Il suffit de le vouloir.

Je ferme les yeux.

— Fais de beaux rêves, chuchote Gaëlle. Demain, je t'accompagne à Synthésis.

Elle repousse doucement la porte de la chambre, laissant derrière elle une agréable odeur de jasmin.

Elle est partie méditer, comme chaque soir avant l'heure du coucher. L'exercice a pour nom « recentralisation énergétique ».

Je m'enveloppe dans la couette.

L'Orient distille ses parfums sur l'Occident... Pourquoi suis-je née dans une famille si affligeante ? La réponse se trouve dans la pensée orientale : mon karma. Karma... Ce mot venu d'Inde apaise mes maux. Gandhi, le pacifique, voulait faire de chaque homme un ami. À Iso-Zen, nous sommes tous profondément pacifiques. Demain, j'entrerai corps et âme dans ce monde où chacun est un ami. Demain... karma... karma...

Betty,

Que te dire en fait, si ce n'est que notre désaccord n'est valable ni pour l'une ni pour l'autre sur une dimension supérieure et au-dessus.

Tu as mille raisons de refuser ma démarche.

Mais que veux-tu : pour moi, la balance penche de l'autre côté. Je suis dans un groupe de gens qui réalisent leur conscience pour une jonction cosmique, qui recherchent la perfection, donc l'amour, et non le combat.

Tout ce que je peux te communiquer est au niveau du principe et, si tu peux le comprendre, alors tu comprendras ensuite ce que je vis en moi.

Il y a une différence entre tes erreurs passées et les miennes : c'est que moi, je dépasse et rectifie les miennes.

Autrement dit, j'ai fait des erreurs, ne voyant que moi à cet instant, par erreur et par protection, ce que tu peux considérer. Tu n'acceptes pas ce que sont les gens réunis. Nous avions pourtant toi et moi le même archétype idéo-

logique. Disons que nous allions dans le même sens. Mais, vois-tu, j'ai transformé mon idéologie par l'acquit de conscience de l'instant. Es-tu d'accord ? Ou es-tu bien décidée à en rester à des faits extérieurs ? Car je te parle d'une conscience qui dépasse ton « enveloppe » à l'entrée de la réunion.

Nous faisons tous des erreurs. Je ne désire pas en rester là : la preuve, je retourne la situation et j'accepte mes erreurs afin de passer à autre chose. Pour moi, c'est simple, clair et net. Si ça ne l'est pas pour toi, je pense que c'est à toi alors de m'expliquer de quelle manière tu vois les choses, non en partant de la matière, mais en partant du principe. Pour ma part, je désire te retrouver pour te communiquer ma réelle réalisation.

Et si j'emploie un langage que tu ne saisis pas et que tu critiques, c'est que je vois les choses sous plusieurs angles. Car pour arriver à une chose, il y a mille chemins. Je suis sûre du mien, car j'ai eu des preuves inhumaines, des preuves humaines, et des preuves surhumaines d'une autre dimension.

Je te fais un super bisou sur ton ventre qui enfle d'un esprit qui se matérialise. Je pourrais aussi bien te dire : comment va ton bébé, oh ! t'as de la chance, oh oh oh ! Tu dois tellement l'entendre, tant mieux ! Mais un peu d'originalité !

Embrasse maman et papa.

Isabelle.

IV

Le manège enchanté

Nous le convertissons. Nous captons son âme, nous lui donnons une autre forme. Nous lui enlevons et brûlons tout mal et toute illusion. Nous l'amenons à nous, pas seulement en apparence, mais réellement, de cœur et d'âme.

George ORWELL, *1984*.

La communauté de Synthésis abrite une douzaine de membres permanents, installés ici depuis deux ans. Je suis accueillie par Jacky. Pour la première fois, il m'invite à visiter entièrement les lieux. On m'attribue tout de suite ma casemate : une mezzanine en bois perchée au-dessus du sol, afin de dormir loin des ondes négatives de la terre-matière. Osi nous conseille en effet de préserver notre élévation psychique contre l'engloutissement de l'attraction terrestre, le « bas-astral », et ce même dans notre sommeil. Comme les vieux lits bretons, la casemate se ferme complètement.

Le premier salon est tout blanc. Le second est tapissé de vinyle doré sur une moquette bleu nuit. Aux quatre coins de chaque pièce et en leur centre, les cristaux de verre nous rappellent notre appartenance, et dans le premier salon, attenant au sas de décantation, une maquette de vaisseau spatial est posée sur une plaque de verre. Nous devons dépouiller nos appartements des illusions qu'engendre la société de consommation. Ni meubles ni télévision n'ont leur place sous nos toits. À peine quelques journaux, quelques magazines de photos. Quant aux livres, ce sont tous des romans de science-fiction.

Saurai-je m'adapter à cette nouvelle vie ? Une appréhension, un sentiment vague, indéfini m'habite. Tous ces gens se disent mes amis, pourtant ils me sont étrangers. Notre seul lien, c'est Iso-Zen.

Mon intégration commence par la suppression des repas pris autour d'une table, trop souvent synonymes de conflits familiaux. À Synthésis, nous mangeons debout dans la cuisine, à toute heure du jour et de la nuit. Toutefois, chacun possède son petit garde-manger personnel débordant de sucreries pour combler les creux laissés par le riz complet et la carotte râpée.

Personne ne s'attarde sur ses problèmes personnels. Évoquer le passé, pour les mutants que nous sommes, est malvenu : c'est un signe de faiblesse et de régression ; ici on ne parle que d'ascension. Nos parents et nos plus profondes attaches sont des obstacles à la conscience suprême. Bien sûr, de temps à autre, nos démons intérieurs refont surface : c'est que nous sommes investis de ténèbres ; inutile d'aller chercher plus loin…

Je partage à présent mon quotidien avec des personnages très différents les uns des autres.

Sophia oscille entre un profond mal-être et la plus grande joie de vivre. Son déséquilibre psychique est attribué à des vies antérieures lourdes de souffrances et d'erreurs. Elle paye aujourd'hui ses dettes karmiques.

Marie-Jeanne n'a que dix-sept ans. Son teint pâle et ses gestes timides la rendent fragile. Malgré l'usage — oublier son passé et sa famille —, elle me parle un peu de ses parents. Elle me confie souffrir de n'avoir jamais su qui était son père. Sa mère a toujours gardé le secret. Marie-Jeanne paraît détachée, comme absente, hors de la réalité. Nous passons de longues nuits blanches à nous amuser toutes les deux comme des petites filles et à nous raconter des histoires. C'est moi qui finit par la rejoindre dans l'irréel.

Philo, fils d'industriel, est fou d'amour pour Marie-Jeanne. Osi leur a donné sa bénédiction. Bien que Philo rejette le monde extérieur, sans âme, envahi de téléphones hurlants et de fax grinçants, il assume fort bien son rôle de trésorier au sein de Synthésis. Il est notre intendant : c'est lui qui achète, avec la participation financière de chacun, ce qui constitue la base de notre alimentation : les kilos de céréales complètes, de levure, de tamaris et d'huile.

Marie, une petite brunette toute ronde, nous fait beaucoup rire. La nature l'a dotée d'une poitrine gargantuesque qui laisse rêveurs certains de nos « chevaliers »... Elle a un petit ami, Tony, qui ne vit pas avec nous. Marie enseigne le dessin dans un collège technique de banlieue. Elle rentre toujours épuisée, un soir sur deux au bord de la crise de nerfs. Nous la réconfortons de notre mieux. Le monde extérieur est si cruel ! Souvent, elle s'enferme dans sa casemate et peint des toiles, dans un style naïf et très coloré, qu'elle offre à Osi.

Michou, une jeune femme de vingt-cinq ans, une des rares blondes aux yeux bleus de notre communauté, vit plongée dans un mutisme permanent. Seul Lucien, une grande perche lymphatique passionnée d'électronique, parvient à l'atteindre grâce aux habiles conseils d'Osi.

Ici, toutes les tâches se font en commun. Aucun sexisme ne cantonne les filles à la cuisine ou les garçons au bricolage. Nous sommes tous égaux, mais nous reconnaissons nos différences énergétiques. La sensibilité de chacun est respectée. Ici, les garçons peuvent laisser s'exprimer la part féminine de leur personnalité, libérer leurs émotions, confier leurs faiblesses, sans pour autant être méprisés ou qualifiés d'homosexuels. À Iso-Zen, les femmes ne représentent plus un danger, elles ne sont pas castratrices. Dépositaires de l'âme, elles abordent la vie avec plus de finesse. Les hommes sont nos « protecteurs énergétiques », nous équilibrons ainsi nos forces, m'explique Jacky, le soir à la veillée, en me courtisant.

Valorisée par ce que je ressens comme une revanche

prise sur une injustice millénaire, je me sens pousser des ailes. Je prends des initiatives : j'instaure des réunions de femmes internes à Synthésis. J'aménage une petite pièce exclusivement destinée à ces rencontres. Avec l'aide de Marie-Jeanne, je tapisse les murs de tentures et de dentelles, nous cousons des coussins dans des tons pastel. Sur la porte, j'accroche un écriteau : « Flammes cosmiques ».

Lors de ces réunions, nous échangeons points de vue et projets. Nous évoquons aussi notre intimité, nos préoccupations typiquement féminines. Osi approuve l'initiative. Pour nous manifester son soutien et nous aider à progresser, il nous envoie Joana, l'une de ses proches.

Assise en tailleur, le dos droit, Joana commence son enseignement. Pour la première fois, j'entends parler de « tantrisme » : une sacralisation de la sexualité adoptée par les hindous, nous explique-t-elle. J'ouvre grand mes oreilles. Gandhi pratiquait-il le tantrisme ?

— Il est important que les garçons que vous fréquentez adoptent sans faillir une attitude de contention énergétique de leurs pulsions sexuelles. Vous devez les aider à atteindre le plaisir sans perdre leur semence. On ne doit plus laisser les hommes dégouliner sur nous, cela charge notre aura, ce qui explique que nous connaissions ensuite des accès de dépression énergétique.

Il me revient à ce moment-là que Gwen, compagnon d'une unique nuit hasardeuse, n'a pas respecté la règle. Dois-je me sentir souillée ? Aurais-je dû le repousser ? Son attitude a-t-elle entraîné une chute de mon niveau vibratoire ?

Avant de partir, Joana me prend un instant à part :

— Tu sais, Isabelle, Osi apprécie énormément les progrès de l'antenne féminine depuis ton arrivée.

Je me sens utile, mes efforts sont reconnus. Mon petit moi grandit.

Un mois après mon installation à Synthésis, je décroche un travail à mi-temps dans un restaurant, boulevard de Sébastopol, à deux pas de la communauté. Mon maigre salaire me permet de payer ma casemate et de verser ma cotisation mensuelle. Pour l'instant, je donne le minimum demandé : cent cinquante francs ; mais, dès que j'en aurai les moyens, je compte bien donner davantage, comme la plupart d'entre nous. L'argent, symbole matériel, est lourd à porter. Il n'est pas sain de trop en garder pour soi car il nous « tire vers le bas », vers la matière.

Sophia et Michou assurent quelques heures de secrétariat dans des entreprises du quartier. Pour une bonne moitié d'entre nous, les parents envoient une pension destinée à financer des études bien vite abandonnées : la culture constitue un conditionnement dangereux et destructeur. L'enseignement d'Osi doit suffire à étancher notre soif intellectuelle. « Science sans conscience n'est que ruine de l'âme », aime à répéter le maître. « Heureux les pauvres d'esprit, le royaume des cieux est à eux. »

Appauvrissons donc notre intellect afin de nous rapprocher des cieux…

Jacky est un compagnon charmant. Il se montre attentionné et protecteur. Je ne lui ai pas résisté longtemps. Rejetant la vie de couple traditionnelle, nous ne partageons que rarement nos casemates pour la nuit. Nous devons préserver notre espace vital. L'union des hommes et des femmes doit rester symbolique. Il ne faut pas prendre le risque de se perdre au travers de l'autre, car alors on se fait posséder par lui. La passion, destructrice et avilissante, est dangereuse pour notre santé spirituelle. Nous devons apprendre à réfréner nos élans du cœur.

Les rares fois où nous dormons ensemble, Jacky s'applique à parfaire mon éducation. J'expérimente le tantrisme prôné par Joana. Je m'y habitue. L'adepte s'adapte. Échappant à la « souillure », je me sens purifiée. J'éprouve un profond respect pour ce garçon qui se soucie de mon aura.

— Quand tu es avec moi, Isabelle, nous devons toujours regarder dans la même direction. Il ne faut pas non plus nous enfermer dans les bras l'un de l'autre, car alors nous nous possédons l'un l'autre et nous risquons de nous asphyxier.

Un jour que, dans un élan de pure tendresse, je m'apprête à lui caresser les cheveux comme le faisait ma mère, il arrête mon geste :

— Non, Isabelle. Tu ne dois jamais poser ta main, ni quoi que ce soit, sur la tête de l'autre. Cela coiffe le faisceau de lumière qui est le relais énergétique de notre âme à la conscience unitaire cosmique. N'as-tu pas remarqué que nous ne portons jamais de chapeau dans le groupe ?

Ma vie est devenue un enchantement. Je crois aimer Jacky, il semble m'aimer. La vie commune, cette solidarité bienveillante, le souci permanent du bien-être de l'autre, tout ici me réconforte et me séduit.

Je dois tout de même me plier à une forme de discipline. Notre emploi du temps est très organisé. Le matin, nous nous levons vers dix heures, l'heure à laquelle la plupart d'entre nous vont travailler. J'abandonne mon emploi au restaurant pour donner un coup de main à l'atelier de bijoux fantaisie de Gaëlle, installé au-dessus de son appartement de Nogent. Lorsque nous rentrons à la communauté, nous nous attelons aux tâches domestiques. Tout le monde participe. Le soir, nous nous réunissons pour faire le point sur nos journées respectives. Ensuite, la séance quotidienne de méditation se prolonge tard dans la nuit, souvent au-delà de trois heures du matin.

Le tapis rouge se déroule devant mes pas. Mes facultés d'adaptation sont jugées spectaculaires. J'y vois la preuve flagrante de mes qualités, toujours sous-estimées par ma famille et mon entourage. Soucieuse de ne pas heurter ma nouvelle sensibilité, je ne côtoie plus personne de l'extérieur. Je ne parle à aucun « étranger ». J'ai laissé ma famille loin derrière, cette famille qui voulait que je travaille, que je mûrisse, que je m'assume.

Je ne veux plus grandir.

Pour mes dix-huit ans, j'ai eu droit à des petits cadeaux — des cristaux de verre, un joli coussin bleu ciel, quelques poèmes — et à un énorme gâteau d'anniversaire. Je n'ai pas soufflé mes bougies : les flammes symbolisent la vie, il faut donc laisser les bougies se consumer jusqu'au bout. La personne qui fête son anniversaire doit tendre à chacun une part de gâteau, d'un geste généreux, en mettant l'accent sur l'acte de don, et prononcer ces mots :

— En souvenir du temps passé.

Aux autres de répondre :

— Merci pour le futur.

Nous pouvons alors manger le gâteau, nappé de cire fondue. L'acte symbolise l'engloutissement du passé. Lorsque nous avons des pensées négatives, si nous vivons un moment de déprime, Osi nous conseille de cuisiner un gâteau et de l'offrir aux autres : en le mangeant, ils ingèrent et digèrent le poids de nos peines.

Je suis bien consciente que ma nouvelle joie de vivre, je la dois à Osi. Je ne l'ai pas revu depuis cette première réunion à Vincennes, il y a déjà six mois. Pourtant, même si je l'ai un peu oublié, il existe imperceptiblement dans mes gestes et dans mes mots. Par son enseignement, il est devenu un père d'emprunt, une autorité à part entière. Et, comme moi, tous mes frères et sœurs lui sont soumis et dévoués, comme des enfants à leur père. J'aspire à mieux le connaître. Si au moins je pouvais parler avec lui ! Un jour, je me décide : je lui téléphone.

— Bonjour ! Pierre à l'appareil. Qui est-ce ?

— C'est Isabelle, de Synthésis…

— Je vais chercher Michaël.

— Isabelle ! Tu vas bien ?

Michaël semble enchanté de mon appel.

— Oui, ça va, mais j'aimerais parler à Osi…

— Ah oui ? Et pourquoi ?

Michaël se montre toujours curieux de l'état de l'âme de ceux dont il est officiellement responsable.

— J'aimerais bien lui parler personnellement, si c'est possible…

Il est vexé.

— Je vais voir s'il est disponible, me répond-il d'un ton sec. Il est très occupé.

J'attends, anxieuse. D'habitude, c'est le maître qui décide de communiquer avec l'un d'entre nous.

Sa voix assurée me sort de mes réflexions :

— Bonjour Isabelle. Tu veux me parler ?

— Oui…

— Attends un peu. Je suis en communication avec ton vaisseau. Voilà. Parle, je t'écoute.

Un peu déroutée par ses étranges paroles, je ne sais trop quoi dire.

— Quelle est ta date de naissance, Isabelle ?

— Le 6 novembre 1959.

— C'est bien ça, oui. Où vis-tu actuellement ?

— Dans la communauté de Synthésis.

— Tu es à peine majeure. Tes parents sont-ils en accord avec le fait que tu ne vives plus sous leur toit ?

— Mes parents m'ont renvoyée. Je ne les vois plus.

— Bon, très bien. Et cela se passe bien pour toi, à Synthésis ? 666, tes pères se raccordent. Peux-tu te tourner par ta droite ? Sans le fil du téléphone, ma chérie, s'il te plaît.

Il m'appelle « ma chérie », comme un père.

— Une opération est en cours, tu ne m'as pas appelé par hasard. Ça y est, j'ai le contact. Communication établie pour le transfert Terre-Ciel. Tiens tes poings fermés, ma chérie. Dans quel groupe de femmes es-tu ?

Je m'affole. Il se passe quelque chose, mais quoi ?

— Heu… celui de Joana…

— Michaël, l'entends-je crier, appelle-moi Joana, s'il te plaît. J'ai besoin de son faisceau.

Je ne suis pas étonnée. On m'a expliqué qu'Osi utilise toujours l'un d'entre nous comme conducteur d'énergie pour ses opérations interdimensionnelles.

— Isabelle, reprend-il, quelqu'un s'occupe-t-il de toi en ce moment ?

Ça aussi, je comprends. « S'occuper » de quelqu'un, à Iso-Zen, cela signifie courtiser, flirter avec.

— Oui, je suis avec Jacky.

— Je vois. À quel âge as-tu eu ton premier rapport sexuel ?

La question me laisse pantoise. Le guide spirituel s'intéresse donc à cela aussi !

— À seize ans, pourquoi ?

— Et avec combien de garçons as-tu déjà fait l'amour ?

Vraiment, quelle importance ? Ma vie sexuelle avant

le groupe pourrait-elle avoir entaché mon âme ? Risque-t-elle de retarder mon élévation spirituelle ? Un peu gênée, je ne réponds rien.

— Ton faisceau doit être chargé. Car, bien sûr, ces garçons ne pratiquaient sans doute pas la contention énergétique…

Je me sens coupable. Pourquoi ne suis-je pas restée pure ? Comment Osi va-t-il me juger désormais ? Je chasse l'image de mon père, mon premier juge, qui cherche à s'imposer à mon esprit.

— Bon, ne t'inquiète pas, Isabelle. Nous allons prendre en charge ton circuit. À partir d'aujourd'hui, c'est Michaël qui tiendra ton faisceau par des mutations d'énergie plus élevées ; Jacky n'a pas la carrure nécessaire, tu es trop forte pour lui. À présent, ma chérie, je vais devoir te laisser ; nous reparlerons de tout cela plus tard.

Il raccroche.

Je suis déçue. Je n'aurais jamais dû téléphoner. Osi m'a mise mal à l'aise. Il m'a jugée. Comme mon père. Je ne comprends pas. Je ne comprends plus rien. Pourquoi devrais-je quitter Jacky pour Michaël ?

Un rêve se brise.

Je me réfugie dans ma casemate, hermétiquement close. Pour la première fois depuis longtemps, je pense à ma mère, à mes sœurs. J'essaie de méditer, je n'y arrive pas. Une terrible question me brûle le cœur :

Et si je m'étais trompée ?

Voilà bientôt cinq mois que je suis avec eux, que j'ai

fondu ma vie dans la leur. Le doute est trop cruel. Je me sens si seule. Je n'ai pas le courage de me tourner vers ma famille, cela fait trop longtemps que je n'y ai plus ma place. Je suis abandonnée, à nouveau orpheline et, cette fois, je n'ai plus de famille. Je n'ai plus personne.

J'avale plusieurs plaquettes de comprimés.

Il est quatre heures du matin. Je suis en vie. Je panique. Je ne veux pas mourir ! Je réveille Sophia, qui, affolée, va réveiller Jacky. Il me met dans un taxi, direction l'Hôtel-Dieu. Sophia m'accompagne. Aux urgences, on m'enfonce un énorme tuyau dans la bouche et, en larmes, je vomis toute ma haine, tout mon désespoir.

Sophia est partie remplir le formulaire. J'ai dix-huit ans, je suis majeure. Mes parents ne seront pas prévenus.

Au petit jour, nous rentrons à Synthésis. Tout le monde est très gentil avec moi. Jacky a déjà alerté les quartiers généraux. Osi aurait alors déclaré que ma réaction était tout à fait logique : je venais de passer une porte énergétique de grande envergure.

Désormais, Michaël s'occupe de moi. Je ne suis pas amoureuse de lui, mais je l'aime bien, il sait me faire rire. Il est gentil. Il adore discuter, nous passons des nuits entières à parler. Au début, je n'ose pas croiser le regard de Jacky. Mais il semble trouver tout cela naturel. Nul ne conteste jamais une décision d'Osi. Lui seul sait ce qui est bon pour chacun. Nous ne décidons rien. Nous apprenons à faire nôtre la moindre de ses volontés.

Tous les soirs, après des séances de méditation de plus en plus longues, je reste auprès de Michaël. Parfois, déjà tard dans la nuit, nous montons ensemble dans la chambre de bonne qui lui est réservée. Là il me berce de sa voix douce. Comme un magnétophone, ma tête enregistre sans résistance l'enseignement du prophète Osi. Peu à peu, les derniers doutes, les derniers regrets envers ma famille sont happés, expulsés, nettoyés à grande eau. Lavage de cerveau.

Ma vanité achève de me convaincre : je suis une élue. La fin du monde approche, seuls quelques humains y survivront. Grâce à Iso-Zen, je serai de ceux-là. Mon appartenance au « peuple élu » prend enfin tout son sens. En attendant l'heure ultime, nous ne devons pas garder égoïstement notre privilège. Car d'autres ont aussi droit à cette chance, mais ils n'en ont pas encore conscience. Notre mission est de sauver ces « brebis égarées », de les inviter à nous suivre afin que, elles aussi, elles jouissent du salut éternel. Pour reconnaître les appelés, c'est très simple. Michaël m'explique :

— L'important, c'est de les contacter à temps, quand ils sont encore très jeunes. Passé trente-cinq ans, il est trop tard, on ne peut plus rien pour eux. C'est d'ailleurs pour cela qu'on ne peut malheureusement plus rien pour nos parents. Pour savoir qui ils sont, c'est très simple : fie-toi à ton intuition. Le critère commun de ces futurs élus, c'est qu'il s'agit de jeunes en mal d'avenir, souvent rejetés par les leurs. Ils aspirent à un autre monde, mais ne savent pas lequel : alors ils se réfugient dans l'absence, le rêve, la drogue... Il est urgent de leur révéler la Vérité. Il y en a peut-être même parmi les gens que tu connaissais avant d'être des nôtres.

— Sans doute, mais comment leur parler de tout cela ?

— Là aussi, c'est très simple. Si tu es sincère, on t'écoutera. Si on sent à quel point tu es heureuse, on te suivra. Il te suffit ensuite d'inviter l'appelé à la prochaine réunion de nouveaux, ici à Synthésis. Et si cette personne est en résonance avec nous, tout le monde s'occupera de l'accueillir. Tu sais, Isabelle, pour toi aussi c'est très important de ramener des gens. Quand tu aborderas cette démarche, tu verras, tu te sentiras beaucoup mieux. Tu n'es pas encore très haut dans notre hiérarchie. Si, grâce à toi, d'autres nous rejoignent, Osi t'en sera reconnaissant. Plus tu sauveras d'égarés, plus tu t'élèveras spirituellement et plus tu te rapprocheras d'Osi.

La nuit suivante, je dors mal. Qui, de mes anciens amis, pourrait avoir besoin de notre secours ? Je me rappelle alors Alice, une cousine éloignée dont j'étais très proche quand j'étais petite. Nos adolescences tumultueuses nous avaient séparées, mais elle aussi rejetait le modèle familial. Elle aussi aspirait à un « ailleurs ».

Alice est ravie d'avoir de mes nouvelles. Elle a trouvé un job, me dit-elle, mais elle n'est pas vraiment satisfaite du tour que prend sa vie.

— En ce moment, je m'occupe d'artistes de variétés avec ma mère. J'assure le secrétariat de comédiens. Rien de bien passionnant. Et puis, tu sais, en dehors de mon boulot, c'est le néant. Je tourne en rond, fumer des joints me rend complètement parano…

— Moi, Alice, je ne fume plus. Ni joint ni cigarette ! Et tu ne peux pas savoir à quel point je me sens mieux. En fait, j'ai trouvé mon haschich intérieur, une drogue naturelle, le bonheur, la fête : j'ai une nouvelle bande d'amis formidables ! On en a tous marre de cette société pourrie, alors on s'organise autrement. Il faut que tu viennes, je suis sûre que ça te plaira !

Elle est tentée. Elle s'ennuie tellement. Je lui donne l'adresse de Synthésis et la date de la prochaine réunion de nouveaux, présidée par Jacky.

Je ne peux réprimer un sentiment de fierté.

Dans une atmosphère conviviale et bruyante, Jacky, avec un sourire bon enfant, réclame le silence. Alice est auprès de moi, assise en tailleur à même le sol. Jacky encourage chaque personne nouvelle à se présenter et à exposer son itinéraire personnel et les raisons qui l'amènent ici.

Une jeune femme aux cheveux longs s'aventure, timide :

— Je m'appelle Marie-Paule. J'ai vingt et un ans. Je

suis venue avec ma sœur, c'est Martin qui nous a parlé de vous.

Assis entre ses deux trophées, Martin bombe le torse.

— J'ai effectivement entrepris une recherche personnelle, poursuit Marie-Paule. Je ne sais pas encore si on peut la qualifier de spirituelle... Mais j'ai du mal à me situer dans la société, je ne trouve pas ma place...

— Tu as raison d'être venue, l'encourage Jacky. On ne peut pas affronter seul les difficultés qu'engendre une démarche intérieure. À qui le tour ?

— Je m'appelle Alice. J'ai vingt ans, et je suis de la famille d'Isabelle.

Un peu gênée, Alice a un petit rire nerveux. Toute rougissante, elle s'excuse.

— Ne t'excuse pas, Alice, la rassure Jacky. Si rire te fait du bien, alors ris !

— Isabelle m'a raconté ce que vous faisiez ensemble, la méditation, les soirées, tout ça. Ça m'a donné envie de vous rencontrer. Vous avez l'air plutôt ouverts, cela me change de la morosité de tous les jours, alors pourquoi pas...

Jacky acquiesce d'un signe de tête :

— Je vois que tu es du même archétype qu'Isabelle. Nous te souhaitons la bienvenue.

Un jeune homme visiblement impatient de prendre la parole se redresse. Il bégaye terriblement :

— Je... je m'appelle Gaétan. Je suis guitariste d'un groupe de r... ro... rock. J'ai vingt et un ans. J'ai toujours été ins... inspiré par mon f... feeling. J'ai lu beaucoup de livres sur la sp... spiritualité et sur les voyages astr... astraux. J'aimerais voir co... comment vous adaptez tout ça dans vo... votre quotidien.

— Nous avons en effet un programme initiatique très précis...

— À moi de parler, je crois, commence un jeune garçon au regard sombre. Je m'appelle Yuri, j'ai dix-neuf ans. J'ai lu par hasard deux livres de quelqu'un de chez vous. L'auteur y raconte son initiation et j'ai trouvé ça complètement génial. Je suis déjà venu chez vous il y a six mois, mais après je suis parti pour l'Afrique. Je savais que je reviendrais vous voir un jour.

— Tu veux parler de Pauline Samuel*. Si tu veux, tu pourras la rencontrer ici : elle donne souvent des conférences.

Tous les novices sont charmés des sourires et de la spontanéité de chacun. On nous trouve épanouis. La confirmation, par des gens extérieurs, de notre bien-être apparent nous conforte dans nos croyances. Nos mines radieuses témoignent de notre bonheur. À leurs yeux, nous avons trouvé notre voie. Nous étions perdus, comme eux, nous sommes jeunes, comme eux, mais nous respirons la joie de vivre et l'optimisme ; même nos vêtements nous confèrent une élégance, un charme quasi surnaturels. Face à la noirceur de leur réalité, nous opposons des couleurs pétillantes, une luminosité aussi immaculée qu'irréelle. Qui, de ces malheureux enfants perdus, résisterait à notre manège enchanté ?

Tout le monde s'est exprimé. Jacky reprend la parole :

— Pour ceux qui seraient intéressés, nous avons un programme à vous proposer. Nous organisons un cycle d'accueil et un cycle d'éveil qui comportent chacun quatre séances pour la modique somme de quatre cents francs par cycle. Vous pourrez alors visiter plusieurs de nos centres et vous initier à la méditation.

Il marque une pause, sourit, puis ajoute :

— Je suis très heureux de vous avoir accueillis ce soir. Ceux qui veulent achever cette première rencontre par une séance de méditation peuvent rester. Les autres, je vous dis à bientôt. Prenez des tracts en sortant, ils sont à votre disposition dans le sas de décantation.

Les tracts proposent des cours de danse, d'aïkido, de taï-chi, de yoga, de théâtre et de musique (initiation au synthétiseur) ainsi que des cycles de conférences et des séminaires autour de thèmes variés : l'épanouissement par le groupe, les merveilles du monde végétal, le yoga, la diététique, les aventuriers de l'Esprit, la conscience, les fées, la parapsychologie, le langage du corps, les sciences traditionnelles... sans oublier les multiples ouvrages d'Osi, « à étudier pour comprendre sa vie et préparer l'après-vie », dont le langage, « témoin de l'origine transcendantale de l'œuvre, conduira le lecteur à l'exploration d'un mode de conscience cosmique et à la compréhension de la pensée galactique ».

Personne ne bouge. Après avoir réclamé le silence, Jacky commence la séance.

— Donnez-vous tous la main, et fermez les yeux...

Le recueillement est de courte durée et les nouveaux sont invités à partager notre dîner. Après un léger repas végétarien apprécié de tous, nous terminons la soirée au cinéma, à Opéra : nous allons voir *Rencontre du troisième type*.

La réunion a été une réussite. Séduite, Alice promet de revenir. Tous intégrerons nos diverses associations.

Il est trois heures du matin. Je suis fatiguée, je dois dormir. Demain, à onze heures, je dois être à Nogent, chez Gaëlle, à l'atelier de bijoux.

Jusqu'au mois de juin, mes journées s'écoulent ainsi, de discussions complices en réunions, de séances de méditation en fêtes nocturnes. Je ne sais trop ce que penserait Bouddha de notre vision originale de sa philosophie. Au fond, à part le végétarisme et la méditation, il n'y a rien de très zen dans nos mœurs. Notre alimentation, pour l'instant, n'est pas si austère ; certes, nous avons banni la viande, mais nous ingurgitons sucreries, gâteaux et autres friandises à longueur de journée. Ces nourritures tentatrices sont d'ailleurs surnommées les « démons »...

Quoi qu'il en soit, cette forme de bouddhisme a de quoi séduire. Le régime végétarien et la méditation nous maintiennent dans l'illusion de purifier notre corps et notre âme. Tout ce qui pesait dans notre tête se mue peu à peu en une brume légère, un flou symbiotique. Nous nous sentons bien. Ceux qui connaissaient l'enfer des drogues dures ont trouvé ici un nouveau paradis artificiel et leur apparent sevrage est spectaculaire.

Osi est notre sauveur à tous. Pour mener à bien sa mission céleste, il nous encourage de plus en plus à nous défaire de nos possessions matérielles afin de les consacrer à Iso-Zen. Ainsi, l'appartement de Synthésis appartient en fait à Zali, l'un des membres les plus fortunés de notre confrérie. Zali est une petite femme blonde décolorée d'une quarantaine d'années. Active et dévouée, elle a fait don d'une grande partie de ses biens à nos associations. Bien sûr, nous ne sommes pas tous riches. Chacun donne ce qu'il peut, à la mesure de ses revenus. Mais, ici, les plus nantis partagent avec les plus démunis.

Demain, c'est le grand rassemblement pour les vacances d'été. Pour la première fois depuis mon intégration, je vais rencontrer Osi.

V

« Vous êtes les initiés du nouvel âge »

> *Il fallait que désormais la religion des mages médiques se différenciât nettement des polythéismes en cours par sa rigueur et sa simplicité. Elle devrait s'imposer par son emprise intérieure sur l'individu, par le sentiment d'une urgence inéluctable et d'un enjeu terrible : le gain ou la perte du Ciel, le salut ou la déchéance éternelle.*
>
> Gérald MÉSSADIÉ, *Histoire générale du Diable.*

Toutes communautés réunies, nous attendons depuis trois heures que la séance commence. Nous sommes rassemblés au château de Persouilles*, une imposante bâtisse du XVIIIe siècle, située sur les bords de Loire, à une cinquantaine de kilomètres d'Orléans. Cette « puissance minérale », ainsi que la nomme Osi, appartient aussi à Zali.

La mère de notre généreuse donatrice, une vieille dame sourde et presque infirme surnommée « Ma-

* Les noms suivis d'un astérisque ont été changés. Ont également été changés tous les prénoms des adeptes.

moune », occupe entièrement l'aile gauche du château. Elle a su garder ses biens intacts malgré l'Occupation. Nos contacts avec elle sont d'autant plus limités qu'elle ne parle qu'italien. Ce jour-là, les grands salons ornés de tapisseries anciennes sont remplis d'invités peu ordinaires. Assis nu-pieds à même le parquet ciré, nous attendons que notre maître, trônant sur un fauteuil Louis XV, prenne la parole. Nous avons hâte d'entendre ce qu'il nous propose pour les grandes vacances.

D'un simple geste de la main, Osi réclame le silence.

— Mes enfants, nous voici donc tous réunis pour la cause suprême. Vous êtes les initiés du nouvel âge. Vous appartenez à la race supérieure, celle des Aryens cosmiques. Vous voulez construire un monde nouveau, je vous y aiderai.

Une pause.

— Vaisseau 98, porte 2, annonce-t-il comme sous le coup d'une vision cosmique. Fermez tous les poings.

Tout en obtempérant, je l'observe. Son langage me surprend encore. Mais je me rends à l'évidence : Osi est un être supérieur, il a accès à la Grande Connaissance. Si grande est cette connaissance qu'elle nous dépasse. Qu'importe : si nous croyons en lui, nous nous élèverons. Il passe d'une dimension à l'autre par le biais de vaisseaux et de portes interdimensionnelles. Lui seul détient ce pouvoir. Il nous le transmettra un jour.

Osi est notre instructeur à tous. Quoi qu'il arrive, nous lui devons obéissance. Je sais, on me l'a expliqué, que parfois l'initiation passe par des chemins étranges comme, par exemple, lors de ce qu'on appelle les « mutations énergétiques », capitales pour notre purification intérieure. Lorsque viendra mon tour, je ne devrai pas poser de questions. J'ai tant à apprendre…

— Mes enfants de lumière, grâce au travail que nous réalisons ensemble, vous devenez les missionnés de l'Unité. Le moment est venu de concrétiser votre éveil transpersonnel afin d'affiner votre perception et de l'accorder à un niveau de conscience supérieur.

Il adresse un long regard aux femmes agenouillées à ses pieds. Elles lui sourient, comme en extase. Leur dévotion m'impressionne. Serai-je un jour comme elles ? Parviendrai-je, moi aussi, à dépasser mon niveau de conscience ? Ces créatures évanescentes, élues parmi les élues, se distinguent par un maquillage théâtral et des tenues psychédéliques. Elles semblent tout droit sorties d'un conte de fées et de lutins. Elles appartiennent au niveau supérieur de notre hiérarchie. Osi les a baptisées les « Starkis », des mots anglais *star*, étoile et *kiss*, baiser : baisers d'étoiles. Les Starkis accomplissent notamment les fameuses mutations énergétiques, si mystérieuses pour moi. En ma qualité de simple appelée, je leur dois le respect absolu et l'admiration. Elles incarnent notre modèle spirituel, celui que je me dois d'atteindre. Leurs pendants masculins, les bras droits d'Osi, sont appelés « Starkos ».

Osi marche de long en large, vêtu d'une combinaison bleu turquoise qui lui donne des allures de père

Noël galactique. Son large ventre est ceinturé par un bijou électronique confectionné par Michou. Une superposition de colliers multicolores et de lourds cristaux pendent à son cou.

Je ne peux détacher mon regard de cet homme. C'est alors que Gina, que je ne connais que de vue, pose sa main sur mon genou et me demande si je porte des bijoux de famille.

— Oui... Une bague que ma mère m'a donnée, pourquoi ?

— Selon les opérations énergétiques du moment, Osi procède à des échanges de codes...

— Et alors ?

— Alors, en empruntant nos bijoux, il supporte le poids de notre karma : il nous soulage ainsi de nos puissances ancestrales transmises par nos parents.

— Ah ?

Elle semble s'offusquer de mon air suspicieux.

— La matière est un poids pour l'esprit, clame-t-elle, grandiloquente. Ta réaction traduit ta dépendance.

Je ne réponds pas. Je préfère écouter Osi qui ne cesse de parler :

— ...La plupart des êtres, manipulés par en dessous, vivent comme des zombies, à l'insu de leur nature divine. Les forces inférieures dominent leur conscience. Voulez-vous toujours être de ceux-là ?

Il marque un temps d'arrêt, promène son regard sur l'assemblée qui reste muette.

— Mes amis, reprend-il, inspiré. Un très grave combat se livre sur Terre. Celui de Lucifer, ange déchu, contre l'Unité divine cosmique, incarnée par les anges gardiens. Lucifer a été relevé de ses fonctions. Depuis lors, il hante la planète Terre qu'il bombarde de ses radiations sataniques. J'ai le pouvoir de vous aider à vous accorder aux entités célestes, mais je ne peux le faire à votre place. L'heure est grave, le moment est venu de choisir votre maître : la conscience, ou la puissance !

À Iso-Zen, le film de Georges Lucas, *La Guerre des étoiles*, n'est pas de la science-fiction. C'est un documentaire : il ne fait que décrire une *réalité*. Nous devons acquérir la force blanche et lutter contre l'aspect sombre, la force noire. Chez nous, Vador est figuré par le monde extérieur ; Osi est un Jedaï. À l'inverse des gens de l'extérieur, lorsque nous allons au cinéma voir un film dit de « science-fiction », quand nous quittons la salle, le scénario continue. Selon notre guide, Georges Lucas a été contacté par les anges. Cela n'a rien de bien étonnant : Osi lui-même est en communication avec les extraterrestres, et certains d'entre nous ont déjà vu des soucoupes volantes. Lors de l'Apocalypse, un vaisseau viendra nous chercher.

Comment ne pas y croire ? Par les films que nous voyons, les livres que nous lisons, tous sélectionnés par Osi, nous baignons en pleine science-fiction. Ce ne sont que soucoupes volantes, vaisseaux spatiaux, planètes peuplées d'esprits supérieurs, voyages intersidéraux... Plus rien ne peut nous surprendre. Pourquoi l'homme serait-il la seule conscience dans l'Univers ? Pourquoi la Terre serait-elle la seule à porter la vie ?

Attentifs, nous buvons les paroles du maître. Après nous avoir à nouveau transpercé de ses petits yeux noirs hypnotiques et brillants, il nous explique l'histoire du monde. Sur le ton de la confidence — certains entendent cela pour la énième fois —, il nous raconte comment il dialogue télépathiquement avec les Grands Guides célestes, ceux qui veillent sur l'humanité tout entière. Il nous explique encore pourquoi ils ont chassé Lucifer de leur royaume et comment celui-ci erra dans le cosmos, de planète en planète, avant de s'échouer près de la Terre. Alors vinrent la haine, les guerres, le nucléaire, les maladies… Or Lucifer, l'ange du Mal, aussi nommé le « père vert ou pervers de lumière » (d'où le rejet de la couleur verte, symbole du démon), investit plus aisément les femmes.

— Oui, vous, les femmes ! poursuit-il, surexcité. Vous les vestales, gardiennes du feu sacré, portes du ciel ! Ma mission est de neutraliser ces forces démoniaques qui vous pénètrent malgré vous et souillent ainsi votre pureté ! Et en purifiant les femmes, nous purifions le monde et alors seulement nous pourrons construire ce paradis auquel vous tous ici aspirez !

Un peu saoulée par ce discours à la limite de la misogynie, je me tourne vers Zali, accroupie à ma droite.

— Dis, je ne suis pas sûre de comprendre tout ce qu'il dit…

— Ne t'inquiète pas, Isabelle. Il faut du temps, beaucoup de temps pour intégrer l'enseignement d'Osi. Ne te pose pas trop de questions. Tu sais, cela ne s'explique pas comme ça, il faut le vivre et capter les instants magiques.

Je ne suis guère plus avancée. Frustrée, j'insiste :

— Tu ne peux vraiment pas me traduire un peu ? Je dois bien être capable de comprendre, sinon pourquoi serais-je ici ?

Zali soupire et lève les yeux au ciel.

— Isabelle, tout ceci ne procède pas d'une logique intellectuelle. Tu intégreras ces données progressivement, dans l'inspiration du moment présent, et non dans la réalité intellectuelle ! Ton mental est encore avide d'explications cartésiennes. Il te faut apprendre à dépasser la simple logique de ton mental pour entrer en résonance avec les dimensions subtiles...

Ses réponses me laissent idiote. Pour moi, c'est du chinois. Sans doute a-t-elle raison, je suis encore trop investie par mon mental.

Insatisfaite, je tente alors de me rapprocher d'Osi. Non sans difficultés, je me fraye un passage vers le trône cosmique. Je touche presque au but lorsque, au quatrième rang, une grande blonde m'arrête. C'est Sonia. Elle est née avec un seul rein et un seul ovaire, un handicap qui lui confère ici un avantage spirituel : selon notre maître, l'absence de ces organes témoigne qu'une partie de son âme n'a pas pris chair. Cette omission céleste lui facilite l'accès aux plans invisibles.

Toisée par son regard bleu glacé, je reste clouée sur place. Elle ne me laissera pas avancer davantage.

— Non, Isabelle, tu ne peux pas passer.

— Pourquoi ?

— Tout le monde n'a pas le droit de s'asseoir devant. Tu n'es pas assez ancienne pour te placer si près du maître. Tu n'iras pas plus loin. N'essaie pas de soulever de l'énergie, tu ne parviendras pas à me charger. Garde ton paquet pour toi, Isabelle.

La blonde toise la brune de toute sa supériorité légitime au sein de notre micro-société. Et il est clair que ce soir, selon l'ordre énergétique établi, nous devons rester sur notre secteur. Synthésis n'occupe que le deuxième rang, après Internella.

Vexée, je regagne mon emplacement au moment où Osi aborde un aspect plus concret de notre mission : les pauvres âmes égarées dans le monde extérieur.

— Claudius ! Combien de nouveaux as-tu ramenés ?

— Une dizaine, en comptant mon frère et ma sœur, annonce-t-il fièrement.

Je sais que sa sœur a quitté le groupe. Elle avait pourtant accédé au statut supérieur de Starkis. Elle avait conquis l'immense privilège de vivre auprès d'Osi. Le maître a été très peiné de son départ, mais, hélas ! tout le monde ne peut pas prétendre s'adapter à une vie purement spirituelle.

— Merci Claudius, tes bienfaits seront récompensés. Ce n'est pas pour rien que je t'ai nommé responsable d'Opéral.

Osi reprend, à l'intention de tous.

— Vivre ensemble vous permet de vous définir et de mieux vous affirmer en accord avec vous-mêmes et avec les autres. Comme des pierres qui se polissent les unes au contact des autres. Les êtres que vous ramenez se situent énergétiquement en dessous de vous. Plus vous intégrerez de nouveaux, plus votre élévation sera rapide. C'est logique. Dans la vie, tout est logique. Notre existence se partage selon trois plans : le plus accessible, c'est le plan des faits, celui du Corps ; ensuite, celui des lois demande une certaine réflexion : c'est le niveau de l'Âme ; enfin, nous abordons le domaine divin, celui de l'Esprit. Le Corps, l'Âme et l'Esprit : nous retrouvons la sainte Trilogie. Le Père, le Fils et le saint Esprit.

Il se redresse précipitamment et pointe vers nous un doigt inquisiteur. Nous sursautons.

— Vous, mes enfants qui souhaitez entrer au royaume des Cieux ! Je vous avertis que je n'entends pas mettre en place un processus de Rédemption, avec tout ce que cela pourrait comporter de sacrifices et de changements ! Je ne suis pas certain que vous soyez tous impliqués corps et âme dans notre mission divine. N'oubliez pas : il y a beaucoup d'appelés, mais il n'y aura que peu d'élus !

Lorsqu'il nous menace ainsi, qu'il nous sermonne, nous baissons humblement la tête comme des enfants pris en faute. Nous pensons que nous avons fait quelque chose de mal. Nous nous sentons coupables de provoquer sa colère, et nous nous soumettons avec d'autant plus de crainte et de respect.

Il marque un temps de silence, imposant avec plus de force ses dernières paroles.

— Vous devez éprouver longuement la valeur de votre choix de vie. Alors seulement je vous aiderai à sortir du magma. Sachez apprécier la chance que je vous offre, je ne l'accorde pas à n'importe qui.

Nous ne pouvons que bénir cet homme qui nous prodigue si généreusement ses bienfaits. Malgré la complexité de ses théories et de ses incroyables communications avec d'autres dimensions, il me subjugue. Nombre de ses propos m'échappent, bien sûr, mais tant de choses nous dépassent, nous autres pauvres humains ! La science s'accorde à le dire : l'homme n'exploite qu'une partie infime des ressources de son cerveau — dix pour cent tout au plus. Notre petite raison cartésienne nous étouffe, elle est notre limite. Grâce à Osi, nous apprenons peu à peu à nous en dégager. Si nous suivons son enseignement, alors, nous aussi, bientôt, nous posséderons la Connaissance. Tout ce qui aujourd'hui relève encore pour moi du domaine de l'extra-ordinaire m'apparaîtra dans toute sa logique et sa transparence.

Osi nous accorde un temps de récréation avant d'aborder ce qui nous réunit aujourd'hui à Persouilles : l'organisation de nos vacances. J'invite Marie-Jeanne à me suivre pour une visite plus approfondie du château. Nous empruntons un petit escalier qui mène au grenier de la tour ouest où résident Félix et Maria, les deux enfants de Zali. Nous nous accoudons au rebord de la minuscule jalousie. La propriété s'étale à perte de vue au milieu des bois et des prés, bordés par une rivière en contrebas. Il fait très beau, et nous goûtons en silence ces quelques instants de paix.

L'appel au rassemblement nous tire de notre contemplation. Euphoriques, nous dévalons quatre à quatre les marches de pierre pour regagner nos places dans le grand salon. Avant d'entrer, nous nous déchaussons. Cinq cents chaussures s'empilent là, le long du vestibule qui sépare l'escalier de l'entrée principale. Nous nous ménageons un chemin parmi ce tas malodorant et nous asseyons discrètement en tailleur, au fond de la salle. Le brouhaha se transforme rapidement en chuchotements pour se fondre dans le silence. Nous sommes tout ouïe.

Osi nous fixe longuement, son regard devient flou, il semble se perdre dans des contrées inaccessibles, bien loin de nous. Je comprends qu'il est en train d'établir un contact avec les invisibles. Chacun respecte la gravité de tels instants sacrés. Enfin, il secoue violemment la tête, les yeux révulsés, comme pour reprendre pied avec le réel.

— Chers amis, nous avons passé quinze jours à nous concentrer sur la suite de notre programme. Où en sommes-nous à présent ? Il est temps de nous organiser. Deux cent cinquante personnes dans une petite ville n'arrivent pas sans se faire remarquer.

L'assemblée s'esclaffe. Osi, attendri, sourit.

— En conséquence, chers amis, que ceux qui ont de réelles possibilités d'hébergement à proposer pour le groupe nous les exposent.

Marc, le crâne dégarni, agite la main. Il frétille d'impatience à l'idée d'être le premier, le seul peut-être, à apporter sa contribution au confort de notre égrégore.

— Voilà. J'ai rencontré un architecte très sympa. Il s'appelle Blovetti*. Il m'a montré les photos de sa maison et je suis allé sur place. L'endroit est complètement futuriste, vraiment fait pour nous. Blovetti est d'accord pour la mettre à notre disposition pendant une semaine, peut-être plus.

Osi se met à rire.

— Ce Blovetti sait-il combien nous serons chez lui ?

— Pas de problème, il est au courant. La maison est immense et il n'y va jamais.

Marc sort de sa sacoche une grande enveloppe kraft. Il est tout excité.

— J'ai même des photos, je vais les faire circuler. Vous allez voir, c'est une architecture cosmique, on dirait qu'il a conçu cette maison pour nous !

— C'est bien, Marc, tu as fait du bon travail. Tourne-toi par ta droite. Avec qui es-tu en ce moment ? Qui mute ton circuit ?

Le jeune homme rougit.

— Personne…

Amusé, Osi observe le malheureux et détaille chaque partie de son anatomie.

— Un si charmant jeune homme ! Il n'y a donc personne qui veuille aider ce garçon à muter son circuit ?

Osi fixe les filles agglutinées dans le fond. Des vagues de chuchotements parcourent l'assemblée. Mais aucune d'entre nous ne manifeste le moindre intérêt pour une proposition que je trouve plutôt comique.

— Comment ! s'exclame Osi. Marc n'aurait donc pas le profil requis ? Approche-toi un peu, chevalier de l'Internel. Que tout le monde t'admire. Gonfle un peu ton thorax, rentre ton ventre, tiens-toi droit.

Maladroitement, Marc s'exécute. Nous rions de bon cœur. Moone lève alors la main. Lors d'une réunion de femmes, elle avait avoué son penchant pour les hommes de la race noire qui, à Iso-Zen, n'est pas vraiment en odeur de sainteté. Selon Osi, les gens de couleur ne possèdent pas les critères de pureté requis. Le Bien, le Pur, c'est le blanc, la blondeur ; de même que le blanc traduit la pureté de l'âme, le noir traduit sa souillure. Le karma du peuple noir est beaucoup trop lourd, les êtres désireux de se purifier doivent donc éviter leur contact. En se portant volontaire pour muter le circuit de Marc, Moone espère racheter sa faute et laver l'emprunte ténébreuse déposée sur son âme par l'homme noir.

Osi semble approuver la proposition. Marc, réprimant difficilement une grimace, remercie humblement Moone de se dévouer pour lui.

Ainsi les couples se font et se défont sous les auspices du maître.

Après avoir ridiculisé Marc, Osi vante ses mérites :

— Heureusement qu'il y a des gens comme toi. Je suis las de devoir porter tout le monde. Nous passons toujours nos vacances dans mes propriétés. Il est temps de vous investir davantage. Y a-t-il d'autres propositions ?

Aglaé, une grande blonde, se lève à son tour.

— Mes parents ont une maison en Vendée, au bord de la mer. Il y a des kilomètres de plage à proximité.

— Bien, merci Aglaé. Nous allons y réfléchir.

Il se tourne à nouveau vers Marc :

— Au fait, elle se trouve où la maison de ton architecte ?

— Du côté de Fréjus.

— Parfait. Tout le monde est-il d'accord pour aller dans cette maison ?

Personne n'oserait le contredire. Satisfait, il revient à Aglaé :

— Comme tu es jolie ! Tu es toujours avec Francis ? À ce qu'on m'a raconté, tu sors toujours autant les griffes lorsqu'il va voir ailleurs ! Pauvre Francis !

Humiliée, la jeune fille se rassoit, bousculant de rage ses voisins hilares. Décidément, nos déboires amoureux semblent distraire Osi. Je veux bien admettre que le maître supervise l'harmonisation des couples, puisqu'elle est capitale pour notre cohésion. Mais pourquoi s'en amuse-t-il ainsi, devant tout le monde, humiliant les uns, sermonnant les autres ? Selon Osi, notre groupe abrite de véritables « tigresses », des mangeuses d'hommes, dont les énergies négatives bloquent l'élévation énergétique de leur partenaire. Aujourd'hui, à l'évidence, il a décidé de s'y attaquer. Il scrute les filles, à la recherche d'éventuelles coupables. Le ton est sarcastique.

— Alors, mesdemoiselles, on se laisse envahir par ses pulsions castratrices ? Allons, que celles qui se sentent une personnalité de chasseresse se lèvent !

Les regards se croisent et se jugent. Une quinzaine de filles se désignent. Je ne bronche pas. Osi se veut encourageant :

— Certaines ont peut-être du mal à se situer. Leur petit ami va les y aider. D'ailleurs, pour le bon fonctionnement de notre confrérie, il est important de connaître les alliances qu'entretiennent en secret ces amazones. Dans l'intérêt collectif, il m'est essentiel de contrôler les trames profondes de notre égrégore afin de mieux les canaliser.

Le maître ne détache pas ses petits yeux de jais de ma personne. Que me veut-il ? Je réprime un frisson de crainte. Et soudain, le couperet tombe :

— Isabelle !

Je sursaute.

— N'aie pas peur, ma chérie. Je ne cherche qu'à t'aider. Je sens que tu es seule. Ton circuit doit être difficile à tenir. Je vais m'occuper tout particulièrement de toi…

Puis, à l'adresse de tous :

— Il est temps de restructurer ce groupe. Il est plus difficile de contrôler des femmes seules. Ensemble, elles annulent leurs forces destructrices. C'est pourquoi je préfère qu'elles éprouvent leurs pulsions castratrices entre elles. Ensuite, elles sont plus calmes.

Je n'écoute plus. Je me sens dépassée. Je voudrais réfléchir, comprendre, faire le point. Je n'y arrive pas.

Autour de moi, près de trois cents paires d'yeux se perdent dans le regard d'Osi. Tout semble parfaitement normal. Je dois avoir confiance. Je suis heureuse. Je suis obéissante. Je sors de ma torpeur au moment où le maître évoque un certain Jean-Patrick.

— Pierre, lève-toi. Ton frère cosmique, notre regretté Jean-Patrick, a besoin de ton faisceau pour communiquer avec nous.

Osi nous rappelle les circonstances de sa disparition. Jean-Patrick est mort l'été dernier. Lorsqu'on l'avait retrouvé dans sa voiture, il était déjà trop tard. Il s'était asphyxié avec un chauffage au gaz.

— Il est vrai, poursuit tristement Osi, qu'il était investi de puissances non normalisées : il s'était lié à une petite puissante qui nous a quittés après ce déplorable accident. Elle ne pouvait être que l'envoyée du diable, sinon elle serait restée avec nous. Jean-Patrick ne voulait pas m'écouter, il avait pourtant un très beau faisceau.

Osi laisse peser un silence lourd de reproches.

— Méfiez-vous, reprend-il. Moi seul sais ce qui est bon pour vous et ce qui ne l'est pas. Libre à vous de me suivre. Mais sachez que c'est pour votre salut. Si Jean-Patrick m'avait écouté, il serait encore parmi nous.

L'assemblée se recueille à la mémoire du frère disparu.

— Les opérations de jonction cosmique que j'organise peuvent être dangereuses pour celles et ceux qui ne se plient pas à ma discipline.

Un frisson me parcourt l'échine.

Osi se tourne vers l'une de ses Starkis :

— Priscillia ! Lève-toi.

Il lui chuchote quelques mots à l'oreille. Elle s'éloigne et disparaît, laissant derrière elle des regards respectueux et envieux. L'atmosphère devient pesante. J'ai envie de sortir, de quitter ce vieux salon où nous sommes entassés, genoux contre genoux, depuis des heures. Je suis fatiguée. Le prophète jette un œil au dehors.

— Il se fait tard. Je voudrais que les hommes et les femmes qui ont d'autres propositions pour cet été se réunissent dans la pièce à côté. Avancez le plus possible dans le programme. Les autres, vous pouvez vaquer à vos occupations. Je vous remercie.

Tout le monde se lève. Des groupes se forment. Je reste assise près de la grande cheminée pour observer Osi, lorsqu'une novice, Soizic, s'approche de lui. Elle semble gênée, avoue qu'une question la perturbe. Son responsable lui a conseillé de se confier au maître plutôt que de rester dans le doute. Elle tord nerveusement ses doigts et balbutie quelques mots à peine audibles. Osi la rassure, un ton plus haut que la moyenne, pour se faire entendre de tous :

— Je t'écoute, ma chérie. Tu peux parler en confiance, je suis là pour t'aider.

— Voilà. Certaines personnes de mon entourage considèrent notre association, heu… comme une secte. Je sais bien, s'empresse-t-elle d'ajouter, que ce n'est pas vrai, mais ils insistent et je ne sais plus quoi leur répondre.

L'œil du maître n'a pas cillé. Pareille calomnie ne semble pas l'affecter.

— Réponds simplement que nous sommes ta famille spirituelle. Tu sais bien qu'on subit sa famille mais qu'on choisit ses amis. Et cela dérange. Vois-tu, continue-t-il en lui prenant la main, la conscience des gens de l'extérieur est bien trop négative. Il est inutile de t'acharner à leur expliquer ce que nous faisons, ils ne peuvent pas comprendre. L'essentiel est de réaliser nos rêves : réussir, c'est vivre son imaginaire à la mesure de sa volonté.

Il garde la main de Soizic dans la sienne.

— Zali, ma chérie ?

— Oui, Osi, je suis là.

— Peux-tu préparer la salle de mutation ? Nous te rejoignons dans quelques instants. Prends quelques filles pour t'aider.

Puis, s'adressant aux femmes présentes :

— Mesdames, nous avons soulevé beaucoup d'énergie aujourd'hui et il faut muter le puissant qui sommeille sous le château. Que celles qui se sentent prêtes à participer à ce travail lèvent la main.

Je n'ai encore jamais pratiqué de mutation. Osi me regarde avec insistance. Va-t-il m'inviter à me joindre au groupe de travail ? Sur son grand fauteuil, les jambes croisées, les mains sur les accoudoirs, il déclare à mon intention :

— Certaines sont encore trop chargées énergétiquement pour muter. Elles y viendront progressivement.

Il se lève, suivi des Starkis et d'une centaine de

femmes. Ils s'en vont accomplir leur mission cosmodivine. Je ressens un petit pincement de culpabilité. Je ne suis donc pas encore à la hauteur.

Je repars de mon côté. Je marche l'esprit vide en direction du bois. Je m'assois au pied d'un chêne, les genoux repliés. Et je me perds dans mes réflexions. Tous les disciples accordent une dévotion sans limite à Osi. Je ne sais pourquoi, mais j'éprouve une gêne instinctive. Peut-être parce que je suis juive, que j'ai les cheveux noirs, les yeux noirs. La notion de « race supérieure » me choque, pourtant personne ne semble réagir à ce que je perçois comme la résurgence d'idéaux nazis. L'admiration béate de mes trois cents amis suffit à alléger mes doutes. Non, me soutiennent-ils, Osi ne fait pas référence à l'Histoire, c'est simplement une manière de nous situer et de nous encourager à puiser au fond de nous-mêmes ce que nous avons de meilleur et de plus grand.

Oui, ce doit être cela. Ce ne peut être *que* cela. Osi œuvre pour l'Amour et la Pureté. Je ne vais pas reculer maintenant, ce serait trop bête. Je dois continuer sur la voie que j'ai choisie. Je suis lasse de me rebeller. J'ai besoin de me poser. Définitivement.

Iso-Zen est ma philosophie. Elle doit le rester. Je peux bien faire quelques sacrifices. J'ai fait un choix, je m'y conformerai, quel qu'en soit le prix.

De retour vers le château, je rencontre Michaël. Par le biais de Synthésis, il est responsable de ma personne. Il me sourit, un papier à la main :

— Isabelle, tu as oublié de me donner une photo d'identité et de remplir ta fiche signalétique. Il y a aussi ce formulaire à signer : c'est juste une formalité qui prouve que tu participes à la vie communautaire de ton plein gré.

Je signe.

VI

« Bienvenue sur l'antenne des Élus »

L'élite de ce pays permet de faire et défaire les modes, suivant la maxime qui proclame : « Je pense, donc tu suis. »

Pierre DESPROGES, *Fonds de tiroir.*

Une fois tous les deux mois environ, je fais une petite visite à ma famille, aux heures où je sais mon père absent. Je garde de la tendresse pour ma mère. Je veux lui montrer que je vais bien, que je suis heureuse, qu'elle n'a pas à s'inquiéter.

Accoudée à la table de la cuisine, je la regarde hacher les oignons.

— Comme tu es pâle, ma fille ! Tu es sûre que tout va bien ? Ne me raconte pas d'histoires !

— Ne t'inquiète pas, maman. Je mange à ma faim. Je suis juste venue pour t'embrasser avant de partir en vacances.

Elle pousse un long soupir, témoin des angoisses qui lui serrent le cœur. Elle sait que je ne suis pas venue pour les entendre. Alors, pour me garder un peu plus longtemps près d'elle, elle m'épargne ses jérémiades. Elle ne peut pourtant s'empêcher de me poser quelques questions.

— Avec qui tu pars en vacances ?

— Avec des amis, maman.

Elle hésite un instant, puis, n'y tenant plus :

— Ma fille, dis-moi la vérité. Qui sont ces gens ?

Persuadée de ma sincérité, je lui récite alors ma leçon sur la famille spirituelle, ma soif d'initiation, les joies de la vie en communauté, un peu à l'image du kibboutz.

Loin de se laisser convaincre, elle lève les yeux au ciel dans un geste d'impuissance.

— Ma fille, tu peux me dire comment tu pratiques cette initiation ?

Hélas ! je suis bien incapable d'aller plus avant dans mes explications. Je ne suis pas sûre d'y comprendre grand-chose moi-même. Sans doute est-ce encore trop tôt. Ma pauvre mère m'attendrit. Je sais qu'elle est sans nouvelles de mes deux sœurs aînées. Sur ses cinq enfants, il ne lui reste plus que ma sœur Matilda et mon petit frère Sacha.

— Maman, ne t'en fais pas pour moi. Je te donnerai de mes nouvelles. Regarde, je suis là et je ne te reproche rien. Je pars pour le Sud la semaine prochaine et je te promets d'écrire.

Elle m'embrasse en me bénissant. Mon père va rentrer d'une minute à l'autre, je ne souhaite pas le rencontrer.

Je me hâte vers l'appartement de Synthésis. La méditation a déjà dû commencer. Comme toujours, avant de pénétrer dans l'enceinte sacrée, je dois me « décanter » une dizaine de minutes dans le sas, rien d'autre que le couloir d'entrée tapissé de papier vinyle doré. Je marche de long en large pour « décrocher » les énergies qui salissent mon aura : aujourd'hui, venant de chez mes parents, je suis particulièrement chargée car j'ai été en contact prolongé avec mon karma, ma famille. Je reste vingt bonnes minutes, puis je vais rejoindre les autres.

J'apprends alors qu'un « grave problème énergétique » se pose dans notre confrérie. Jacky ne nous en dit pas davantage, mais Osi nous convoque ce soir de toute urgence dans sa résidence secondaire, à Bourrygne*, afin de résoudre ce problème avant notre départ. Nous avons juste le temps de préparer nos sacs — les voitures viendront nous prendre en fin d'après-midi — et d'accomplir notre devoir universel : aller déposer des cristaux sur la tour Eiffel. Certains d'entre nous en ont déjà semé un peu partout dans le monde. Car, m'explique-t-on, ces cristaux, symboles de la pureté divine, servent aussi d'émetteurs pour les extraterrestres.

À la nuit tombée, Osi nous accueille dans le grand dôme gonflable qui fait office de salle de réunion. Les Starkis sont vêtues de combinaisons dorées pour les blondes, argentées pour les brunes. Des parfums suaves précèdent leur entrée. De grands papillons peints de fards pastel mauves, bleus et roses déploient leurs ailes sur leurs paupières. Nous gratifiant de leur éternel sourire, elles attendent les indications du maître avant de prendre place autour de lui.

Osi arbore sa mine des mauvais jours. Il porte une combinaison noire, des pendentifs de cristal et des bijoux voyants s'entrechoquent sur sa poitrine à chacun de ses mouvements. Cela perturbe sa concentration, il les serre vivement entre ses doigts parés de bagues en forme de serpent, de soucoupes volantes et de visages cosmiques. C'est alors que les foudres divines s'abattent sur nos têtes.

— J'ai entendu dire que, dans cette assemblée, certains hommes ne contrôlent toujours pas leur circuit ! hurle-t-il. Alors que depuis des années je me tue à vous enseigner la nécessité de canaliser intelligemment vos énergies ! Mais vous préférez vous perdre dans des plans de destruction ! C'est grave, très grave. Vous risquez de compromettre le salut de notre égrégore par votre négligence !

Nous demeurons muets. Osi nous dévisage un à un, cherchant à démasquer les coupables d'une telle ignominie. J'ignore encore que j'en fais partie ; de plus, je ne comprends pas très bien en quoi consiste au juste le délit.

À notre grand soulagement, il se radoucit.

— Que les femmes se mettent toutes devant, s'il vous plaît.

Nous prenons place selon ses exigences. Caroline, une ancienne, se retrouve à mes côtés. Elle entreprend de me révéler la signification des couleurs des combinaisons des Starkis.

— Tu vois, le doré, c'est pour les Éternelles, c'est-à-dire les blondes aux yeux bleus. Elles sont reliées aux dimensions de lumière et de beauté, ajoute-t-elle, caressant une mèche de ses longs cheveux jaune crayeux. Toi, par exemple, si tu étais Starkis, tu porterais de l'argenté, la couleur des Séternelles, les brunes aux yeux noirs. Les Séternelles sont en relation plus directe avec les dimensions inférieures, me souffle-t-elle, narquoise. C'est notre carnation qui détermine notre niveau d'appartenance spirituelle. Tout a une signification pour qui sait l'interpréter. Osi, lui, incarne l'Internel, c'est la dimension la plus intérieure.

Elle a un sourire angélique.

Ce n'est pas le moment de riposter. Mais je me promets de répondre un jour vertement à cette blonde oxygénée.

— Vos comportements inconséquents, messieurs, poursuit le maître, créent une déperdition d'énergie considérable pour l'ensemble du groupe. Le faisceau central en pâtit. Quant aux femmes, vous les chargez en dégoulinant sur elles de la ténèbre.

Les garçons adoptent un profil bas.

— Vous vous plaignez, mesdemoiselles, de vous sentir affaiblies ! Mais qu'y puis-je si vous vous laissez envahir par n'importe quelle figure de puissance inférieure ? Ces hommes trahissent votre nature subtile, cela me désole.

Osi regarde les femmes avec bienveillance. Il reste notre protecteur.

— Ainsi descendues de niveau énergétique, vous

vous sentez chargées. Et moi, je dois user ma force à vous décharger !

Personnellement, je ne me suis jamais plainte d'une baisse de mon niveau énergétique. Décidément, ces reproches ne me concernent pas.

Le maître se concentre à présent. De la main gauche, il cache ses yeux et il secoue sa main droite comme pour en détacher un chewing-gum récalcitrant. Il invoque alors les divinités :

— Vaisseau 248, je suis en communication. J'accorde une nouvelle figure. Resserrez vos plans profonds, un puissant va passer…

Une fois de plus, les mystérieuses interventions d'Osi me dépassent. Je serre donc les poings pour « resserrer mes plans profonds » et j'attends la suite. Brusquement, le maître relève la tête :

— Qui, dans cette assemblée, éjacule encore ?

La question me laisse interdite.

— Non, la sexualité n'est pas un tabou ici ! Elle permet la régulation de votre niveau énergétique et spirituel. Mais la pénétration est dangereuse ! Elle souille les femmes d'énergies négatives. Alors messieurs, ce n'est pourtant pas compliqué : concentrez-vous sur les préliminaires ! Enfin, ne l'oubliez pas, le plaisir chez la femme est avant tout clitoridien…

J'essaie de mettre de l'ordre dans mes pensées. Dois-je me réjouir de la reconnaissance du plaisir féminin ? Ou bien être choquée d'une telle immixtion dans notre intimité ?

Les garçons restent cois. Osi fulmine. Je m'affole :

Gwen, avec qui je me laisse aller de temps à autre — il est moins mystique que Jacky mais tellement plus joyeux ! — ne contrôle pas vraiment ses énergies...

— Mesdames, nous encourage alors Osi, en désignant ceux qui vous salissent, vous assainirez notre égrégore des ténèbres qui s'y infiltrent.

Dénoncer Gwen, et en public ? Il n'en est pas question. Pourtant, un vague sentiment de culpabilité s'insinue en moi : je fais passer mon petit ego avant l'initiation du groupe... Depuis quelques minutes, Osi ne me quitte plus du regard, au point qu'à leur tour d'autres dirigent vers moi des yeux accusateurs. Je me recroqueville. Et s'il savait ? Osi voit tout, en se connectant aux mondes invisibles, il sent les choses à distance. Je commence à paniquer.

Et puis, soudain, cela me revient. Lors de nos réunions de femmes à Synthésis, je m'étais liée d'amitié avec Joana. Un jour où nous évoquions le tantrisme, je lui avais confié, sur le ton de la plaisanterie, que Gwen ne pratiquait guère la chose. Erreur fatale ! Osi *sait.* Il n'a pas eu besoin d'avoir recours aux invisibles pour s'en assurer.

Je n'ai donc plus le choix. Je me lève. Deux autres filles, Géraldine et Aida, en font autant. Ces inculpations publiques confinent à l'humiliation. Faut-il vraiment en passer par là ?

Osi me fixe, satisfait.

— Isabelle ! Nouvelle dans notre égrégore et déjà bien active... J'ai beaucoup entendu parler de toi, ma chérie.

Puis, s'adressant à nous trois :

— Mesdames, combien en avez-vous tué dans vos vies antérieures ? Car vous étiez des amazones, des chasseresses ! Jadis, du temps du matriarcat, votre pouvoir était sans limites !

Tout le monde s'esclaffe. Nous sommes ridiculisées. Encouragé par son succès, il continue.

— À l'époque, elles nous dominaient. Heureusement, les temps ont changé ! Alors, susurre-t-il, quels sont ceux qui ont osé se mesurer à vous ?

Agacée, je lève les yeux au ciel.

— Isabelle, insiste-t-il, doucereux. Qui a porté outrage à ta nature divine ? Toi ma douce, si subtile…

Là, je sens que je dois lui répondre quelque chose, sinon je vais paraître encore plus ridicule.

— Est-ce vraiment utile de dire son nom ?

— Naturellement. Cela concerne le groupe tout entier. Nous sommes ensemble pour nous transformer et réunifier toutes les parties de nous-mêmes. Il ne doit pas subsister de secret entre nous.

Je serre les dents, incapable d'accuser Gwen de ce « crime » loufoque.

— Alors, le chevalier de tes nuits se désignera tout seul. N'est-ce pas ?

Accablé, Gwen se lève.

— Moi…

— Gwen ! Tourne-toi par ta droite, s'il te plaît. Par où t'es-tu laissé manipuler ? Il est vrai qu'Isabelle est difficile à contrôler, elle véhicule des plans infernaux. Mais je te rassure : il doit y en avoir d'autres dans ton cas. Je ne suis pas dupe. Je te remercie de ta franchise, Gwen.

Telle est la méthode d'Osi. Nous sommes tour à tour accusés puis pardonnés, coupables puis innocents, purs puis impurs. Osi exploite notre volonté de bien faire, utilise nos craintes. Notre soumission inconditionnelle conduit à la délation, pierre angulaire de son pouvoir.

— La contention est impérative pour tous, reprend Osi. Les Starkos sont là pour vous aider à sortir de l'engloutissement primaire dont vous êtes encore les victimes. N'oubliez pas la nature de notre travail. Vous devez vous y consacrer corps et âme. Si l'éveil de votre conscience et la résonance de votre sensibilité intérieure ne vous intéressent pas, vous êtes libres de partir. Votre corps est le temple de votre esprit et vous devez le respecter comme tel. Maîtrisez vos instincts, sinon ce sont eux qui vous maîtriseront. Transformez votre jouissance en joie-essence, et cessez de faire exploser vos circuits subtils dans les figures de destruction…

Il répète toujours la même chose depuis plus d'une heure. Je ne sais plus que penser. Après tout, tout ce qu'il nous demande à travers tout ça, c'est d'avoir un esprit sain dans un corps sain. D'ailleurs, le tantrisme est bel et bien pratiqué dans la philosophie hindoue, et nul ne s'en offusque. Dans le fond, ses requêtes me semblent légitimes dans le cadre de notre initiation spirituelle. Rassurée, j'absorbe ses paroles sans plus de résistance.

— Mes enfants, pour parvenir au signal immortel, vous devez vous engager plus avant dans la voie intérieure et maîtriser votre véhicule formel, reconstruire votre axe interne. Les plans inférieurs ne doivent plus emprunter votre canal pour ouvrir la voie à la ténèbre.

Mais le maître n'en a pas fini avec moi.

— Isabelle, ma chérie, peux-tu nous rappeler ton nom de famille ?

— Sebagh…

— Oui, bien sûr. Sebagh… Tu es reliée à Cerbère, le chien à trois têtes, gardien des Enfers. Tes maîtres sont très puissants, Isabelle, n'est-ce pas ?

Je suis incapable de répondre à une telle question.

— Tu es juive, je ne me trompe pas ?

— Oui.

— Alors tout est normal. Les êtres de race juive sont reliés à des puissances horizontales très étendues.

Qu'insinue-t-il ? Je choisis de ne retenir que le mot « horizontal » qui ne me paraît pas en soi péjoratif, même si je sais bien que l'élévation spirituelle ne peut passer que par la verticalité. Mais je ne vois là aucune connotation raciste, bien qu'il ait employé le mot banni de « race ». Je suis bien naïve.

— Par « puissances horizontales étendues », je veux bien sûr parler de la diaspora qui a contraint les gens de ta race à s'étendre sur toute la surface de la Terre. Cela heurte ma verticalité. Je dois immédiatement établir un circuit de contrôle métallien entre nous. Antoine !

Perturbé dans sa somnolence, le trésorier général d'Iso-Zen se redresse mollement.

— Antoine, j'ai besoin de ton circuit métallien pour cadrer un puissant. Isabelle, avance-toi vers moi, s'il te plaît. Antoine, je te confie le circuit de numération de cette jeune personne. Attention, c'est une guerrière.

Antoine me toise d'un regard qui me réduit à l'état d'objet. Je rougis.

— Désormais, Isabelle, Antoine se chargera de toi. Je ne peux te prendre directement sur mon faisceau pour le moment.

Je regarde longuement le nouveau « circuit de contrôle métallien » entre Osi et moi. Ses yeux sont clos, sa bouche, il y a quelques minutes encore inexpressive, se tord sous l'effet d'un flot de paroles inaudibles. Soudain, comme si un taon l'avait piqué, il pousse un hurlement :

— Ça y est ! J'ai le contrôle !

Je n'ai rien senti, rien vu, rien entendu.

Antoine me dévisage de son regard illuminé. Olivia, sa concubine attitrée, passe du blanc au rouge malgré la bénédiction du maître. Osi jubile.

— Regardez Olivia ! Elle enrage ! Ma chérie, tu es une Starkis, tu dois être au-dessus de tout cela. Viens dire à papa Osi ce qui ne va pas. Allons, mon enfant ! Antoine ne fait que tenir les polarités énergétiques d'Isabelle à ma place, tu sais bien que je ne peux pas tenir tout le groupe à moi tout seul !

Blottie dans les bras du Père, Olivia ravale ses larmes et esquisse un sourire forcé.

Ainsi, tour à tour bafouée, encouragée, brisée, la confiance au sein des couples accroît le pouvoir du maître sur nos pauvres cœurs meurtris. Ici rien n'est stable, rien ne dure, sinon la puissance d'Osi et notre soumission infantile.

Je regarde Gwen. Il me sourit. Je suis soulagée.

Osi semble revenu à de meilleures intentions.

— Finalement, Isabelle, je suis certain qu'en dépit de tes origines, ton système de référence spirituel est bien élaboré. Tu as été guidée jusqu'à nous, il n'y a pas de hasard. Nous allons te raccorder sur une dimension supérieure.

Le moment tant attendu serait-il enfin arrivé ? Vais-je enfin accéder à une autre connaissance ?

— Tourne-toi par ta gauche. Deux fois. Bien. Maintenant, lève tes bras le plus haut possible vers le ciel. Oui. Comme ça.

Docile, j'obéis. J'ai conscience que l'instant est solennel. Je vais franchir une porte. Mon cœur cogne de plus en plus fort dans ma poitrine. Osi respire bruyamment, puis il s'adresse aux invisibles. Dans mon délire, je les imagine grands, majestueux, avec de longues barbes blanches. À bout de nerfs, je perds toute notion de réalité. Prise de vertige, je me sens défaillir.

« Bienvenue sur l'antenne des Élus »

Hagarde, les oreilles bourdonnantes, je reviens à moi sous le regard pénétrant de mon père spirituel.

— Regardez comme Isabelle est jolie à présent… Elle est toute blanche. Maintenant, je vais te coder, ma chérie. Ne crains rien, je vais simplement intégrer tous les niveaux de ta nature selon un axe de transfert vertical entre tes champs de puissance et ta conscience. Antoine, lève-toi, prends Isabelle sur tes épaules.

Je me laisse faire. À présent au-dessus du sol, je domine l'assemblée. Je suis reconnue de tous.

Osi écarte les bras :

— Bienvenue, Isabelle, sur l'antenne des Élus !

VII

Libido sacrée

L'homme, lui, possède le triste privilège de pouvoir parvenir à l'orgasme avec une partenaire dévalorisée ou méprisée. De là découlent, depuis la mauvaise foi jusqu'à l'agression armée, toutes les conduites déshonorantes contre le sexe de la femme.

Gérard ZWANG, *Le Sexe de la femme.*

En quoi consiste l'engagement d'une élue ? Je vais bientôt le découvrir.

Depuis une semaine, nous séjournons au moulin de Bourrygne. Pour la première fois, je partage mon quotidien avec notre maître.

Ce soir, toutes les femmes sont convoquées au Starship. Ce « vaisseau des étoiles », baptisé ainsi par Osi, est une grange de deux étages attenante au moulin. Sur le toit du bâtiment de pierre, moulée dans le plâtre, une corne de licorne se dresse vers le ciel. Symbolisant l'abondance et la pureté, la corne, à l'instar des cristaux, sert également d'antenne pour aider nos frères cosmiques, les extraterrestres, à mieux nous repérer.

Je marche sereine, mes pas dans les pas de mes sœurs cosmiques, sur le chemin de terre qui mène au Starship. Sophia, elle aussi récemment promue au rang d'élue, progresse silencieusement à mes côtés. C'est le moment de poser la question qui me brûle les lèvres :

— Dis-moi, Sophia, c'est quoi, exactement, une mutation ? Je n'y ai jamais participé, c'est la première fois…

Elle me répond, l'air grave :

— C'est le suprême exercice d'élévation spirituelle. Osi dispose de notre faisceau pour purifier les énergies du groupe. Tu sais, nous soulevons beaucoup d'énergie lors de nos réunions…

Elle marche, tenant ses poings très serrés pour éviter de se laisser infiltrer par les énergies négatives de l'attraction terrestre. J'ai fini moi aussi par intégrer ce simple geste. Alors je l'imite, telle une guenon à court de singeries.

— Tu verras, Isabelle, il faut faire confiance à Osi. Il sait ce qu'il fait. Il nous aide comme il peut. Cela ne lui est pas facile de s'occuper de nous tous. Nous sommes nombreux. C'est épuisant pour lui de nous rédempter, nos karmas sont pesants pour un être pur comme notre maître.

Sophia a raison. Je me livre à un rapide calcul : si l'on multiplie, ne serait-ce que par un minimum de cinq vies antérieures, le nombre des membres du groupe, soit deux cent cinquante environ, cela lui fait déjà mille deux cent cinquante karmas à assumer tout seul ! De plus, ce sont pour la plupart des vies de guerres et de destructions. Notre rédemption est donc impérative, il y va du salut de nos âmes et du monde.

Nous arrivons devant un escalier de pierre peint à la chaux blanche. Lentement, en file indienne, nous gravissons les marches jusqu'à une porte en bois. Nous entrons dans la « salle de mutations sacrées ».

La pièce est grande et très haute de plafond. Les murs sont blancs. Une trentaine de matelas et une multitude de coussins sont soigneusement disposés en cercle autour des cristaux de verre qui diffusent une douce lumière bleutée. Le sol est recouvert d'une moelleuse moquette bleue. Osi aime cette couleur : « Tout doit nous rapprocher du ciel, et le ciel est bleu. » Des rideaux rose pastel voilent les trois petites fenêtres. L'atmosphère est saisissante de mystère et de douceur. Une suave musique d'ambiance, du groupe Tangerine Dream, rythme notre entrée dans l'enceinte sacrée.

Que va-t-il se passer ? Tout est si étrange. Allons-nous méditer ? Mon esprit embué imagine déjà une séance de lévitation, un voyage dans l'astral, des rencontres cosmiques...

Assises en tailleur, nous attendons, silencieuses, qu'Osi ouvre la séance. Le maître s'assoit sur un gros coussin, entre deux Starkis, au centre du cercle que nous formons. Il ferme les yeux. Se concentre. Puis il prend la parole, les yeux toujours clos.

— Commencez par vous installer confortablement. Détendez-vous, laissez-vous aller...

Jusque-là, tout commence comme une séance de

méditation classique. Je suis un peu déçue. J'attends la suite avec impatience.

— Donnez-vous toutes les mains afin d'harmoniser nos énergies. Les Starkis, vous allez former des petits groupes de douze. Les Éternelles d'un côté, les Séternelles de l'autre. Installez-vous en cercles.

Les Starkis se lèvent les premières, les cercles se dessinent.

— À présent, que les plus anciennes informent les nouvelles, dont c'est aujourd'hui la première mutation, de ce qui va suivre. Y a-t-il beaucoup de nouvelles ? Levez la main, s'il vous plaît.

Deux mains s'élèvent timidement. La mienne, et celle de Joëlle, une grande brune que je ne connais que de vue. Elle semble aussi impressionnée que moi.

— Levez-vous, que j'enregistre votre circuit sur le numérateur synthétique. Tournez-vous toutes les deux par votre droite, doucement, voilà, comme ça…

Il ne nous regarde pas. Il semble nous voir à travers ses paupières.

— Je vous salue. Vos maîtres synthétiques me transmettent un message. Ils se disent prêts à s'accorder à l'opération de mutation. Vous pouvez vous rasseoir.

Les filles méditent. Dans un mouvement incessant de va-et-vient, d'avant en arrière, elles témoignent de l'état de communion avec les pères spirituels sur une autre dimension.

— Vous sentez-vous prêtes, Isabelle et Joëlle ?

Religieusement, nous acquiesçons d'un signe de tête.

— Alors, nous pouvons commencer. Les nouvelles, suivez bien mes instructions.

Je m'apprête à décoller.

— Que chaque fille se tourne une fois par sa droite. Bien. Mesdemoiselles, vous êtes ici pour harmoniser votre corps et votre âme. Vous êtes désormais suffisamment initiées pour que l'énergie vitale qui anime votre corps se trouve centralisée au niveau du chakra du sexe. Or, et cela aussi vous le savez, cette énergie doit s'orienter vers les étages supérieurs de votre être, afin d'établir un courant de la Terre vers le Ciel. Mesdemoiselles, si vous parvenez à atteindre cette première étape, alors vous commencerez à ressentir les effluves subtiles des mondes de l'âme. Mais pour cela, il vous faut parvenir au paroxysme, car en filtrant les émotions de votre sensualité corporelle, le paroxysme va les unifier sur un plan supérieur.

Les effluves subtiles... Les mondes de l'âme... Je n'essaie même pas de comprendre. J'aime l'entendre nous raconter des histoires, ça me berce. Je sais que, dans quelques minutes peut-être, si je fais bien ce qu'il dit, je vais accéder à une autre dimension.

— Prenez place.

Nous nous asseyons donc, les Séternelles d'un côté, les Éternelles de l'autre. Nous sommes séparées, c'est normal, nous n'avons pas le même psychisme. Osi s'allonge, il doit ménager sa santé énergétique et remettre en ordre ses réseaux de communication interdimensionnels.

Pour cette première mutation, c'est Joana qui va me

guider. Sa chevelure de fauve accentue son profil d'amazone. Son maquillage violet donne à son regard une étrange profondeur. Elle s'adresse à moi de sa petite voix fluette :

— Il faut donc que je t'explique, Isabelle, ce qu'est un paroxysme. Ce n'est pas très facile... Voilà. Le paroxysme, c'est un... orgasme... cosmique.

— ?...

Devant ma stupéfaction, certaines filles pouffent de rire. Joana s'efforce de garder son sérieux :

— Par le biais d'une puissante concentration énergétique, cet orgasme se transforme en paroxysme. Tu me suis ?

Je suis sidérée.

— Mais enfin, c'est quoi ce paroxysme ?

Joana me répond aussi naturellement que s'il s'agissait d'une banale recette de cuisine :

— Tu vas voir, c'est très simple : au moment de l'orgasme... tu sais ce qu'est un orgasme ?

— Oui, oui, je sais !

— Ce n'est pas si évident, un bon nombre d'entre nous l'ignoraient... avant. Je disais donc que si, au moment de l'orgasme, tu t'efforces de tirer ton énergie vers le haut, vers ton chakra de la tête, tu vas ressentir non pas un vulgaire orgasme terrestre, mais le paroxysme. Alors ta force psychique sera décuplée.

Je suis dépassée. Joana poursuit ses explications, prenant très à cœur son rôle d'initiatrice :

— De toute façon, ne t'inquiète pas. Osi est présent lors des mutations pour nous aider à tirer énergétiquement nos puissances. Et, dans les mondes invisibles, les lois ne sont pas les mêmes que dans les plans formels. Tu sais, Isabelle, nous sommes très peu nombreux sur la planète à réaliser ce type de transmutation.

Éberluée, je m'apprête à franchir à mon insu la mince frontière qui sépare encore le peu de lucidité qui me reste et la démence qui va suivre. Tout cela est grotesque. Pourtant, désespérément, je m'accroche à l'espoir d'une explication rationnelle au délire qui se prépare. J'insiste :

— Mais enfin, Joana, concrètement, c'est quoi, un paroxysme ? Tu veux dire qu'Osi a le pouvoir d'entrer dans notre faisceau énergétique, *à l'intérieur de nous* ? Je ne comprends pas.

— Ce n'est pas si simple, Isabelle. Il n'y a pas d'explication au sens où tu l'entends, tout cela se situe bien au-delà du mental. Tu ne peux pas interpréter ces choses-là avec des mots concrets. C'est plus subtil que ça.

Marguerite, de la communauté de Zéta, tente de venir en aide à Joana :

— Le faisceau est le tube vertical d'énergie psychique que chaque être possède à l'intérieur de lui. Ce faisceau est le lien entre tous les plans de conscience, des plus élevés aux plus profonds. Notre faisceau est alimenté par nos chakras. Tu sais tout de même ce qu'est un chakra ?

Là, je suis à l'aise. J'ai bien appris mes leçons.

— Oui, un centre neuro-psychique. Nous en avons

sept, situés dans différents endroits du corps. Et je crois, en effet, que le chakra du sexe est le plus grand.

Marguerite apprécie mes connaissances.

— Tu as très bien compris. Maintenant, écoute-moi bien : à l'extérieur, les gens font l'amour n'importe comment. Les hommes se contentent d'inonder les femmes de leur semence et leur seul but est la jouissance corporelle. Souvent, d'ailleurs, la femme demeure insatisfaite. Te rends-tu compte, Isabelle, que la reconnaissance du plaisir féminin est une révolution ?

Elle a raison. Je ne peux retenir une pensée pour ma mère qui s'est toujours pliée au seul désir de mon père. Mais je ne dois pas penser à ma mère, je dois l'oublier, ce n'est pas le moment de me charger. Osi pourrait s'en rendre compte.

Marguerite poursuit :

— Dans notre groupe, Isabelle, notre sexualité est d'un type différent. Notre libido est sacrée. Nous devons réserver l'essentiel de notre plaisir à notre initiation.

Marie suce son pouce et se caresse distraitement les cheveux comme une toute petite fille. Joana la rappelle à l'ordre.

— De toute façon, répond Marie d'une voix à peine audible, les mutations ne m'intéressent pas. Je n'y suis jamais arrivée, alors…

Joana passe affectueusement son bras autour de mes épaules :

— Ça va aller, Isabelle ?

Je ne sais plus où j'en suis. Fiction ou réalité, il y a longtemps que je ne fais plus vraiment la différence. Pour éviter de sombrer dans les abîmes du doute, je m'accroche désespérément à l'idée d'une technique initiatique ésotérique.

Osi semble avoir récupéré ses énergies. Il se lève et prend la parole.

— Bon, nous allons commencer. Tournez-vous toutes de mon côté. Maïna, ma chérie, mets-nous ta musique brésilienne, elle enchante les esprits. Je me sens si bien avec vous…

Il ferme un instant les yeux pour mieux savourer cet instant magique.

— Notre tâche, aujourd'hui, est de nettoyer notre égrégore de toute la ténèbre des vulgaires plaisirs de la chair auxquels persistent à s'adonner certains. Commencez à retirer vos enveloppes.

Alors, le plus naturellement du monde, Joana, Marguerite, Maïna, Marie et toutes les autres entreprennent de se dévêtir, lentement, avec des gestes et des soupirs sensuels et gracieux, pour terminer complètement nues ou à peine voilées d'une délicate lingerie. Les yeux fermés, elles adoptent sans pudeur des poses lascives. Certaines sont allongées, d'autres en position zen. À leurs pieds, elles ont disposé de petits flacons de parfums aux saveurs subtiles pour les accompagner dans ce voyage transcendantal.

Atterrée, j'assiste à cet étalage de chair. Je garde les yeux grands ouverts. Je reste assise, vêtue des pieds à la tête, incapable d'esquisser le moindre geste, tétanisée. C'est alors que je m'aperçois qu'Osi ne me quitte pas du regard.

Je suis la fausse note dans sa symphonie transcendantale.

Les autres se caressent individuellement. Debout, Osi contrôle les « opérations ». Il s'approche de moi, son regard lance des éclairs. Je tente de me raisonner : Isabelle, si elles le font, si elles acceptent, c'est que c'est bien. Je suis encore trop ignorante, c'est tout. Je dois suivre le modèle des anciennes.

Mes mains se crispent sur ma minijupe. Je ne peux pas. Je reste plantée là, sous le regard du maître, les yeux baissés. Il n'insiste pas.

Les filles intensifient leur respiration. Leurs corps, ondulant sous l'effet du plaisir, se cabrent. Osi, vêtu d'une combinaison bleu ciel, encourage les mutantes. Au moment du paroxysme, juste avant le cri évocateur, il les tient dans ses bras, une à une, cueillant ainsi ce qu'il nomme « la rose d'Éros », sa fleur fétiche.

Quel est donc ce rite ? Ce ne peut être une vulgaire partie de jambes en l'air. C'est impossible ! Je n'ai que dix-huit ans, cette profusion de corps nus me dépasse. Quel dieu célébrons-nous donc ? Retranchée dans ma pudeur, je vais me blottir dans un coin, à l'abri des regards foudroyants du maître. Il gesticule, il brasse de l'air et vocifère des injures aux entités sataniques :

— Ah ! figures des ténèbres ! Vous ne passerez pas par nous ! Retournez chez Lucifer, je vous chasse, ignobles créatures !

Osi soupire d'aise. Avec ses grosses mains velues, il claque les cuisses de ses mutantes. Il pousse des cris, se jette sur elles qui l'implorent, les caresse, les embrasse, poussant avec elles les portes de l'extrême. Les cris retentissent de tous côtés, c'est l'Apothéose.

Mon Dieu, ce type est fou !

Non ! Comment puis-je penser pareille chose ? C'est moi qui suis folle !

Je ne dois pas douter d'Osi. Osi sait tout, il voit tout, il lit dans nos pensées, sa colère contre moi sera terrible. Je me calme. Je ne peux m'empêcher de penser qu'un homme ordinaire aurait davantage profité de l'occasion. Suis-je sotte ! Ce n'est pas un homme comme les autres, cette séance en est la preuve. Il ne recherche pas l'accouplement, il ne fait l'amour à aucune, il ne fait que les serrer dans ses bras au moment du « passage ». Son esprit pur se situe bien au-delà de ces plaisirs de chair.

La mutation a bien duré deux heures. Osi, assis en tailleur, loue le travail accompli. Les filles semblent satisfaites. Ainsi, ces masturbations collectives permettent d'accéder à une autre dimension. N'ayant pas activement « participé », je ne peux en juger. Un jour, peut-être, moi aussi… Dans le fond, j'ai été ridicule.

Pour aujourd'hui, c'est terminé. Osi donne ses ordres :

— Que celles qui n'ont pas atteint le paroxysme se rhabillent. Elles sont encore trop chargées. Qu'elles sortent ! Je n'ai pas le temps de m'occuper d'elles.

Marie éclate en sanglots.

Pour moi, Osi était un pervers polymorphe. Pourtant, les mutations vont beaucoup plus loin que la simple perversion du gourou qui les ordonne. De nombreuses sectes font ainsi appel à des formes diverses de sexualité de groupe. C'est le moyen de faire tomber les dernières frontières, les plus intimes. C'est la fusion totale de l'adepte avec le groupe. Il n'existe plus en tant qu'individu. Et la domination du gourou est alors sans limite. Lors de chaque « mutation », l'individu se perd un peu plus. Sa personnalité se fragmente, le menant aux frontières de la folie.

Osi attendait toujours que l'adepte soit prêt, c'est-à-dire suffisamment persuadé, conditionné, pour accepter ce genre de pratiques. Il n'entreprenait jamais aucune action à l'aveugle. Tout était préparé, calculé. Pour garder la maîtrise de ses disciples, il devait faire tomber une à une toutes leurs défenses. Et pour cela il allait très loin, de plus en plus loin dans la désintégration de la personnalité. À peine l'esprit fragilisé avait-il « intégré » un nouveau comportement qu'Osi lui en imposait un autre, puis un autre, jusqu'à l'anéantissement total.

Étourdie, je pars rejoindre les garçons. Gwen m'attend. Il sait bien en quoi consistent les mutations, mais, comme ses frères, il a appris à maîtriser son instinct de jalousie qui n'est que « l'expression d'une faiblesse égocentrique et bestiale ».

Il est tard. Gwen m'invite à partager son hamac. Je refuse, offensée par l'irrespect qu'il m'a témoigné lors de nos derniers ébats amoureux.

Je me glisse sous mon duvet et je laisse mon esprit divaguer dans des eaux troubles.

Je n'ai pas le courage d'accepter mon erreur...

VIII

Comme des pantins de métal

Plus la conscience se trouve influencée par des préjugés, des erreurs, des fantasmes et des désirs puérils, plus s'élargit le fossé déjà existant jusqu'à la dislocation névrotique, amenant une vie plus ou moins artificielle, très éloignée des instincts normaux, de la nature et de la vérité.

C. G. YUNG, *L'Homme et ses symboles.*

Osi me poursuit en brandissant un poignard serti de gros rubis. La porte de l'appartement est fermée à clé. Mes parents sont sortis. J'appelle à l'aide mais personne n'entend ni ne vient. Je ne peux pas lui échapper, je finis par trébucher, il me rattrape et m'enfonce le poignard dans le cœur. Terrorisée, je m'écroule sur le lit de mes parents. Mon sang coule, je vais mourir...

J'ai beau être complètement réveillée, l'émotion reste imprimée. Les yeux encore pleins de brouillard, je repeigne mes cheveux devant un morceau de miroir cassé. J'ai besoin de réponses aux questions qui s'imposent à mon esprit. Il faut que je trouve Osi, lui seul saura interpréter ce rêve et me rassurer.

Pourtant, si j'avais encore confiance en moi, j'accepterais l'évidence, aussi cruelle soit-elle. Je fuirais. Mais il est déjà trop tard. J'ai fait don de ma confiance, Osi n'est pas prêt de me la rendre. Je suis devenue totalement dépendante. Et puis même, si je partais, je n'irais pas bien loin : Osi le saurait, on me rattraperait. Et là, je serais montrée du doigt, jugée devant plus de deux cents personnes, coupable aux yeux des seuls êtres qui me restent au monde. Non, je n'aurai pas cette force.

Alors je fais taire ma conscience. Je ne suis toujours pas remise du choc de la mutation. Mais à qui me confier ? Qui interroger ? Pour tous, les mutations sont normales. Elles font partie d'un cheminement initiatique, et toute initiation exige des épreuves. Je savais qu'il faudrait faire des sacrifices, on m'avait prévenue, on ne m'a pas trompée. Je dois tenir, ce n'est pas le moment de flancher. Je dois aller jusqu'au bout.

Pourtant, cette nuit, mon inconscient m'a mise en garde. Ma maison est une prison. Osi est dangereux. J'ai besoin d'aide. Et je devrais être avec mes parents, à l'extérieur...

Ce matin, jc suis à l'évidence l'une des premières debout. J'aperçois Osi. Il est assis au bord de la piscine en compagnie de Tina, la plus ancienne des Starkis, fidèle entre les fidèles.

D'un pas décidé, j'avance dans leur direction. Osi m'aborde le premier :

— Déjà levée, Isabelle ? As-tu passé une bonne nuit ?

Je détourne mon regard.

— Justement, j'ai fait un rêve étrange... J'aimerais t'en parler.

Tina sourit et bat des cils. Osi détache son regard et fixe un point invisible au-dessus de ma tête.

— Vas-y, ma chérie. Je t'écoute. Tes maîtres ont sans doute un message pour moi dans ton rêve ?

Je n'avais pas songé à cette éventualité.

Je lui raconte mon cauchemar. Plus j'avance dans mon récit, plus le visage d'Osi se durcit. Quand j'ai terminé, il est furieux.

— Ne me regarde pas comme ça, petite sotte. Ton ingratitude me dépasse. Au travers du poignard, je raccordais ton circuit métallien, c'est évident ! Sans doute oublies-tu que je travaille sur toi dans d'autres dimensions ? Mais, bien sûr, tout cela t'échappe.

J'avoue mon ignorance :

— Je ne sais pas ce qu'est un circuit métallien...

— Ton circuit métallien est relié à ta puissance, située en dessous de toi.

Je regarde mes pieds, je ne vois rien.

Je l'agace.

— Ton circuit métallien se situe en dessous de ce plan formel. Je parle d'une dimension invisible, tu ne peux pas le voir comme ça, lâche-t-il, dédaigneux. Les voitures, par exemple, sont des robots métalliens utilisés par les hommes pour développer leur puissance intérieure. Il peuvent s'en servir pour détruire, comme les armes de guerre. Moi, je me sers de l'énergie pure métallienne pour raccorder vos puissances par en dessous. Je ne travaille pas seulement avec vos sphères supérieures, ce serait trop simple.

Décidément, tout cela n'a aucun sens pour moi. Sans doute suis-je encore trop limitée par mon mental...

— Je te remercie de m'avoir parlé de ton rêve. Il me prouve que nous pouvons travailler ensemble et que je peux agir sur tes circuits. Je dois te laisser, à présent. Va, Isabelle.

Je le regarde s'éloigner, pensive. Sa colère m'a impressionnée, ses propos m'ont déroutée. Ce « circuit métallien », jamais on ne m'en avait parlé... Ce n'est pas de ma faute.

Pourtant, plus on m'explique, plus je suis perdue.

L'imminence du départ nous excite comme des enfants à la veille des grandes vacances. Nous sommes début juillet. Osi nous a tous rassemblés pour nous donner ses dernières recommandations : l'ordre des voitures, les arrêts prévus, l'attitude à adopter à l'intérieur comme à l'extérieur. Tout est programmé. Nous ne décidons de rien, pas même du contenu de nos valises, où les filles sont priées d'entasser une collection de dessous affriolants et de tenues galactiques. Sans oublier les parfums et une kyrielle d'objets fétiches. Mes dessous de coton me semblent bien piteux et je ne possède pas encore grand-chose en matière d'objets cosmiques et cosmétiques. J'ai tout de même quelques habits de fête.

Et notre cortège d'une cinquantaine de voitures prend la route. Une sorte de caravansérail complètement farfelu, tout droit sorti des *Mille et Une Nuits*. En tête, la DS break d'Osi avec à son bord quatre Starkis, dont Tina et Joana, et deux Starkos, Antoine le trésorier et Pierre, un proche d'Osi. L'arrière de la voiture est transformé en petit salon. Chaque vitre est protégée d'un rideau de coton satiné blanc. Une fourrure synthétique blanche et des coussins de satin recouvrent les sièges.

L'ordre des voitures respecte la hiérarchie en vigueur : d'abord les voitures des Starkis et des Starkos. Derrière, celles des membres d'Internella, puis de Synthésis, d'Opéral, de Zéta, d'Énerga et, enfin, celles de Nucléa. Des orbitaux — les nouveaux venus — ferment la caravane. Iso-Zen part en vacances.

Lorsque nous nous arrêtons à une station service, nous formons à nous seuls un embouteillage monstre. Les gens dévisagent nos combinaisons métallisées, s'attardent sur nos cheveux pailletés et nos visages grimés. Leurs mines épatées expriment à nos yeux leur fascination, leurs rires sous cape ne sont, nous en sommes convaincus, que l'expression de leur jalousie malsaine. C'est normal : nous sommes beaux, nous sommes gais, nous sommes différents. Ils ont l'air si triste, si sombre ! Et dire que j'étais comme eux ! Je suis fière de m'être élevée au-dessus de la masse.

Lorsque nous roulons, nous n'aimons pas que des voitures étrangères s'immiscent entre nous. Elles risquent de créer des « nœuds énergétiques » entre nos véhicules avec leur aura noircie de ténèbre. Nous ne devons pas briser notre chaîne : dans un village du Sud, la vingtaine de voitures de tête est passée au feu vert, les dix suivantes ont grillé le feu passé au rouge ; sidéré, l'agent de la circulation est resté muet.

À la nuit tombante, Osi décide d'une halte dans un camping. Le gérant évalue rapidement le nombre des arrivants et ferme les yeux sur nos tenues excentriques. Partout où nous passons, nous sommes une clientèle providentielle pour les commerçants. Les Starkos installent la tente d'Osi au nord. Les nôtres forment un cercle intérieur, nos voitures un cercle extérieur. Ce soir, épuisés, environnés d'étrangers, nous sommes dispensés de discours. On imagine mal une mutation cosmo-nocturne dans un camping municipal…

Vers midi, le lendemain, nous reprenons la route. Nous arriverons à Fréjus dans la soirée.

La maison de Blovetti est immense. Sur la terre rouge du jardin, d'énormes boules de béton sont reliées entre elles par des tunnels. Les plus rapides déposent leurs affaires et s'installent dans des chambres toutes plus extraordinaires les unes que les autres. On peut y dormir à plusieurs sans trop se gêner. Émerveillés, nous découvrons des salles de bains grandioses, au sol marbré, donnant toutes sur de coquets patios. Comme des enfants, nous nous amusons avec les douches à jets variables ; Osi a réquisitionné la seule baignoire à remous. Dans le spacieux salon, un canapé en damier noir et beige peut accueillir les postérieurs d'une trentaine de personnes. Nous sommes tous béats devant la grande baie vitrée ovale, au travers de laquelle scintillent les étoiles d'un ciel d'été. Nul doute que leurs signaux lumineux nous sont destinés.

Très vite tout s'organise. Osi désigne cinq garçons qui monteront la garde à tour de rôle dans le jardin, pour éloigner les éventuels curieux. Des responsables sont nommés pour l'intendance, la cuisine, la vaisselle, le ménage. Puis le maître nous réunit dans le salon.

— Ce n'est pas le hasard qui nous a amenés ici. Il n'y a pas de hasard. Nous avons été guidés vers ce lieu cosmique par nos numérateurs unitaires pour muter le puissant qui veille en dessous. Nous sommes les seuls sur Terre à être habilités à réaliser ce travail de signature d'émergence. Porte 8, certitudes infinies.

Osi joue avec ses bracelets. En position zen, nous nous efforçons de rétablir notre vide intérieur pour accéder au niveau de conscience divin. La nuit est toujours le moment le plus propice aux jonctions cosmiques.

— Priscillia, lève-toi. Tu vas nous servir d'antenne. Un vaisseau va passer au-dessus de nous. Concentrons-nous.

Il respire de plus en plus fort, comme s'il luttait pour retenir des forces invisibles.

— Connexion établie !

Il se calme.

— Chaque être, chaque conscience est une facette de la Vérité. C'est dans cette Vérité que réside l'origine essentielle de toute création. Il y a un ordre pour chaque chose. C'est grâce à cet ordre que peut s'établir l'harmonie entre le créateur, la création et la créature. Des architectures et des trames intemporelles régissent l'Univers. Frédérica ! Lève-toi !

Quand Osi ordonne, c'est pour établir le contact avec le ciel. Debout, Frédérica garde les yeux fermés, les poings serrés. Elle se concentre pour être notre relais spirituel.

— Nous ne pourrons mener à bien notre mission, poursuit Osi, si nous continuons à être perturbés par d'incessantes distorsions énergétiques. Le monde extérieur vous salit. Lorsque vous regagnez le soir vos communautés respectives, vous êtes de plus en plus chargés. La décantation et les séances de méditation ne suffisent plus à purifier ce paquet de ténèbre. Cela explique que vous soyez si souvent fatigués.

Nous dormons peu, nous mangeons n'importe comment et n'importe quoi... Oui, nous sommes fatigués... Je chasse ces pensées indignes qui veulent me charger. Osi a pris la main de Priscillia qui se tient à présent debout auprès de Frédérica.

— Il nous faudrait un terrain, rien qu'à nous, poursuit-il. Nous y bâtirions une grande enceinte, ce serait notre base...

Je n'écoute plus. Il est tard, la majorité d'entre nous est plongée dans une douce somnolence hypnotique. Pour nous empêcher de nous abandonner au sommeil, Osi change brutalement de ton. Il se met à crier :

— Vous m'écoutez ou je parle dans le vide ? Pierre ! Je te charge de monter un dossier sur le sujet. Je veux que mon projet prenne forme. Il faut avancer ! Nous devons préparer le Grand Retour, et cette base sera une étape avant notre envol vers d'autres configurations existentielles. Nous devons quitter cette société dirigée par Lucifer ! Nous fermer définitivement au monde extérieur !

Il parle, il s'agite, se calme, bondit, s'excite. Il doit être au moins quatre heures du matin.

— Votre corps formel, fait de chair et de sang, n'est qu'un véhicule parmi tant d'autres. L'individu peut se déplacer vers d'autres continuums d'existence par le biais de ses autres véhicules. Vos vieilles habitudes vous ont rendus esclaves de la matière ! Éveillez-vous à la conscience !

Osi n'a jamais sommeil. Il dort peu, mais souvent, à n'importe quel moment de la journée.

À l'aube, la réunion prend fin. Osi donne aux garçons le programme de leur journée : préparer leur engagement dans l'édification de notre nouvelle base. Nous, les filles, nous sommes invitées à rester pour accomplir notre devoir de mutantes cosmiques... Osi ferme la porte.

La mutation a duré plus d'une heure. À un moment, j'ai eu comme un flash, une espèce d'éclair a zébré mon esprit brumeux : nous étions toutes des pantins de métal, nos gestes étaient mécaniques et froids, le silence était glacial, nous nous trouvions dans un camp de concentration expérimental ; j'étais la mutante 666 du corps de troupe de l'Internel. Puis la « réalité » cosmique avait repris ses droits.

Avant d'aller me coucher, affamée, je me précipite à la cuisine où je dévore trois feuilles de salade. Le pâle soleil du petit matin, filtré par les carreaux, baigne la maison d'une étrange clarté. Nous venons de passer une nuit blanche. Les jambes lourdes et l'estomac léger, je me dirige vers mon lit, lorsque, une fois de plus, Osi sonne le rappel. Réunion générale dans cinq minutes.

Nous voici à nouveau dans le salon. L'aube se dessine derrière les grandes baies vitrées. Les Starkis sont encore en petite tenue. Les garçons sifflent, elles rougissent.

— Elles sont belles, n'est-ce pas ? Sans elles, nous ne pourrions établir le contact Terre-Ciel. Regardez ces visages d'anges. Elles viennent d'accomplir un travail considérable. Mes enfants, rendons grâce à l'Ève ressuscitée !

Mathias et Gaétan, nos « troubadours de l'espace », accordent leurs guitares. Alors, tous en chœur, nous entonnons la romance de Gaétan, chevalier des étoiles. La douce mélodie se fond dans les brumes de mon cerveau épuisé.

Gentille fille qui passe sur le chemin
Tu es la sœur que je connais depuis longtemps
Gentille fille qui passe sur mon chemin
Ce serait dommage que tu partes en coup de vent…

— Priscillia, ma chérie, tu vas danser pour séduire les anges qui nous veillent.

La Starkis hésite.

— Danse ! Je le veux !

Comme sous l'effet d'une drogue, elle s'élance. Son corps se met à onduler sous le déshabillé rose pastel. Un boa fuchsia borde l'ourlet et le décolleté. La transparence de la mousseline laisse apparaître la pointe de ses seins. Elle projette sa tête en arrière et, d'un mouvement gracieux, dissimule sa nudité à peine voilée derrière sa longue chevelure blonde. Elle danse pour lui, pour nous, elle danse pour les anges. La prêtresse nous éblouit. Son corps dessine encore quelques savantes arabesques puis elle court se blottir dans les bras de son protecteur.

— Priscillia, complimente ce dernier, tu es notre Mère veilleuse à tous.

Nous échangeons des regards béats. L'instant est magique.

— Allez vous coucher, à présent. Je suis satisfait de votre engagement sur la voie du Retour. Vous êtes les enfants sages des mondes célestes. Dormez bien. Je vous aime.

Le soleil est levé quand je rejoins mon lit. Je dors seule. Comme la plupart des filles, je suis soucieuse d'éloigner de moi des désirs trop charnels.

Le nombril en fleur, nous passons ainsi une semaine dans la maison de Blovetti. Nos journées sont bien remplies : une mutation par jour, chants folkloriques célestes, interminables séances de maquillage et de bronzage, choix des vêtements pour la réunion du soir, discussions spirituelles à n'en plus finir, méditation transcendantale... Le temps passe vite. Avant de partir, nous dispersons dans la maison et le jardin quelques cristaux, témoins de notre passage.

Sur le chemin du retour, nous faisons une halte à la communauté de Taizé. Après le dîner avec le guide d'un autre groupe mystique, Fraternité blanche universelle, Osi nous réunit précipitamment et déclare que l'homme, Michaël Aïvanof, est un imposteur. Nous partons avant même d'avoir eu le temps d'échanger nos points de vue avec d'autres adeptes du nouvel âge. Je suis déçue.

Nos vacances s'achèvent à Sainte-Croix-Vallée-Française, à quelque deux cents kilomètres de Taizé. Nous devons demeurer discrets : c'est ici qu'est mort Jean-Patrick l'année passée.

Par une belle après-midi d'août, je descends à la rivière, en contrebas de la prairie, au milieu des noisetiers. Je porte une robe très courte, couleur saumon. Les manches sont en forme d'ailes de papillon. Je l'ai confectionnée de mes mains. Ainsi accoutrée, je ressemble à la petite fée Clochette. Je cherche Peter Pan.

De loin, j'aperçois Osi, entouré de ses Starkis. Ils avancent dans ma direction.

— Bonjour, Isabelle. L'air de la campagne te fait du bien, ma chérie. Regardez comme Isabelle embellit au soleil. Tu es seule, constate-t-il. T'aurait-on abandonnée ?

— Pas du tout, j'ai simplement envie d'être seule.

— On ne peut pourtant pas laisser s'envoler un aussi joli papillon...

Et brusquement, il glisse sa main entre mes cuisses. D'un geste violent, je saisis la main baladeuse et lui plante mes ongles dans la chair. Il retire sa main lentement et m'adresse un sourire salace.

Les filles pouffent de rire. Leur attitude me fragilise. Finalement, je sens bien que je suis ridicule. J'essaye de cacher mon trouble, je me force à sourire.

— Va te baigner, ça te calmera, me lance le prophète.

Il part sans ajouter un mot.

Jamais je n'aurais pensé qu'il aurait pu me toucher comme un homme serait tenté de le faire.

Pourtant, une fois encore, je préfère oublier l'incident que de me rendre à la criante évidence. La peur d'être allée si loin dans l'erreur est trop terrible.

Ce soir, une grande fête est prévue. Danses, chants et jeux sont au programme. Nous ne nous coucherons pas avant six heures du matin.

Et la vie continue ainsi jusqu'à septembre.

Déjà, les orages annoncent la fin de l'été. Il est temps pour les cigales de rentrer.

Nous roulerons d'une traite jusqu'à Paris.

IX

« C'est énergétique »

> *Il n'est pas vrai que le mal, la destruction, la perversion, fassent nécessairement partie de l'existence humaine, même si on le répète sans arrêt. Mais il est vrai que le mal se reproduit sans cesse, et qu'il engendre pour des millions d'êtres humains un océan de souffrance qui pourrait aussi être évité. Lorsque sera levée l'ignorance résultant des refoulements de l'enfance, cette production du mal pourra prendre fin.*
>
> Alice MILLER, *Connaissance interdite.*

La nouvelle tombe dès notre retour de vacances. Le suicide collectif de la secte américaine de Jim Jones, en Guyane, a fait plus de cinq cents victimes. L'heure est grave.

Osi convoque d'urgence ses ouailles au château de Persouilles. Il est très agité. Ses relais extraterrestres lui avaient prédit la catastrophe longtemps avant. Le responsable de toute cette horreur — et, nous dit-il, ce n'est qu'un début : l'Apocalypse est en marche — n'est autre que Lucifer. De tous côtés, les prêtres de l'abîme déclenchent leurs sacrilèges néfastes. Il devient urgent d'assurer notre protection. Heureusement, Osi saura combattre les forces du mal. Il nous a déjà sauvés de bien d'autres dangers terrestres : de la ville, du béton, du métro, des agressions, de la télévision, de la pollution, de la misère, de la guerre, des maladies… Nous pouvons lui faire confiance. L'Apocalypse ne passera pas par nous.

Pour clore la réunion, il nous signale qu'un nouvel appartement est à notre disposition dans le XIXe arrondissement, en face du parc des Buttes-Chaumont. Je profite de l'occasion pour quitter Synthésis où, depuis quelque temps, j'ai des problèmes avec Philo, le trésorier. Las de mes retards de paiement, il m'accuse de faire du profit sur le dos d'Iso-Zen en gardant mes gains pour moi. Il est allé jusqu'à m'insulter, invoquant mes « penchants incontournables de race juive ».

Notre nouvel appartement n'abrite que des filles. Je partage une chambre spacieuse avec Véronique, ma marraine spirituelle, et Zabou, née d'un père antillais et d'une mère juive, arrivée dans le groupe par son mari dont elle a divorcé dès son intégration. Je crois bien qu'elle partirait si elle en avait le courage. Elle me dit souvent qu'elle n'a pas de famille et encore moins d'amis, en dehors de nous. Sa peau cuivrée et ses cheveux crépus l'éloignent du modèle cosmique. Je ferme les yeux sur le racisme dont elle est victime et je lui témoigne mon amitié. Karine, en revanche, semble réunir tous les attributs de pureté pour accéder aux plus hautes fonctions célestes. Je la trouve plutôt fade, et bien moins intéressante que Zabou. Alice, ma cousine, profite de l'occasion pour s'intégrer à notre vie communautaire.

Emmitouflée dans ma couette de satin rose bonbon, je passe en revue ma vie amoureuse depuis mon arrivée à Iso-Zen. Antoine n'a plus le droit de « s'occuper » de moi : nos échanges étaient devenus trop harmonieux. Osi n'aime pas les couples stables, il se sent à l'écart. La toile relationnelle tissée par le « maître à penser » doit nous maintenir tous auprès de lui.

Dans ses visions médiumniques, Osi révèle notre karma. Le mien est très ancien : il remonte à l'ancienne Égypte. J'étais moi aussi une contemporaine d'Osiris, aujourd'hui réincarné en la personne de notre prophète. D'ailleurs, il se souvient très bien de moi lorsque je gardais le feu sacré des pyramides. Il me revoit, prêtresse délivrant la prophétie.

Je finis moi aussi par me laisser transporter dans ses fabulations. Je me reconstruis une mémoire. Ainsi, je m'imagine à une réception chez Cléopâtre après une traversée en felouque pour rejoindre Alexandrie... La magie de ces histoires m'enchante. Désormais, je dédie des poèmes à Osi, que je signe « Isadora, vestale d'Isis ».

Rêveurs fous, nous devenons des héros. Ces passés glorieux se substituent à nos enfances bafouées. Les mauvais souvenirs cèdent la place à des destins fantastiques. Notre crédulité et nos idéaux nous ont fait accepter des histoires à dormir debout. Nous sommes en pleine extase.

Le week-end, au château de Persouilles, le soir à la veillée, Osi nous conte l'histoire du monde. Nous sommes là, deux cent cinquante à trois cents disciples sagement assis autour de la cheminée du grand salon.

— Les guides divins tentent de contacter un maximum de Terriens. Mais les humains demeurent sourds à leurs appels. Je suis le plus grand prophète de ce temps, plus tard vous entendrez parler de moi. Pour l'heure, je dois rester anonyme. Je n'ai pas envie de me faire crucifier.

Persuadés de notre chance, nous buvons les paroles du sauveur de l'humanité.

— Un prophète est toujours contacté très tôt dans sa vie. Je le fus à dix-huit ans. Déjà l'amour et la plénitude habitaient mon âme. Je pratiquais la méditation dès l'adolescence. Un soir que je m'apprêtais à dormir, je me suis soudain senti flotter au-dessus de mon corps. C'était extraordinaire, une sensation inoubliable. Une sorte de résurrection. Ma volonté ne m'appartenait plus, elle était dirigée par une force colossale, une force lumineuse qui m'attirait irrésistiblement...

Silence.

— Je me suis retrouvé plongé dans un monde de lumière, bien au-dessus de la Terre, dans l'un des royaumes célestes inaccessibles aux simples mortels. J'étais au centre de l'Univers, sur une fréquence antérieure à toute création matérielle. La lumière m'inondait, je rayonnais.

Une pause.

— Si j'avais été plus loin, je ne serais peut-être pas revenu. C'est alors que, brusquement, j'ai réintégré mon corps physique. Depuis ce jour, je sais que l'esprit de l'homme est de nature divine et immortelle. Les guides m'avaient appelé à eux pour me confier une mission.

Il ferme à présent les yeux.

— Ma mission est de faire renaître le divin étouffé en l'homme. Cette partie de soi qu'on appelle l'âme et qui agonisait en chacun de vous avant notre rencontre. Vous étiez tous morts spirituellement. Par bonheur, la conscience veille, même lorsque vous dormez. Des âmes pures ont été choisies parmi les Terriens avant la Grande Destruction.

Le vent s'est levé. On entend les lourdes portes du château grincer et claquer au loin.

— Vous connaissez la suite. À la fin des années soixante, j'ai rencontré Pierre, Jean-Philippe, Tina, Florian, Claudius et les autres... C'est ensemble que nous avons vu les premiers vaisseaux extraterrestres dans le ciel. Alors nous avons traversé les portes de la perception. Au cours des méditations, nous lévitions. Les vaisseaux étaient nombreux alors, ils nous adressaient des signaux synthétiques. Nous sentions la présence divine au-dessus de nos têtes. Demandez aux plus anciens. Aujourd'hui, ils dorment, ils sont blasés... N'est-ce pas, Pierre ?

Pierre se réveille en sursaut. Il louche de fatigue.

Nous rions tous spontanément.

— Pierre, plaisante gentiment Osi, continue de dormir, tu m'es tout aussi utile endormi qu'éveillé !

Florian, le romantique, demande la parole.

— Je tiens à dire que c'est vrai. J'ai déjà vu des vaisseaux. Lors d'une opération énergétique avec Osi, deux vaisseaux blancs sont passés au-dessus de nous. N'importe qui aurait pu les voir, mais personne ne daignait même lever la tête. Les gens marchent toujours en regardant par terre. Pourtant, ça se passait à Paris, à côté de la tour Eiffel.

Les questions fusent.

— Ils étaient comment, tu ne confonds pas avec un avion ?

— De quelle couleur ?

— Et ta mère, elle skie sur Vénus ? lance le plaisantin du jour.

Cela ne fait pas rire Osi, mais cela nous défoule. Nous sommes assis depuis trois heures sans bouger, sans même le droit d'aller aux toilettes. La tension est trop forte…

Florian se rassoit, accablé par la légèreté des novices.

— Je sais de quoi je parle, répond-il en secouant la tête. Je sais reconnaître un avion d'un vaisseau.

Osi vient à son secours.

— Les vaisseaux ne se montrent qu'aux initiés. Ceux qui n'en ont pas vu se posent toujours des questions. Ceux qui en ont vu ne s'en posent plus. Quand vous en observerez, je vous demande de me le signaler. Il est important que je sois informé sur la fréquence de leurs manifestations et que je sache qui ils contactent. Maintenant, allez vous coucher, mes enfants. Il est tard.

Par la suite, Osi nous demandera d'élaborer un dossier sur toutes les expériences paranormales dont nous avons été les témoins.

Moi aussi, j'ai vu des points lumineux se déplacer dans le ciel. Est-ce dû à une hallucination collective ?

Aujourd'hui encore, je suis incapable d'expliquer ce phénomène. J'ai vraiment cru voir ces points lumineux. Était-ce mon cerveau qui, à force d'épuisement, composait ces images ? Étais-je au bord de la folie ? Certains gourous, à l'insu de leurs adeptes, glissent des poudres magiques dans la nourriture. Pour ma part, je n'ai jamais eu la preuve qu'Osi ait introduit quelque hallucinogène que ce fût dans nos verres ou nos assiettes. Mais notre mental était tellement conditionné, peut-être pouvait-il susciter ces images sans qu'aucune drogue ne fût nécessaire…

Et passent les saisons. L'hiver est fini, le printemps s'achève. Notre vocabulaire se réduit chaque jour un peu plus. Entre ténèbre et énergie, ce ne sont que circuits, chakras, karmas, puissance, conscience et paroxysme. On ne dit même plus « tu m'ennuies », mais « tu me charges », ni « je t'aime » mais « tu es ma porte de transfert ». Le mot *énergétique*, employé à tout bout de champ, devient l'explication magique en toutes circonstances :

« Tu sens ce qui se passe dans l'instant ?
— C'est énergétique. »
« Je ne me sens pas très bien...
— C'est énergétique. »
« Non, ne t'inquiète pas, tout cela est normal, cela va te faire du bien : c'est énergétique. »
« Je te hais !
— C'est énergétique. »
« Je t'aime.
— C'est énergétique. »
« Donne-moi ton argent, c'est énergétique. »

Entre filles, la vie me semble plus douce. Véronique, dont je n'ai jamais été très proche, a quitté le groupe. Joana, qui a mon âge, a été nommée responsable de notre communauté de la rue Meynadier. Elle anime tous les débats, veille à l'évolution de notre éducation spirituelle, contrôle nos allées et venues. Elle nous aide à comprendre la discipline quotidienne à laquelle, parfois, nous rechignons à nous soumettre : chaque matin au réveil, il est indispensable, pour élever notre niveau énergétique chargé durant la nuit, « d'atteindre un paroxysme » avant d'entamer la journée. De même, le soir, avant de s'endormir, pour préparer notre âme au sommeil. D'après elle, le paroxysme est le plus court chemin pour accéder au divin :

— C'est la première étape vers l'Illumination, certifie Joana.

Elle nous vante aussi les qualités d'Osi.

— Vous savez, je peux vous le dire, moi qui passe

beaucoup de temps près de lui : dans l'intimité, c'est un être extraordinaire. Bien sûr, parfois, vous le voyez se mettre en colère. Mais il n'aime pas cela. Dans le fond de lui-même, il n'est que bonté. Tout ce qu'il fait, c'est pour notre bien.

Nous surveillons mutuellement l'état de nos âmes. Ces derniers temps, Marie nous cause quelque inquiétude. Elle aborde une phase de régression qui nous laisse complètement désemparées. Retranchée sur elle-même, elle passe ses journées à se goinfrer de sucreries. Elle suce inlassablement son pouce, les yeux perdus dans le vague. Elle ne répond même plus quand on lui parle. Un jour, pourtant, à bout de forces, elle finit par se confier à Joana. Son petit ami, Tony, ne veut plus qu'elle participe aux mutations dont elle revient toujours en larmes. Déchirée entre la peur de perdre Tony et son devoir d'obéissance, elle n'en peut plus.

Pour l'apaiser, Joana lui masse le dos, une technique de « nettoyage psychique » conseillée par Osi pour dégager les « miasmes ténébreux vecteurs de nos souffrances ». Doucement, elle fait glisser sa main de haut en bas le long de la colonne vertébrale de l'éplorée.

Ce massage dorsal, sciemment pratiqué et recommandé par le gourou, n'est pas un geste innocent. L'activité cérébrale et la pensée sont alimentées en énergie yang par le méridien vital, le tou-mo. Si l'on entrave par un massage à contre-courant la montée de cette éner-

gie ascensionnelle, il en résulte une apathie cérébrale. Toute notion de vigilance et d'éveil se trouve compromise. En acupuncture traditionnelle, ce massage n'est jamais pratiqué ni sur les bébés, ni sur les vieillards, ni sur les malades. On l'utilise uniquement pour traiter un certain type d'insomnie chez l'adulte. En le pratiquant sur les adeptes déjà fragilisés, le gourou amoindrit la capacité à réfléchir. Et les adeptes, en intégrant l'usage répété de ce massage comme une thérapie d'apaisement sur leurs compagnons, se fragilisent mutuellement : à leur insu, ils jouent le jeu du gourou.

Désormais, c'est Michaël qui s'occupera de Marie. Quant à Tony, Osi lui attribuera de nouvelles responsabilités. Flatter pour mieux soumettre : en général, cela fonctionne.

Du fait de mes « puissances horizontales juives », je me promène souvent dans le quartier du Sentier. J'ai un sacré talent pour y dénicher des accessoires qui s'harmonisent avec nos tenues galactiques : ceintures de strass, combinaisons métallisées, sous-vêtements de dentelles, chaussures dorées. Lors de mes escapades dans la grisaille de l'asphalte, notre clan m'apparaît comme un arc-en-ciel. Je m'attarde sur les visages des passants : ils sont vides de désir, comme blasés. Ma soutane cosmique ne passe pas inaperçue. Des gens sourient, d'autres haussent simplement les épaules.

Baignée dans le malaise ambiant du métro aux heures d'affluence, je pose ma tête contre la tôle froide du wagon, en veillant à ne pas me faire coiffer mon faisceau de lumière par une main étrangère. Je cache mes yeux derrière des lunettes roses en forme de cœur. Moi, Isadora fille d'Isis, j'éprouve de la compassion pour tous ces pauvres gens.

Les théories d'Osi, ses références continuelles à la « race aryenne » ne me choquent plus. D'après lui, « l'œuvre » des nazis partait d'une louable intention : les Juifs avaient tué le prophète Jésus, ils devaient donc payer. Malheureusement, Hitler s'adonnait à la magie noire, c'est pour cela qu'il a échoué. Bien sûr, je suis juive. Mais j'ai rejeté mes parents, ma religion, ma culture. Plus Osi dénigre mes origines, plus je sens qu'il a raison et plus j'adhère à son discours antisémite.

Mon but est de m'initier pour accéder au Grand Savoir. Alors, quoi qu'il dise, quoi qu'il fasse, je bois son enseignement comme je boirais le saint Graal. Un jour, je finis même par céder à la tentation « aryenne » : je décolore quelques mèches de mes cheveux afin de me rapprocher du modèle cosmique.

— Tu t'es embellie, ma chérie, me dit Osi en posant sur moi un regard flatteur. Je vais pouvoir mieux accéder à ton circuit. Ce balayage illumine ton faisceau. Tu vois : un simple petit changement et la communication s'améliore. Je vais bientôt pouvoir m'occuper plus sérieusement de toi…

Osi me valorise, le groupe me respecte davantage. Je suis enfin « codée », « enregistrée sur une fréquence supérieure ».

Osi me l'a dit.

Nous avons tous été convoqués d'urgence à Bourrygne. Nous attendons le maître. Son arrivée nous surprend par sa sobriété. Un murmure de stupeur parcourt l'assemblée : Osi a rasé sa barbe à deux tresses !

— Mes enfants, nous abordons une ère nouvelle ! explique-t-il. Ma barbe me permettait de maintenir un contact avec le dessous. Désormais, vous êtes suffisamment nombreux à avoir élevé votre niveau de conscience pour m'en dispenser. Nous abordons une ère de communication Internelle ! Nos corps ne doivent plus évoquer les vieux symboles religieux de l'Éternel. Les démarches christiqucs et bouddhistes ne sont plus adaptées. À partir d'aujourd'hui, il n'y a plus d'Osi : désormais, je suis Iso. Le O horizontal, symbolisant la matière, cède la place au I vertical de l'Internel esprit. Le S du serpent satanique demeure au centre, car les maîtres de l'abîme sont toujours opérationnels. Mais à présent, je place l'esprit devant la matière.

Voilà qui va encore nous embrouiller. Comme si tout n'était pas déjà assez complexe ! Je quitte la salle en bâillant, les yeux rougis de fatigue. Pour ce soir, je dors dans un petit coin aménagé dans la salle de réunion du Starship. Nous passons la nuit à Bourrygne ; nous ne repartirons à Paris que demain soir. Depuis quelque temps, je dors d'un sommeil agité. Le même cauchemar hante mes nuits…

Le feu s'empare de la Terre, aucune forme de vie ne peut résister aux flammes meurtrières. La destruction de la planète est en cours. On entend des hurlements de terreur, des appels à l'aide désespérés. Au milieu de la fournaise, les disciples forment un cercle autour d'Iso. Nous brûlons, mais nous ne sentons pas la douleur. Je vois leur âme quitter leur corps et s'envoler vers le ciel. Moi, je préfère rester auprès des miens, je pense à ma famille, je ne veux pas les abandonner, alors je rentre dans mon corps et je suffoque...

Je me réveille toujours à ce moment-là, terrifiée, incapable de me rendormir.

— Tu confirmes la prophétie, Isabelle, certifie Iso. Par tes rêves, tu deviens à ton tour une prêtresse cosmique.

Et chaque soir qui suit, j'appréhende le sommeil. J'ai peur de la nuit et je ne m'endors qu'au petit jour.

Vers midi, frigorifiée, mal réveillée, je déambule pieds nus dans les pièces communes. Je suis de mauvaise humeur, on gèle et personne n'a encore allumé le feu. J'aperçois Joana qui se brosse méticuleusement les dents tandis que Marie-Claude, de la communauté de Nucléa, hurle qu'on lui a encore volé son savon et que Gérard, d'Opéral, comme à son habitude, monopolise les toilettes depuis des heures, la porte grande ouverte. Je rejoins mécaniquement la troupe de filles dans la salle de douches.

J'enfile un pull violet tricoté par mes soins, un fuseau de velours assorti et mes bottes cavalières dorées dont je suis très fière. La réunion de femmes va commencer, je m'y rends encore tout engourdie de sommeil. Iso nous fait part du prochain combat à livrer contre Lucifer.

— Beaucoup d'énergies se dirigent vers nous dans le but d'être mutées sur une dimension supérieure. Face à l'urgence et à l'importance de la mission à accomplir, j'ai décidé de rapatrier le circuit robotique au sein de nos mutations. Soyons clair : jusqu'à présent, les seuls représentants robotiques présents dans notre groupe sont nos appareils à moteur et nos voitures. Ces robots nous protègent des attaques extérieures. Vous me suivez ?

Pas vraiment.

— Dans une voiture, reprend-il, si la ténèbre vous attaque, ce sont vos voitures qui sont atteintes en premier, pas votre corps physique. Elles constituent votre bouclier. Or la plupart des femmes ne possède pas de voiture. Elles se trouvent donc fragilisées. C'est d'ailleurs pour cela qu'elles souffrent de ces maux de ventre dont Joana m'a parlé : leurs malheureux corps physiques et psychiques assument tout de plein fouet.

Depuis quelque temps, en effet, un phénomène étrange se développe chez les filles : nous sommes de plus en plus nombreuses à souffrir de maux de ventre. Le maître attribue ces malaises à une « charge énergétique » trop pesante pour nos fragiles personnes. Somatisation collective ? Angoisse ? Malnutrition ? Perturbations hormonales ? Ce peut être tout cela à la fois…

— Aussi, mes chéries, afin de mieux vous protéger, nous allons introduire le circuit robotique dans nos mutations.

Allons-nous muter dans des voitures, maintenant ? Je suis de plus en plus ahurie. Sur l'ordre d'Iso, Priscillia se lève. Elle revient accompagnée de Pierre, les bras chargés de cartons.

Iso ordonne :

— Dans un premier temps, que chacune choisisse un robot. Vous vous familiariserez vite avec ce nouveau catalyseur de puissance. Collez-y ce que vous voudrez : cristaux, pétales de roses…

Pierre extrait alors des cartons des vibromasseurs.

— Ils valent trois cents francs, annonce Iso. Vous donnerez l'argent à Antoine. Désormais, pour atteindre le paroxysme rédempteur, vous aurez recours à ces merveilles de technologie énergétique.

Je suis éberluée. Là, vraiment, j'ai du mal à saisir le lien avec le cosmos. Mais les Starkis ne semblent pas surprises.

Elles tentent de nous rassurer :

— Mais non, ce n'est pas si épouvantable !

Apparemment, elles connaissent déjà.

— Dans un premier temps, annonce le maître, je vais coder chaque appareil. Vous viendrez me voir une par une.

Nous avançons donc chacune à notre tour pour recevoir notre outil céleste.

La folie d'Iso s'impose à moi. Mais je lutte encore. J'ai trop peur de désobéir, d'être montrée du doigt. Je chasse la honte et le doute. Je m'obstine à aller jusqu'au bout de la voie que je me suis choisie.

Je regarde mon « robot métallien ». Pour deux cents francs supplémentaires, nous avons droit à des pièces de rechange : embouts de formes variées, latex de couleur…

Le soir même, nous inaugurons l'objet sacré. Après deux heures d'utilisation continue et surveillée, pour la première fois lors d'une mutation, j'atteins le « divin paroxysme ».

J'ai ressenti l'extase céleste. Mon âme sera donc rédemptée : Iso me l'a affirmé.

X

Saltimbanques de l'espace

Il me conduit ainsi, loin du regard de Dieu,
Haletant et brisé de fatigue, au milieu
Des plaines de l'Ennui, profondes et désertes,

Et jette dans mes yeux pleins de confusion
Des vêtements souillés, des blessures ouvertes,
Et l'appareil sanglant de la Destruction !

Charles BAUDELAIRE, *Les Fleurs du mal.*

Peu avant l'été, j'emménage au château de Persouilles. Iso me l'a conseillé. Dans la foulée, j'ai décroché un travail de dactylo à domicile, qui me permet de vivre près de mère Nature.

Pour la première fois, je découvre la présence de jeunes enfants au sein de notre groupe. Ségolène et Éric sont les enfants de Sylvie, elle-même institutrice et correctrice de profession. Ségolène a dix ans, Éric six. Ils prennent des cours par correspondance, leur mère assure le suivi des leçons et des devoirs scolaires. Le petit Pierre, trois ans, vit aussi au château. Le problème de l'école ne se pose pas encore pour lui.

Les rares enfants de notre confrérie suivent leur scolarité par correspondance. Ils fréquentent peu ou pas le monde extérieur. Ils ont la « chance » d'en être protégés dès leur plus jeune âge. Pour éviter tout problème juridique, d'épisodiques visites dans leur famille sont accordées.

Au château de Persouilles, ils sont donc quatre, sans oublier le dernier fils de Zali, Vincent, douze ans. Les enfants sont le plus souvent livrés à eux-mêmes. Je me fais un plaisir de leur préparer à manger en piochant généreusement dans les « cartons » de chacun. Leurs mères se déchargent de leur éducation sur l'ensemble du groupe. Ils ont tous adopté notre vocabulaire. Quand ils se disputent, nous sourions en les entendant s'insulter : « Tu me charges ! » « Arrête, tu coiffes mon faisceau ! » Lors de conférences spécialement adaptées à leur jeune âge, Iso en personne les tient informés de notre mission divine. Aucun risque de dérapage : on leur a appris à rester discrets. De toute façon, ils ne parlent à aucun étranger : depuis le début, on leur inculque que l'extérieur est mauvais et dangereux.

Je vais très rarement à Paris. Plus rien ne m'y attache. Mon avenir est ailleurs, sur quelque vaisseau spatial qui viendra me chercher.

Deux ans ont passé depuis mon entrée à Iso-Zen. Ce sont mes secondes vacances d'été avec le groupe. Les Starkos ont choisi une plage aux Saintes-Maries-de-la-Mer pour établir notre campement.

Nous débarquons un 2 juillet. Durant l'hiver, sous la direction d'Iso, les garçons ont travaillé à la confection d'un nouveau dôme gonflable, transportable en tout lieu. Nous avons prévu d'organiser une grande soirée « intergalactique » à laquelle seront conviés les gens de l'extérieur moyennant un droit d'entrée de cinquante francs.

Nous passons la première semaine à mettre au point notre spectacle. Iso nous a rebaptisés pour l'occasion les « Saltimbanques de l'espace ». Notre statut d'artistes justifie nos extravagances. Aux yeux du monde, nous ne sommes que les comédiens d'un drôle de cirque…

Ce soir, Caroline et Coralie, de la communauté de Zéta, danseront en bas résille, body noir et chapeau melon sur la musique de *Just a Gigolo*, dans le plus pur style cabaret. Marie-Jeanne prépare une chorégraphie avec les enfants. Des danseuses sacrées s'envoleront sur un ballet galactique. Des poètes déclameront leur texte sur des musiques douces. Nous avons même créé notre groupe de rock, les Transpulseurs, qui seront accompagnés de danseuses habillées en panthères roses. Puis nous entonnerons notre répertoire.

Le dôme est posé sur le sable, juste devant la mer. Il brille comme une étoile immense. Je m'apprête dans les coulisses. J'ai cousu de mes mains un costume de danseuse orientale, bleu pailleté, couleur des cieux, comme j'avais dû le faire dans ma première vie, en ancienne Égypte. Ce soir, le rideau se lève pour moi.

Émue, je m'élance sur le devant de la scène, mon corps ondule sur les rythmes de l'Orient. Je suis bien Isadora, fille d'Isis. Charmeuse, je défie Iso de mon regard de serpent. Lorsque la musique s'achève, je suis épuisée mais comblée. Le public applaudit chaleureusement.

Ces premières semaines de vacances sont formidables. Nous sommes tout à la fois auteurs, metteurs en scène, compositeurs, acteurs et spectateurs. Nous nous connaissons tous si bien, nous passons notre temps à chanter, danser et méditer, prônant l'expression de l'Être dans toute sa splendeur. « Affirmez votre être intérieur ! Faites vivre votre âme autant que votre corps ! » nous encourage Iso. Pourquoi les quitterais-je ? Avec eux, j'ai ma place. Je m'épanouis.

Un matin de juillet, pourtant, nous frôlons la catastrophe. Nous sommes surpris par une marée d'une amplitude exceptionnelle. Nous sauvons *in extremis* notre dôme des flots. La mer submerge la plage tout entière et nos dernières voitures luttent contre le courant pour évacuer les lieux. Cette fois, ça y est, l'Apocalypse est pour demain ! clame Iso, illuminé.

La marée avait pourtant été annoncée. Mais nous ne lisons pas la presse, Iso la qualifie de mensongère ; nous n'avons pas la télévision, elle est l'œuvre de Satan ; nous n'écoutons pas la radio, elle pollue les ondes psychiques… Quant aux anges célestes, ils avaient manifestement omis d'avertir leur messager terrien…

Nous arrivons au Lavandou en fin de matinée. L'endroit sent bon le pin. Nous nous remettons de nos émotions autour d'un grand feu et séchons nos vêtements en riant. Nous passons l'après-midi à remonter notre dôme. Toute à mon bien-être, je ne prête qu'une oreille distraite à la rumeur qui circule : « Nous allons passer une nouvelle porte d'une extrême importance. »

Le lendemain, au petit matin, Iso nous convoque pour une réunion générale, la première depuis plus de trois semaines. Nous revêtons pour l'occasion nos plus beaux artifices cosmiques.

L'œil brillant, Iso contemple d'un air satisfait son égrégore. Moulé dans une combinaison argentée, il est paré des bijoux offerts par les membres de notre confrérie.

— Attention ! Synchronisation ! Métallisation ! hurle-t-il brusquement. Les garçons, concentrez-vous ! J'ai besoin de vos circuits.

Il cligne les paupières. Sa respiration devient rapide et saccadée.

Nous attendons sagement qu'il termine son dialogue avec les anges.

— Mes amis, je viens de passer une porte très compliquée. Nous avons l'immense privilège, à l'aube de la fin de ce monde, d'être en contact avec des extraterrestres. Nous sommes les dépositaires de connaissances fondamentales.

Il se racle la gorge.

— Venons-en à des choses plus concrètes. J'aimerais savoir où en est le projet Futura. Futura sera une plaque tournante entre l'extérieur et nous. Avez-vous trouvé un lieu ?

— Nous nous en occupons, répond Pierre. Nous avons visité un local de trois cents mètres carrés, dans le XIe arrondissement, en plein cœur de Paris. Ce lieu nous semble convenir.

— Excellent travail, Pierre. Nous irons le visiter dès notre retour. Je te charge de réunir tous les hommes pour créer une structure de responsables pour Futura. Prépare-moi aussi un plan de gestion très rigoureux. Évalue le nombre de ceux qui devront y habiter pour partager le loyer. Vois aussi qui pourrait animer des ateliers de danse, de yoga, de méditation et que sais-je encore. Il faudra que cette base attire le plus grand nombre d'orbitaux afin de pouvoir retenir parmi nous ceux qui sont appelés à être sauvés.

Tandis que Pierre réunit quelques responsables pour évoquer la gestion de Futura, Iso nous entraîne dans le dôme. À peine sommes-nous installés qu'il nous demande de former des couples suivant nos inspirations subtiles, en résonance avec l'énergie du moment.

Mathias, un de nos troubadours, jette son dévolu sur moi. Je le connais très peu mais pour une « opération cosmique », il fera l'affaire. Iso nous invite à nous asseoir, deux par deux, en formant trois grands cercles.

— Mes enfants, écoutez-moi bien. Nous allons muter aujourd'hui de manière un peu différente.

Je n'en crois pas mes oreilles. Allons-nous « muter » avec des hommes ? Je panique. Imperturbable, le maître poursuit :

— Doucement, ôtez vos enveloppes langoureusement. Les femmes, donnez envie à vos chevaliers de passer votre porte. Usez de vos charmes, soyez inventives…

Je reste de marbre. Les filles commencent à se caresser. Je jette des regards éperdus autour de moi. Je ne vois qu'un méli-mélo de mains, de jambes, de sexes, de dessous bleus, blancs ou roses. Bientôt, des soupirs d'extase montent, se déchaînent. Et, sous la moiteur du dôme, les corps s'entremêlent. Je n'ai pas esquissé un geste.

Mathias est furieux. Iso s'avance vers notre couple.

— Pourquoi boudes-tu, Isabelle ? Tu ne te sens pas bien ? Mathias ne te plaît pas ? Vous avez pourtant tous deux des faisceaux qui s'accordent en plans profonds par le biais de vos puissances horizontales juives…

Tout le monde fait l'amour. Rien à faire, je ne peux pas. Je suis trop pudique. Je me sens incapable de me laisser aller à une partie de jambes en l'air, aussi cosmique soit-elle. L'interminable mutation terminée, je cours m'enfermer dans ma tente.

Un matin d'août, tout guilleret, Iso réunit les femmes.

— Mesdames, j'ai fait un rêve. Tout a un sens. Mes relais m'ont transmis cette nuit que toute personne engagée sur le chemin du Retour doit affirmer son émission énergétique par des méditations régulières.

Ouf ! Pas question de mutation.

— Ma prochaine mission m'amène au-delà des limites habituelles. Elle implique la maîtrise parfaite du transfert de l'énergie. Je vais avoir besoin d'utiliser des relais plus fins, des êtres qui ont le désir de passer à un niveau de réalisation totalement spirituel. Seules vous, mesdames, avez la sensibilité et la délicatesse nécessaires. Mes Starkis ne suffiront plus à porter l'âme et l'esprit du groupe. J'ai besoin de nouveaux faisceaux pour la jonction Terre-Ciel. Qui, parmi vous, se sentirait la vocation et le talent d'assumer une telle responsabilité ?

Aux mots de « vocation » et de « talent », instinctivement je bombe le torse et relève la tête. L'initiée en voie de rédemption reprend à nouveau le dessus. Accepter ce nouvel engagement, c'est faire un pas de plus sur le chemin initiatique. C'est aussi vivre aux côtés du maître et, enfin peut-être, voyager dans l'astral… Ne suis-je pas une élue ? N'ai-je pas montré que je suis capable de sacrifier mes désirs personnels à une cause honorable ? Iso nous explique en quoi consistera cet engagement suprême :

— Pour vous, il s'agira d'une purification énergétique, d'une retraite mystique. Vous vous soumettrez à une sorte d'abstinence religieuse : votre corps ne servira plus que les dieux. Bien sûr, cela implique de vous couper, pour un temps, de toute relation sexuelle et affective pour vous *consacrer* entièrement à ce programme de jonction cosmique. Je vous aiderai à dépasser vos désirs humains. Mais attention, réfléchissez bien avant de vous décider : aucun retour en arrière auprès d'un homme ne sera toléré. Les femmes ainsi consacrées seront les dépositaires de l'énergie yin. Elles formeront la coupe cosmique où viendra se déposer l'esprit de l'Internel. Proches des anges, elles prendront le nom d'Angelines.

Sur ce, il nous congédie.

Ma décision est déjà prise : je me consacrerai.

Le lendemain, lors de l'assemblée générale, vingt-huit mains se lèvent. Iso est mécontent. Il attendait davantage de dévotion. Trois Starkis, Olivia, Lydie et Flora, refusent la consécration. Furieux, Iso ne leur donne pas le choix : elles devront suivre. Méprisant, il congédie « les non-engagées dans la voie du Salut ». Puis, radouci, il se tourne vers nous :

— Je vous salue, mesdemoiselles. Vous faites preuve d'un grand courage. La consécration ne sera pas facile tous les jours. La conscience a des impondérables parfois très durs à supporter pour les corps physiques. Mais j'ai confiance en vous.

Pour fêter notre consécration, nous achevons la réunion par une mutation. Il n'est plus question de robots. Notre niveau de conscience est à présent suffisamment élevé pour que nous puissions nous passer de ces « catalyseurs de puissance ».

Je commence à me caresser. Le rituel m'est devenu familier. Iso s'approche de moi. Confiante, je ferme les yeux. Il me prend dans ses bras, doucement. Il me repose au bout de quelques minutes pour aller vers une autre Angeline.

C'est alors qu'Iso s'aperçoit que six d'entre nous ont le pubis rasé.

— Cela me plaît, approuve-t-il. J'aime cette nouvelle manière d'offrir aux anges votre pureté…

Il est à mille lieux de la réalité : nous venons simplement d'essuyer une invasion de morpions.

XI

La fuite

Ne vous laissez guider ni par l'autorité des textes sacrés, ni par la simple logique, ni par les apparences ou les opinions, ni même par l'enseignement de votre maître ; lorsque vous savez par vous-même ce qui est néfaste, renoncez-y, et ce qui est favorable, alors acceptez-le et suivez-le.

BOUDDHA.

Iso doit se rendre à Nice pour mettre en vente l'appartement de sa mère décédée il y a déjà plusieurs années. Je n'ai que très peu entendu parler d'elle et jamais de son père. Iso reste discret en ce qui concerne sa famille. Il emmène avec lui les Angelines, les Starkis et les Starkos. Le reste du groupe est rentré à Paris pour mener à terme le projet Futura.

Arrivés à Nice, nous nous répartissons selon les recommandations d'Iso. Les Starkos dorment dans leur camion et les Angelines, dont je suis, partagent avec le maître le petit deux pièces de la défunte et un autre camion aménagé. Nous sommes trente et une filles entassées dans cinquante mètres carrés. Jamais encore je n'ai partagé d'aussi près l'intimité d'Iso.

Toutes nos journées se passent auprès de lui. Le rythme effréné des réunions, matin, midi et soir, et des mutations — six heures d'affilée, de jour comme de nuit ! — m'épuise. Les heures de sommeil nous sont comptées. Je perds le fil du temps, je ne regarde plus le calendrier.

Olivia, Lydie et Flora, les trois Starkis rebelles à la consécration, ne veulent toujours pas céder. Mais pourquoi donc ? Elles restent discrètes sur les raisons d'une telle détermination. Olivia est pourtant l'une des plus anciennes. Cela fera bientôt dix ans qu'elle est entrée dans le groupe avec Antoine ; elle avait alors à peine dix-sept ans. Lors de nos réunions, nous sommes chargées par Iso de soumettre les trois récalcitrantes à d'interminables séances d'interrogatoire où nous les harcelons sans relâche. Elles investissent notre groupe de ténèbre. Je ne comprends pas leur résistance, à cause d'elles la Grande Initiation se trouve retardée. Agacée par leur attitude, fière de mon nouveau statut, je suis une des plus ardentes à tenter de les convaincre. Un soir, à bout de nerfs, Lydie avoue :

— Écoute, Isabelle, nous ne voulons pas nous consacrer parce que nous sommes amoureuses. J'aime Tristan, Olivia aime Antoine et Flora aime Benjamin. Nous ne voulons pas renoncer à eux.

Une partie de moi, touchée, les comprend. Mais

l'autre prend vite le dessus : l'intérêt collectif doit primer sur les désirs et les sentiments égoïstes. Nous en informons Iso. Il convoque alors de toute urgence les « chevaliers » en cause, puis il réunit les trois couples pour une entrevue privée. Il exhorte les hommes à convaincre leurs « portes animiques » de se consacrer. Pour la peine, ils seront nommés Starkos sur-le-champ. Tous trois cèdent à la tentation. Acculées, Lydie, Olivia et Flora abdiquent.

Iso est satisfait. La mutation du lendemain, promet-il, sera digne de notre engagement. Mais l'incident a quelque peu perturbé nos circuits métalliens. Pour les rétablir au plus vite, nous allons à nouveau devoir recourir aux robots. Nous avons laissé les nôtres à Paris, pensant ne plus en avoir besoin. Il faut donc nous en procurer. En plus, Iso a de nouvelles exigences :

— Je les voudrais roses, de la couleur d'Éros, mesdemoiselles.

Le temps d'enfiler nos minijupes argentées, et le commando féminin est en marche. Nous remontons la Promenade des Anglais jusqu'aux quartiers chauds de la ville. Nous sortons rarement et nos apparitions dans le monde extérieur doivent être soignées et remarquées. Un peu de magie fait tant de bien à ces pauvres gens englués dans le bitume ! Sur le coup de minuit, nous débarquons dans une sex-shop. Le vendeur nous regarde, dubitatif. Les clients délaissent quelques instants leurs revues de charme. Qui sommes-nous ? Des prostituées de luxe, des hétaïres de l'espace ? Des échappées de l'asile, une bande de Wonder Women, des danseuses américaines ? Nous quitterons le magasin nos trente et un petits vibromasseurs roses emballés sous le bras.

Réveillées à l'aube, nous nous réunissons dans le salon jonché de matelas.

— Disposez-vous en cercle. Pour cette mutation spéciale, je vous veux entièrement nues. Vos enveloppes sont trop chargées de ténèbre.

Gesticulant comme un diablotin au centre de notre cercle, Iso pousse des cris rauques. Il nous ordonne de nous allonger, les jambes ouvertes. Un à un, il s'empare de nos pubis et les pince entre ses gros doigts. Puis il se lève, ferme les poings, les tient serrés quelques instants, les rouvre brusquement et fait mine d'en jeter le contenu ténébreux. Par ce geste, notre maître vient de nous libérer de Satan.

Je regarde les autres. Les plus anciennes n'ont pas l'air offusqué. Tout cela est donc parfaitement normal.

Et la suite, les petits robots, le paroxysme, n'a rien de bien nouveau.

Nous obéissons au doigt et à l'œil. Ne nous sommes-nous pas engagées de notre plein gré ? Iso compte désormais trente et une femmes totalement dévouées à sa personne. De jour en jour, attisées par Iso, les rivalités entre filles prennent une tournure infernale. Avec l'arrivée massive de prétendantes, les anciennes chutent de leur piédestal. Nous constituons une menace à leur puissance. Elles nous détestent. Entre nous, une guerre froide est menée et utilisée. Notre vanité est la faille où Iso puise sa force. Il connaît et exploite les moindres de nos peurs et de nos désirs. Et, un peu plus chaque jour, il s'immisce en nous.

J'attends toujours la sublime révélation. Je veux y croire. Et je me bats pour maintenir mon paroxysme dans les hautes sphères du détachement zen.

Nous « muterons » ainsi sans relâche jusqu'à la fin du mois d'octobre. Les mutations s'enchaînent, de jour comme de nuit, nous n'avons même pas le droit de nous en absenter deux minutes pour aller aux toilettes. Les quelques heures de sommeil qui nous sont consenties ne me suffisent plus. Je suis fatiguée, vidée, avec l'étrange sentiment de vivre toujours le même jour sans qu'il ne finisse jamais. J'ai mal au ventre. La nourriture nous est comptée : plus nous élevons nos niveaux de conscience, plus nous devenons de purs esprits. Les nourritures terrestres doivent céder la place aux nourritures célestes. Nous maigrissons à vue d'œil tandis qu'Iso reste gras. Il nous vampirise.

Le fait d'empêcher un individu d'uriner, au moment où il en ressent le besoin, provoque une double action : cela oblige l'énergie du corps et l'attention à se concentrer dans le bas-ventre. Cela génère une bascule de l'énergie du haut vers le bas du corps et casse la concentration mentale. Il en résulte une restriction des facultés cérébrales. Au niveau sexuel, cet état de déséquilibre développe chez l'adepte une demande énergétique que le gourou va exploiter, plongeant celui-ci dans un état de dépendance physiologique et émotionnelle. Le gourou manipulera d'autant plus aisément l'individu que cet excès d'énergie sexuelle engendre chez ce dernier un vide de volonté et de vitalité.

Je suis emportée par le courant et mes parents ne m'ont pas appris à nager... Aucune branche à laquelle me raccrocher... Il y a une agréable sensation d'abandon à se laisser couler...

Un soir, je surprends Olivia en larmes.

— Je n'en peux plus. J'ai mal. J'en ai assez de prendre des coups. Antoine me dit que si Iso me bouscule, c'est pour m'aider, pour éloigner la ténèbre. Isabelle, crois-moi, c'est ça la vie avec Iso. Tu ne découvriras rien de plus ici que tu ne connaisses déjà.

Que veut-elle dire ? Jamais Iso ne s'est montré violent devant moi. Elle doit délirer...

Dans le brouillard de novembre, nous rentrons à Bourrygne. Désormais, c'est là que logeront les consacrées, Starkis et Angelines, et les Starkos. Nous ne retournerons pas à Paris pour chercher nos affaires : quelqu'un s'en chargera pour nous. Les prêtresses que nous sommes devenues ne doivent plus se mêler au commun des mortels, au risque de perdre notre magnétisme si particulier. Déjà, certifie Iso, notre niveau vibratoire s'est élevé.

Nous découvrons nos nouvelles casemates. Des

espaces individuels d'à peine deux mètres carrés, séparés les uns des autres par des cloisons en contre-plaqué. De véritables cercueils. Pourtant, impossible de se sentir seule, on entend nos voisines respirer. Certaines, pour une ou deux nuits, ont le privilège de partager les appartements privés d'Iso, au deuxième étage. Et chaque nuit, pour cause de « déplacements d'énergie », Iso nous change de place : les unes montent, les autres descendent.

Tout est sans cesse remis en question, rien n'est stable. L'endroit devient l'envers, l'envers l'endroit, Osi est devenu Iso, ma casemate est devenue celle de Joana, le lit de Lydie est devenu le mien… J'ai la tête à l'envers. Où est le réel, où est l'imaginaire ? Qui suis-je ? Isabelle ? Isadora fille d'Isis ? Où suis-je ? J'ai le vertige, je perds pied, je tourne sur moi-même, prisonnière d'une spirale infernale.

Une porcherie insalubre fait office de cuisine et de salle de douches. La maison est vétuste, humide et glacée. Je ne m'y sens pas à l'aise. Nous vivons imbriqués les uns dans les autres, l'ambiance est tendue. Je pense à ceux qui sont restés à Paris. Qu'imaginent-ils de notre vie à Bourrygne ?

« Ils sont au paradis, avec le maître. »

Un paradis où l'amour humain est interdit. Un paradis où trois grains de riz sont un luxe. Un paradis où Dieu violente les hommes et les femmes, où chacun est tour à tour victime et bourreau, un paradis où les élus ne vivent, ne se nourrissent et n'aiment plus que pour et par un dieu qui a fait le vide en eux et autour d'eux.

Je pourrais leur envoyer quelques cartes postales de notre paradis :

Un jour, j'entends des soupirs, je pousse une porte. Assis en cercle, les Starkos s'activent, braguette ouverte, pour atteindre la maîtrise du paroxysme sans perdre leur semence. Ils sont en pleine mutation. Ils s'appliquent, Iso peut être content. Je repars discrètement.

Une nuit, de ma casemate, j'entends Iso hurler. Il nous convoque, fou de rage, invectivant Olivia et Coralie. Les deux accusées sont debout. Soumises, elles attendent la sentence.

— Femmes serpents, toujours à forniquer avec le diable !

Une gifle violente s'abat sur leurs joues mouillées. Coralie tourne la tête pour amortir le choc des lourdes bagues serties. Au coin des lèvres d'Iso, un tout petit rictus pervers.

— Filles indignes de votre père spirituel ! Oser charger les plans subtils !

Qu'ont-elles fait de si mal ?

Elles se sont aimées, quelques caresses pour puiser un peu de réconfort, à peine plus que maternel. Mais Iso veille. Il voit et punit tous ceux qui enfreignent ses lois. Toute relation en dehors de sa personne est à proscrire.

Et le cauchemar continue. J'ai chaud, j'ai envie de

hurler mais ma gorge reste nouée. Ma pensée anarchique s'est morcelée en débris épars qui s'entrechoquent. J'ai peur.

— Zali ! Va chercher ton cadeau !

Le visage gonflé d'un désir conditionné, elle revient en brandissant un phallus en caoutchouc.

— Qui veut soulever le puissant de Zali ?

La gorgone nous dévisage, les yeux exorbités.

Myriam, l'une des plus anciennes, se propose. Triomphante, Zali laisse tomber sa robe. Très naturellement, Myriam sangle l'objet autour de sa taille. La méduse est émue, elle dégouline d'excitation. Et, brutalement, Myriam enfourche Zali avec son membre sans vie. Elles s'étreignent, étourdies de plaisir.

Je regarde les autres filles. Il fait très chaud. Michou est livide. Elle a peur, elle veut sortir. Iso l'en empêche :

— Vous êtes toutes concernées par les opérations qui se déroulent en ma présence. Ne faites pas les mijaurées !

Soudain, Michou s'évanouit. Toutes les filles hurlent d'épouvante. Nos nerfs lâchent. Désespérées, impuissantes, nous regardons Iso. Zali et Myriam, imperturbables, sont encore à l'œuvre. Il faut plusieurs minutes à Iso pour sortir de sa transe.

— Vous êtes incapables de sortir de l'ordinaire ! Vous êtes trop limitées pour me suivre jusqu'au bout ! Comment voulez-vous que je transforme vos plans profonds ?

Méprisant, il tourne son fauteuil vers la fenêtre.

— Sortez, vous me fatiguez. Ramassez Michou, je ne veux plus la voir pendant les mutations. Elle est incapable de tenir son circuit.

Puis, se tournant à nouveau vers Myriam et Zali :

— Merci les filles. Sortez, vous pouvez aller dormir. Sauf Isabelle, Mado et Coralie qui restent avec moi.

Iso aura attendu deux ans avant de me faire l'amour à peu près comme un homme.

Un soir, nous sommes tous réunis dans la grande pièce de séjour. Dans la pénombre, je distingue un objet de forme allongé dans les mains d'Iso. Il ordonne à Pilou, un Starko, de défaire son pantalon. Un cri me fait sursauter. Je me bouche les oreilles et les yeux. Marie-Jeanne demande à sortir. Iso, à son aise, continue de manipuler l'objet.

— Je vous interdis de sortir, assumez votre rang !

Sans égards, il repousse Pilou qui s'effondre au sol.

Affamées, nous perdons le peu de vitalité qui nous reste et, par là même, notre volonté. Nous végétons comme des zombies dans la plus totale illusion. À force de privations, de flatteries succédant aux punitions, nous vivons dans un état second. Au fil des semaines, Bourrygne finit par s'imposer à mes yeux comme un temple du plaisir. Les murs sont tapissés de collages érotiques. Les dessous sont étendus partout. Les sirènes du céleste paroxysme chantent jour et nuit. Tous nos sens convergent vers Iso.

Tel est notre seul monde, notre seule réalité.

Une nuit de décembre, à trois heures du matin, nous sommes réveillées pour une mutation. Ils se passeront de moi, j'ai tellement besoin de dormir. Je repars dans un songe lorsque Myriam vient me secouer :

— Lève-toi. Iso dit que tu creuses un trou énergétique dans notre circuit. Ne l'oblige pas à venir te chercher.

Vaincue, je les rejoins, tout engourdie. Le ton de Myriam, lourd de menaces, a vite eu raison de ma volonté. J'ai déjà assisté à trop de sanctions et punitions. Je ne veux pas risquer de les subir à mon tour. J'en ai assez de ces nuits sans sommeil. Mon dieu, que j'ai froid. Comment en suis-je arrivée là ?

La privation de sommeil épuise l'énergie psychique de l'individu. Son cerveau n'est plus en mesure de se défendre ni d'analyser. Vidé de son énergie, le sujet est apathique. L'enseignement déversé par le gourou s'imprime alors sans résistance dans l'esprit de l'adepte, de la même manière que s'impriment les propos du professeur retransmis par le magnétophone, branché par l'étudiant juste avant de s'endormir, et qui se déversent pendant le sommeil.

Debout autour de la piscine, les filles sont occupées à se masturber. Iso s'exprime en langage codé et regarde le ciel, cherchant des yeux le vaisseau spatial avec lequel il communique. Puis, le visage grave, il me fixe. J'anticipe les reproches, je lève ma jupe, imitant spontanément le cri du paroxysme. C'en est fini pour moi des chakras et de la spirituo-sexualité : un simple exercice vocal et le tour est joué. C'est la première fois que j'ose simuler. Je regarde les autres, les yeux à demi fermés : suis-je la seule, ou d'autres utilisent-elles le même stratagème ?

La mutation prend fin au lever du soleil. Je m'enfuis dans ma « boîte à dormir » pour échapper au blâme de la part des autres filles : je suis certaine qu'elles ont ressenti le fameux « trou énergétique » dû à mon retard. Elles m'en veulent, c'est sûr.

Après une mutation, nous regagnons chacune notre casemate, tremblant de chaud, de froid, de honte, de fatigue. Nous ne parlons jamais de ce qui vient de se passer, c'est un sujet tabou entre nous. Nous sommes là, plus de trente filles, et pourtant c'est le désert, l'isolement total. Nous avons trop peur.

Depuis quelques jours, je suis prise de fous rires intempestifs. Je suis accusée de semer la zizanie. Je perds, paraît-il, le contrôle de moi-même et la ténèbre en profite pour s'infiltrer en moi et, par moi, dans notre communauté.

— En ce moment, je ne sais pas ce qu'elle a, mais Isabelle a l'air investie, dénoncent mes compagnes. Elle pique des crises de fous rires à tout bout de champ, elle envahit tout le monde ! À la fin, nos plans sont complètement explosés. Elle ne se rend pas compte, mais cela nous charge…

Heureusement pour les pauvres prêtresses, Iso veille

à rétablir mon intégrité. Lui seul peut me soigner et me guérir de mes maux.

— Afin de contrôler la totalité de tes enfers, Isabelle, tu vas faire deux choses. Premièrement, tu porteras cette petite perle de cristal autour de ton cou. Elle symbolisera ton appartenance spirituelle aux Angelines et la renforcera. Dans un deuxième temps, tu disposeras quelques poils de pubis et une mèche de tes cheveux dans cette petite boîte. Enfin, tu mettras un peu de sang de tes menstruations dans cette autre boîte. Je dois contrôler la déperdition énergétique que tes règles occasionnent. Bientôt, peut-être, grâce à notre travail, celles-ci cesseront enfin de t'investir. Certaines Starkis, par la transformation de leur être intérieur, n'ont plus de règles. Tache de prendre exemple sur elles. À force de concentration et de dévotion, toi aussi, tu y arriveras.

Solennel, il me remet la perle de cristal et les deux petits coffrets.

— Je t'aime, Isadora fille d'Isis. Sois sans crainte, je ne t'en veux pas. Je te sauverai de l'Apocalypse. Rien ne me séparera de toi. Je te protège pour l'éternité. Allonge-toi près de moi quelques instants et partons ensemble dans le cosmos...

Le mois de décembre touche à sa fin. J'évolue dans un demi-sommeil proche de l'hypnose. Je ne vois plus le jour. Je perds la raison, je me laisse glisser dans les sables mouvants du non-sens. Tous les matins, c'est l'angoisse qui me réveille. Je ne parle plus beaucoup.

Ces derniers temps, chaque soir, Iso convoque les femmes tard dans la nuit pour les soumettre à un interrogatoire, toujours le même :

— Comment te situes-tu aujourd'hui par rapport à moi ? Es-tu ma sœur ? ma mère ? ma femme ? ma fille ? ma maîtresse ? ma disciple ?

Et chacune à notre tour, comme des automates, nous répondons. Je fais comme les autres :

— Sœur.

Beaucoup répondent « femme » ou « maîtresse ». C'est alors que je me rends compte que la moitié des filles sont folles d'Iso. Mais que cherche-t-il a travers cette « classification » ?

Par le biais de nos réponses, identiques ou variables, il cerne nos motivations différentes et changeantes, il prend note de notre degré d'adaptation et de dévotion à sa personne. Tout simplement.

Je sature. Mon corps ne peut plus endurer cet esclavage. Il faut partir. Fuir cet enfer.

Nul ne peut quitter le domaine sans l'accord du maître. Chacune de nos rares sorties est contrôlée. Même nos communications téléphoniques sont limitées et surveillées.

Mon départ ne peut être qu'une évasion. Je dois tromper mes compagnons, trahir leur confiance. Je ne pense plus qu'à cela : partir.

Un jour que je croise Iso dans l'escalier, mon cerveau se met en route. Je l'arrête, toute souriante, simulant l'adoration.

— Iso, j'ai trouvé un travail que les filles pourraient faire ici, il s'agit de travaux de dactylographie.

Je le sais sensible à toute éventuelle rentrée d'argent.

— Voilà une bonne nouvelle, Isabelle. Par qui et comment as-tu trouvé cela ?

— J'ai repris contact avec une société avec laquelle je travaillais à Paris. Ils m'ont dit qu'ils pourraient avoir régulièrement des travaux de dactylo ou de traduction. Pour la première fois, il faudrait que je fasse un saut là-bas, après ils m'enverraient le travail par courrier.

— Cela me paraît intéressant... Et quand voudrais-tu partir ?

— Ils m'ont proposé de les rencontrer demain après-midi...

Je ne peux m'empêcher de rougir et j'ajoute, très vite :

— Il faudrait que je prenne un train ce soir.

— Pour revenir quand ? dit-il d'une voix cinglante.

J'ai le sentiment d'étouffer. Ce n'est pas le moment de craquer.

— Au plus tard dans une semaine, juste le temps de m'organiser pour tout ramener ici.

— Et tu comptes partir comment ? Tu as de l'argent ?

— Oui, j'ai juste ce qu'il faut. Je peux prendre le train de 19 h 10, ce soir, à la gare de Romorantin.

Je mens effrontément, je dois avoir l'air sûr de moi.

— C'est d'accord, Isabelle. Tu nous téléphoneras

dès ton arrivée et les jours suivants tu nous tiendras au courant de l'état du reste du groupe. Nous profiterons de ton séjour pour organiser une réunion de femmes à Paris. Il y aura sans doute de nouvelles postulantes au titre d'Angeline. Je te donnerai tous les détails au téléphone. Tu nous serviras de relais.

J'acquiesce.

— Réunion dans un quart d'heure. Tu as le temps d'y assister, Isabelle. Jean-Philippe te conduira ensuite à la gare.

J'ai à peine le temps de réunir quelques affaires. Je ne peux pas emporter trop de choses, cela éveillerait les soupçons. J'assiste à la réunion, je feins d'être très attentive. Absorbée dans mes pensées, je songe au dieu dont ma mère parlait si souvent. Ce fameux messie qui sauverait l'humanité. Du fond de ma mémoire, j'entends le chant des rabbins.

Iso ne m'a pas tout volé. J'ai gardé mon âme.

XII

L'appel des sirènes

Entre mon cœur et ma langue, il y avait des rivières infranchissables,
Des passages à niveau fermés.
J'ai dû déblayer des montagnes et des montagnes de sable,
Pour une parcelle de vérité.

Michel JONASZ, *Je t'aime.*

Jean-Philippe m'accompagne à la gare. J'insiste pour « attendre mon train » seule. Je n'ai plus un sou en poche... Dès que sa DS bleu marine disparaît, je cours vers la nationale 20 faire du stop, direction Paris, la liberté.

Un chauffeur de poids-lourd se propose de me conduire à destination. Durant tout le voyage, je ne décroche pas un mot. Ceux que j'ai à dire sont irrecevables pour l'entendement de mon routier. S'il savait d'où je viens ! J'ai déjà peur. Et si Jean-Philippe m'avait suivie ? Dans la voiture, il me jetait des regards qui m'ont semblés soupçonneux. Et s'il était allé prévenir Osi ? Si, déjà, ils me cherchaient ? Des vagues d'angoisses m'étranglent. J'ai envie de hurler, de crier au secours, de lâcher enfin mes nerfs depuis trop longtemps pressurisés. Mais je dois garder le contrôle de mes émotions. La pensée zen, la pensée unique, trouve ici sa réelle utilité. Je suis en route pour Paris. Tout va s'arranger, je vais tout oublier.

Je dois tout oublier. Il y va de ma santé mentale. Secouée comme après la prise d'une forte drogue, je suis incapable de justifier mes comportements passés, encore moins ceux des autres, de trouver des motifs aux déviations d'Iso. Je cherche des raisons, une logique. Il ne peut pas être un pervers, un obsédé sexuel, je ne peux pas le croire. Ce prophète des temps modernes ne serait qu'un monstre d'escroquerie, un fou dangereux ? Et moi, j'aurais subi tout cela pendant deux ans dans l'illusion de la rédemption de mon âme ? C'est trop énorme. Je n'ai pas la force d'accepter une telle vérité. Je n'ai jamais voulu cela. La rédemption divine par le biais de perversions diaboliques ? Ce n'est pas possible, ces deux univers ne peuvent pas coller. Dieu et le diable ne peuvent pas cohabiter sous un même toit.

Mais alors, qui est Iso ?

Dans le groupe, tous pensent que les mutations sont normales, saines. Transcender le corps pour élever son âme. Ils semblent tous y croire. Comment autant de gens peuvent-ils tomber dans la même erreur ? Où se trouve donc la normalité ? Dans la brutalité de mon père ? Dans le mensonge des adultes, la course au pouvoir, à l'argent qui nous fait oublier père, mère, enfant ? Où est la pureté ? Et moi qui pensais échapper au pire en m'engageant dans une vie spirituelle où toute cette sombre « normalité » n'aurait plus rien à faire ! Je ne peux pas accepter cela, ça fait trop mal. Aucun mot ne saurait décrire ce que je ressens. Il n'y a pas de mot. Si j'ouvre la bouche, il n'en sortira qu'un long hurlement.

L'homme me dépose porte d'Italie où je m'engouffre dans la première cabine pour téléphoner à ma mère, une valeur sûre, la seule peut-être. À n'importe quelle heure du jour ou de la nuit, j'ai toujours su qu'elle serait là pour moi.

Elle est surprise de mon appel, encore plus surprise de ce que je lui annonce : je rentre à la casbah.

À mon arrivée, elle ne peut réprimer quelques larmes de joie, tout en me bénissant. Plus de deux ans que je n'avais pas dormi, ne serait-ce qu'une seule nuit, à la maison. Mes visites étaient toujours furtives, insaisissables. Ma mère déborde d'une affection simple, saine, bien réelle.

Je redécouvre ma chambre. Tout est là, à sa place, livres, dessins, disques et affiches jaunies. Je retrouve un jean que j'enfile avec bonheur, et un pull vert, sans doute à Matilda. Je m'assois sur le lit et je regarde dehors, pensive. Ma mère ne me lâche pas. Je suis trop émue pour m'expliquer. Elle ne me demande rien. Elle me sert dans ses bras, comme pour se persuader que je suis bien là. À présent, ici, sous le toit de mes parents, je me sens en sécurité. Enfin.

Pendant le dîner, à la table familiale, on ne me pose aucune question. On respecte mon silence. Mes parents semblent comprendre mon mutisme. Je ne peux pas parler. À peine manger. Ils ne me brusquent pas, comme s'ils craignaient de me casser. Leurs yeux sont pleins de toute la tendresse et l'affection non exprimées — ou si mal exprimées. Eux non plus ne parlent pas. Leurs interrogations restent muettes. Dans leur regard, une lueur d'incompréhension. Nous nous connaissons si peu…

Après le repas, assise sur le canapé du salon, je pose mon regard vide sur l'écran de télévision. Je regarde un film. Nul vaisseau spatial ne traverse l'image. J'écoute les informations : il n'y est question ni de l'Apocalypse, ni même de ses prémices. Dans quel monde ai-je donc vécu depuis deux ans ?

Enfoncé dans le vieux fauteuil en cuir, mon père lit son journal. Je ne l'ai pas revu depuis notre rupture. Et ma mère, si peu, et si peu de temps à chaque fois, et toujours pour lui dire, encore et encore — comme pour mieux m'en persuader moi-même, mieux convaincre cette peau de chagrin de mon esprit qui résistait encore à la nouvelle « Vérité » qu'on m'administrait chaque jour, insidieusement, comme une drogue — que « tout allait bien », que j'étais « parfaitement heureuse »…

Peu à peu, à la maison, je retrouve mes anciennes habitudes, comme si rien ne s'était jamais passé. Je me sens en sécurité, pourtant, j'ai peur. Mes parents savent que je ne suis là pour personne. Mais, les premiers jours, chaque sonnerie du téléphone me tétanise. Pour oublier mon angoisse, la chasser, je fonce tête baissée dans la réalité. Le reste n'a jamais existé, personne ne me cherche. Très vite, tous les vieux réflexes reviennent naturellement. Je suis juste un peu sonnée, un peu groggy, comme si je m'éveillais d'un trop long sommeil. Je retrouve l'Isabelle d'il y a deux ans. Les illusions en moins.

Un matin, levée très tôt, je fouille dans les tiroirs de mon bureau. Je retrouve une lettre de Bernard, la grande passion de mes seize ans. Pense-t-il toujours à moi ? Je feuillette mon vieux carnet rouge. Cela fait si longtemps et je reviens de si loin...

Je compose sans grand espoir son numéro de téléphone.

Il ne m'a pas oubliée. Il m'attend.

Sur le chemin qui mène à son village de banlieue, je me dis que, à lui peut-être, je pourrai tout raconter. Même l'indicible.

Nos retrouvailles sont exaltantes. Je veux rattraper le temps perdu. Je n'ai pas le cœur à revenir sur un passé qui m'a déjà volé deux années de ma jeunesse. Le soir, lorsque nous nous retrouvons allongés côte à côte, je ne peux aller plus loin.

— Bernard, ne me demande pas de... faire l'amour ce soir. J'en serais incapable. Tu sais, pendant tout ce temps, j'ai vécu... différemment. Je ne peux pas t'expliquer. Pas encore. Laisse-moi un peu de temps...

Il ne me pose aucune question. Il m'enlace tendrement et dépose un baiser affectueux sur mon front.

Au matin, je suis éveillée par l'odeur des tartines grillées et le chant des oiseaux. La fenêtre est grande ouverte. Je descends dans la cuisine où Bernard s'affaire pour le petit déjeuner. Je suis si bien. Je découvre avec délice l'atmosphère paisible d'un bonheur quasi conjugal. Bourrygne me paraît déjà loin. Là-bas, dans ma casemate aussi hermétique qu'un cercueil, je sombrais dans un silence de mort. À cette bouffée de souvenir, qui a réussi a franchir le barrage de ma mémoire sélective, les larmes montent, ma gorge se noue. À nouveau, c'est l'angoisse qui m'étreint. Je me sens comme une détenue qui s'est évadée d'une prison sans barreau, après avoir trompé la vigilance de son geôlier… Iso. À l'heure qu'il est, il doit me chercher. Soudain, quelque chose m'étouffe. La perle de cristal que je porte autour du cou. Je n'en avais jamais éprouvé de gêne. Pourquoi ce matin m'étrangle-t-elle ? Prise de panique, je l'arrache et la cache au fond de mon sac. Je ne peux pas la jeter à la poubelle. C'est un objet magique, offert par un maître, un sorcier, peut-être… C'est plus fort que moi, j'ai trop peur de m'exposer à des représailles. Je tente de me raisonner. Ils ignorent où je suis, ils ne le sauront jamais. Comment ont-ils perçu ma fuite ? Même Alice, ma cousine, ne peut pas comprendre. Elle n'a jamais vécu si près d'Iso, elle est encore sous le charme de l'extase mystique. Elle doit me juger. Je l'entends d'ici :

— Contrôle-toi, Isabelle. Tu inverses la réalité parce que tu es investie de ténèbre contre le groupe…

Je me raccroche à la réalité, m'éveillant à des sentiments anesthésiés depuis si longtemps. Des sentiments simples, humains. Je tente d'avoir une vie comme les autres. Je ne suis pas inactive : à la grande joie de ma famille, j'ai trouvé un secrétariat qui m'occupe à mi-temps. À la maison, mes parents ont changé. Ils me laissent libre. Je vais et je viens, ils me respectent, ils ont trop peur de me perdre à nouveau. Moi aussi, je ressens cette peur de me perdre. Je redoute les mauvaises rencontres, j'évite certaines rues, certains cafés…

Je partage mon temps entre Bernard et mes parents. Je prends conscience de mon amour pour ma famille. Non, ils ne sont pas que des « géniteurs », non ils ne sont pas « engloutis dans la matière ». Ils m'aiment, simplement, de façon désintéressée. Ils s'inquiètent pour moi, sont soucieux de mon bonheur. J'ai mis tellement longtemps à le comprendre. Moi aussi je les ai toujours aimés. J'ai cru détester mon père. Mais même dans la plus violente révolte, l'enfant aime toujours ses parents. Et quand il les quitte, c'est un appel au secours. Quand je suis partie, il y a deux ans, j'aurais tant voulu qu'ils me retiennent ! C'était ma seule demande, ils ne l'ont pas comprise. J'avais besoin d'une preuve de leur amour, qu'ils me montrent qu'ils m'aimaient, même rebelle, même désobéissante. En me chassant de la maison, ils m'avaient jetée dans la gueule du loup.

Aux yeux de l'enfant, les parents sont des dieux. Ils lui ont donné la vie, ils maîtrisent son existence. Mes dieux m'avaient abandonnée. Un dieu avait proposé de me donner une nouvelle vie, un nouvel avenir. Deux années durant, il s'était emparé de mon existence, m'avait offert une nouvelle enfance, avec sa magie et sa confiance innocente. L'adulte fragilisée était devenue une petite fille « sécurisée ».

Un peu tard, peut-être, ma mère devient une confidente. Je lui raconte mes vacances avec le groupe, la vie d'une grande troupe d'artistes. Parfois, certaines questions lui brûlent les lèvres. Alors, timidement, elle ose, elle m'interroge :

— Dis-moi, ma fille, ton « groupe », ce n'était pas une secte ?

Une « secte » ? Mais qu'est-ce vraiment qu'une secte ? Ce mot brasse tant de folie, de honte et de sombres trafics, non, ce ne pouvait être cela.

Je reste évasive :

— Non, maman. Juste un regroupement de gens qui pensent les mêmes choses sur la vie, rien de plus.

— Mais qu'est-ce que vous faisiez pendant ces réunions dont tu parles ?

Puis, sans même me laisser le temps de préparer une réponse :

— Tu sais, j'ai mené ma petite enquête auprès de la police. Ton « groupe », comme tu dis, est répertorié comme une secte. Tu le savais, ça ? Je sais beaucoup de choses, Isabelle, ajoute-t-elle, essayant de sonder mon regard fuyant.

Je reste silencieuse. Elle sent que je cache quelque chose, mais quoi ?

Je caresse ses cheveux qui tombent en boucles sur son visage cerné.

— Maman, je vais bien. Je suis là, en bonne santé. Il ne m'est rien arrivé.

Je lui mens. Comme je me mens à moi-même.

Bernard aussi cherche à en savoir plus. Que pourrais-je leur répondre ? La vérité est à présent sous scellés. Et même si je m'aventurais à leur en révéler quelques bribes, ils ne me croiraient pas. Comment pourrais-je leur décrire dans le détail les pratiques d'Iso-Zen ? Puis-je leur dire que j'utilisais un vibromasseur pour me relier au cosmos, à Dieu ? Qui pourrait entendre une chose pareille ! Je passerais inévitablement pour une attardée mentale, on m'enfermerai !

Comment leur expliquer que ce n'était pas moi, que jamais je n'avais voulu cela, que l'on m'avait trompée, « droguée » mentalement, « zombifiée », pour que je trouve *tout* normal, que *j'accepte* tout ? Que ce n'était pas moi, que ce n'était pas Isabelle, dix-huit ans, saine d'esprit, adulte, mais Isadora fille d'Isis, reconditionnée, infantilisée ? Que ce n'était qu'une enfant qui, victime de la manipulation de son maître, ne pouvait que lui obéir, lui être dévouée âme *et corps* ? Comment justifier ma soumission à de telles pratiques ? Comment expliquer que notre corps, notre esprit, notre pensée ne nous appartenaient plus ? Non, je n'avais pas *accepté.* Accepter, c'est être à même de penser, c'est être actif. Je ne pensais plus, je subissais, j'étais passive. On m'avait dit que tout, et même le pire, était normal, que c'était bien. Et tout ce qu'on me disait, mon cerveau l'absorbait comme une éponge, il n'était plus capable de se défendre.

Penser aujourd'hui à toute cette invraisemblable imposture me réduit à néant. Je ne *voulais* pas tout cela. Si je raconte, on me parlera perversion, fantasmes. Que savais-je de la perversion des adultes ? Que savais-je de la manipulation mentale ? « Notre guide manipule trois cents personnes en les incitant à se masturber collectivement, au nom de Dieu. L'envoûtement est diabolique, impensable. » Qui croira une telle énormité ? N'ira-t-on pas plutôt jusqu'à me dire que *moi*, en me laissant abuser, j'ai assouvi *mes* fantasmes ?

Non, il est plus sage de me taire. Entre la honte, l'humiliation et le mensonge, je préfère le mensonge. Alors j'enfouis au plus profond de ma mémoire l'aberration de ce vécu sordide. Relater une telle folie, c'est déjà être capable de l'analyser, et donc de mesurer l'ampleur de ma crédulité. Je ne le veux pas, je ne le *peux* pas. Pour ne pas crever de honte, je bascule dans une sorte de schizophrénie. Admettre serait mourir de culpabilité. Et mon bourreau serait l'opinion publique qui pointerait vers moi un doigt accusateur : « Isabelle, comment as-tu pu ? Sans adeptes, il n'y aurait pas de gourou ! Tu as nourri, provoqué la démence de cet homme ! Tu étais *consentante* ! »

Non, je n'étais pas consentante ! Je n'étais qu'un jouet entre les mains d'un homme. Dira-t-on d'un jouet brisé en mille morceaux qu'il était consentant ? On dira qu'il était fragile, c'est tout.

Lorsque j'avais douze ans, un homme m'avait fait monter dans sa voiture. Il avait commencé de me tripoter. J'avais pris peur. Intuitivement, je lui avais menti : « Mon grand frère est commissaire de police. » Il m'avait laissée partir. Quand j'étais rentrée à la maison, avec plus de deux heures de retard, tout l'immeuble me cherchait. Je sentais sur moi des regards accusateurs. « Où étais-tu ? » Encore tremblante, j'avais répondu : « Un type m'a attrapée, j'ai réussi à m'enfuir… » Sous le choc, ma mère m'avait giflée. Elle avait hurlé, me demandant pourquoi j'étais montée dans cette voiture. L'homme était gentil, pourquoi me serais-je méfiée ? Le même soir, ne pouvant dormir, je m'étais glissée sous la table du salon pour regarder la télévision. Un film mettait en scène le viol d'une jeune fille. Mes parents semblaient captivés. Cela avait failli arriver à leur fille, ça ne les avait pas autant intéressés. Pire, ils l'avaient grondée…

À Iso-Zen, la moitié des filles avait connu l'inceste, ou subi un viol. Pour la plupart, elles n'en avaient jamais parlé à l'époque. Si un jour elles avaient tenté de dénoncer le père incestueux, ou le monsieur violeur, elles s'étaient entendu traiter de menteuses ; les enfants fabulent, c'est bien connu. Alors le petit garçon ou la petite fille, culpabilisé, impuissant, se retranche dans la résignation, le renoncement, le silence. Il est coupable, par sa candeur, par son innocence, d'avoir incité l'adulte à entreprendre ses méfaits. Atteint dans son intégrité physique et morale, il voit sa personnalité morcelée, fragmentée. Comme la mienne aujourd'hui. Il est aussi difficile pour moi de mettre en mots ce que mon « maître » m'a fait subir que pour l'enfant d'avouer : « Papa m'a touché. » Il n'y a pas de justice pour les candides. L'enfant blessé dans sa chair a-t-il le courage d'aller raconter son histoire dans un commissariat ?

À l'image de l'enfant victime de l'inceste, j'étais impuissante. Donc consentante. Donc coupable.

Mon mal n'a pas de remède. J'ai été atteinte de manipulation mentale. Je reste fragile. L'urgence, pour moi, c'est que la plaie se referme. Et qu'importe si le pansement est superficiel... L'infection ne se voit plus, elle ne suinte plus. Mais je ressens encore des douleurs sourdes que j'atténue hâtivement avec un anesthésique local. Pas de traitement de fond. Comme lors d'une grave maladie, je ne veux pas inquiéter mon entourage en entreprenant une thérapie trop lourde. Je veux préserver ma mère. Elle ne supporterait pas la vérité. Et puis, Alice, la fille de sa sœur, est encore là-bas...

Quant à Bernard, comment pourrait-il admettre que celle qu'il aime ait ainsi livré son corps aux caprices d'un homme et aux caresses de trente autres pendant deux ans ? Je ne lui dirai donc rien.

Notre vie de couple, passé la sérénité des premiers jours, surfe dangereusement sur les pics déchirants de la passion. Je me persuade que je ne peux aimer que comme cela. Pour moi, la sécurité conjugale, c'est l'ennui.

À trop vouloir masquer mes faiblesses, je ne vois pas à quel point j'ai besoin d'être rassurée. Je me crois heureuse, guérie. En fait, je suis complètement perdue. Depuis dix mois, je n'ai rien construit de stable. Je n'ai accordé ma confiance à personne. J'ai tout gardé pour moi. Ma vie tourne autour de peu d'individus : ma famille, Bernard. Je n'ai pas cherché un cercle d'amis. Peut-être parce que, entre amis, on se confie tout… Alors, dans les moments de solitude, à mon travail, assise quatre heures d'affilée devant un ordinateur stupide, je me surprends à penser à certains de ceux que j'ai laissés là-bas…

J'étais malade. C'était cela la vérité. En occultant ma maladie, en refusant les soins, je ne pouvais pas guérir. Le diable avait volé mon âme. J'aurais dû parler, dire la vérité, expulser le monstre pour l'exterminer. Au lieu de cela, la bête restait tapie au fond de moi, prête à resurgir à la première faiblesse, à s'engouffrer dans la première faille. Il ne suffisait pas d'enfiler un jean pour tuer deux années d'illusion. J'aurais dû…

Un soir de cafard, j'attends Bernard pour aller au cinéma. Le téléphone sonne, c'est sans doute lui pour m'annoncer qu'il sera en retard. Agacée, je décroche.

— Oui ?

— Isabelle !…

Mon cœur se met à battre à vingt mille tours seconde. La quatrième dimension, Alice ! Comment a-t-elle eu mon numéro ? J'avais interdit à ma mère de le donner à quiconque.

— Cela fait si longtemps que nous te cherchons ! Ta mère ne voulait pas me dire où te joindre, j'ai dû insister. Oh ! Isabelle, tout le monde ici s'est tellement inquiété pour toi ! Tu sais, personne ne t'en veut...

— J'espère bien, dis-je froidement, reprenant peu à peu mes esprits. J'ai fait mon choix, Alice. La vie est très agréable à l'extérieur.

J'exagère pour me donner de l'assurance.

— Mais bien sûr, Isabelle. Nous te comprenons, tu sais. Vivre dans un groupe est un choix comme un autre, moi aussi je suis heureuse. Et, tu vois, cela ne m'empêche pas de t'appeler. Même Iso se fait beaucoup de souci pour toi...

— Ah ?...

— Je ne veux pas te retenir trop longtemps, tu dois avoir tellement de choses formidables à faire ! Laisse-moi seulement te dire que toutes les filles t'embrassent : Marie, Joana, Sandrine, Marie-Jeanne, Perrine... Tu nous manques, tu sais !

Je ressens un grand vide tout à coup.

— C'est vrai ? Elles ne m'en veulent pas ?

— Pourquoi t'en vouloir, Isabelle ? Tu as fait ce qui était bon pour toi. Une partie de toi était restée en otage à l'extérieur, tu es allée la rechercher, voilà tout. Ta démarche est parfaitement normale.

Décidément, ils expliquent toujours tout.

— Bon, je te laisse, Isabelle. Je dois y aller, c'est l'heure de mon cours de yoga. Après, on doit aller au cinéma, puis il y a une grande soirée, tout le monde sera là, ça va être super ! Je suis si contente de voir que, toi aussi, tu t'amuses… À bientôt, je t'embrasse !

Elle ne m'a pas adressé le moindre reproche. Elle n'a pas cherché non plus à me faire revenir. Elle s'inquiétait pour moi, c'est tout. Finalement, cela m'a fait plaisir de lui parler. J'ai toujours bien aimé Alice. Un peu nostalgique, je me remémore les fêtes devant un grand feu, les anniversaires, les week-ends, le sentiment enivrant de vivre à deux cents à l'heure… Je me sens une âme de lièvre dans un corps de tortue. Cela fait presque un an que je les ai quittés. Qu'ai-je fait depuis ? Les week-ends chez papa maman, dans la torpeur familiale… Les soirées chez Bernard, sur fond de disputes, d'incompréhension et de non-dits… Un boulot ennuyeux à périr avec des gens qui me voient à peine…

Dans la semaine qui suit le coup de fil d'Alice, je reçois une dizaine de lettres des Angelines. Toutes me disent leur amitié, m'assurent d'une affection inchangée. Touchée par leur gentillesse désintéressée, je leur réponds. Je leur raconte ma vie, Bernard, en enjolivant un peu. Petit à petit, une correspondance régulière s'installe. Elles se délectent de mes histoires et de ma vie amoureuse, à défaut, peut-être, de les vivre…

Je suis loin de soupçonner une manœuvre d'Iso. J'ignore encore qu'on ne peut laisser une brebis s'égarer ainsi dans la nature : le loup ne renonce pas si facilement à sa proie.

Marie, Joana, Sandrine, Marie-Jeanne, Perrine… Elles étaient mes amies malgré tout, malgré lui. Je suis heureuse d'avoir renoué avec elles, sans pour autant réintégrer leur vaisseau spécial. Car je ne retournerai pas vivre auprès d'elles. Pour mieux m'en convaincre, j'allume une cigarette, la première depuis trois ans, une sorte d'ancrage dans la réalité qui, déjà, menace à nouveau de m'échapper. Dès la première taffe, je tousse, je m'étouffe. Je sens mon corps se noircir de goudron, mais je ne faiblis pas. Demain, c'est décidé, je refume !

Dans leur dernière lettre, Marie-Jeanne et Perrine m'annoncent leur prochain passage à Paris. Sûre de moi, j'accepte de les retrouver dans notre salon de thé favori, *Chez Maribelle**. Je maintiendrai la distance en fumant.

Auréolées de couleurs, de strass et de sourires, elles n'ont pas changé. Un peu nerveuse, j'en arrive vite à ma cinquième cigarette. Pourtant, indulgentes, elles me complimentent sur ma bonne mine, se disent enchantées de me trouver si épanouie. Elles rient, de fort bonne humeur, elles ont l'air heureux. Je réprime un pincement d'envie. Après s'être longuement intéressées à moi, elles me parlent d'elles. La vie à Iso-Zen n'a jamais été si merveilleuse. Désormais, les Angelines sont très libres. Elles vont et viennent à leur guise, moyennant, bien sûr, l'accord d'Iso… D'ailleurs, ma petite escapade a coïncidé avec une période mauvaise pour tout le monde. Les portes interdimensionnelles sont parfois difficiles à passer… Mais depuis, tout s'est arrangé. Elles me brossent dans le sens du poil. Ma fuite aurait même permis de soulager certaines Angelines de la ténèbre agrippée à leurs souliers : je les aurais emmenées dans mes « bagages énergétiques »… Quant à Iso, non seulement il n'éprouve aucune hostilité à mon endroit, mais il continue de se soucier de mon avenir et, si l'envie me prenait de revenir un jour, il m'accueillerait à bras ouvert. Je suis restée son enfant, il aura toujours une place pour moi chez lui.

Nous nous quittons en promettant de nous revoir bientôt. J'ai passé un bon moment. Elles sont en fait mes seules amies. Elles me sont restées fidèles, je suis toujours leur petite sœur.

Ma relation avec Bernard est de plus en plus houleuse. Les beaux jours n'ont duré qu'un temps. Au fur et à mesure que je rétablis quelques liens avec mes anciennes amies, je décroche un peu : nous deux, je n'y crois plus vraiment. Il ne sait pas me dire qu'il m'aime, moi non plus. Il est méfiant. Même s'il ne sait pas précisément ce que je fabriquais avec mon groupe, il n'apprécie pas ces retrouvailles dont il est exclu. Un soir où je rentre un peu tard, je le retrouve de fort méchante humeur. Agressif, il me jette un courrier sur le lit : c'est un mot de Marie-Jeanne, une invitation pour une soirée à l'espace Futura. Une énième dispute éclate, je claque la porte.

Quand j'avais quitté Iso-Zen, l'espace Futura n'était encore qu'à l'état de projet.

Je me retrouve rue de la F.-M. devant un lourd portail. C'est bien ici, une grande enseigne « ESPACE FUTURA » signale l'endroit. Je traverse une cour carrée. Au fond, à gauche, un large bâtiment. Me laissant guider par la musique, je monte l'escalier jusqu'au dernier étage. Je pousse la porte en bois et, pas d'erreur, je suis bien dans l'espace du futur. Une immense fresque de trois mètres sur deux est peinte sur l'un des murs de l'entrée, somptueuse, qui s'ouvre sur un salon de thé très zen : sur fond bleuté de planètes lointaines, un visage cosmique informe le visiteur averti des tendances de l'association.

L'ensemble est grandiose. Dans un style très new age, le centre propose officiellement des cours de yoga, de taï-chi, de danse, de théâtre et de méditation. Il y a même une garderie pour les enfants et des activités qui leur sont réservées : bibliothèque, expression corporelle, ateliers de dessin. Enfin, l'espace propose des conférences sur le bouddhisme, les soucoupes volantes, la conscience, etc. Les programmes sont affichés et le public est assuré. Un peu à l'écart, au fond de la salle principale, les Starkos ont construit une mezzanine pour les séjours prolongés d'Iso dans la capitale. Il a définitivement délaissé son appartement parisien et vit à présent à Bourrygne. Cette mezzanine est le haut lieu spirituel de l'endroit. Jonchée de matelas et de fourrures synthétiques — Iso-Zen prône la défense des animaux —, elle est réservée aux initiés. De l'autre côté du salon de thé, déjà bien animé pour un début de soirée, une somptueuse salle de danse.

Au fond, une porte discrète permet d'accéder à l'espace communautaire, organisé en casemates-poulailler. C'est ici que loge la quinzaine de résidents permanents, les « animateurs » bénévoles de l'espace Futura.

C'est très beau. Malgré moi, je me sens dans mon élément. Il y a beaucoup de monde, et pas seulement des membres d'Iso-Zen. Ce nouvel esprit d'ouverture dont m'ont parlé Marie-Jeanne et Perrine est évident. L'ambiance est à la fête, à l'harmonie du corps et de l'esprit, à la communication.

Avec plaisir, je reconnais des visages : pour moi, des repères affectifs. Il y a Gwen. Il discute avec des gens que je ne connais pas. Il m'aperçoit, me sourit, comme si j'étais partie la veille. L'ange blanc n'a rien perdu de son charme. Je passe en sa compagnie une soirée délicieuse. Il est si doux, si protecteur, si prévenant. Il ne craint pas de me déclarer sa flamme, même si elle n'est pas complètement allumée… Je me laisse à nouveau séduire. Je ne rentre pas dormir à la maison.

Bernard ne me le pardonnera pas.

Mais qu'est-ce que j'ai fait ? Je ne voulais pas le perdre ! Retranché dans son orgueil d'amant trompé, il n'a pas vu que j'étais sur le fil du rasoir, que, depuis ces retrouvailles, les sirènes d'Iso-Zen m'appelaient à nouveau, que je glissais, glissais… Je n'avais passé la nuit avec Gwen que pour le réveiller, lui ! C'était un ultime appel au secours. Je voulais lui crier ma détresse, qu'il comprenne que je coulais.

Mon assurance était fausse, Bernard. Ma dureté ne servait qu'à masquer une fragilité que je n'avais pas le courage de t'avouer. Alors, à défaut de te la dire, j'ai cherché à te la montrer. Tu ne m'as pas entendue, pas comprise. J'étais sur le point de retomber, j'attendais de toi que tu me retiennes de toutes tes forces, envers et contre tout, et contre moi-même. En me rattrapant, tu m'aurais prouvé ce que, toi non plus, tu n'as jamais eu la force de me dire : que tu m'aimais, que notre amour était plus fort que tout, plus fort qu'Iso-Zen, plus fort qu'un vulgaire corps à corps sans sentiment. Un seul mot de toi, Bernard, et je renonçais à tout.

Et pourtant, Bernard n'avait jamais cru à deux années de méditation innocente. Pour en avoir le cœur net, et dans un ultime geste d'amour que j'aurais interprété, si j'en avais eu connaissance, comme le miracle que j'espérais si fort, il avait refusé de me voir sombrer : convaincu que les activités pseudo-spirituelles de l'association masquaient des agissements peu avouables, il avait organisé une expédition punitive à Futura, accompagné de ses amis. En mon absence, les responsables de Futura l'avaient éconduit tout en douceur, lui affirmant, d'un air sincèrement désolé, que j'avais désormais trouvé mon bonheur auprès d'eux, et auprès de Gwen. Que je ne tenais pas à le revoir…

XIII

La réticence

Ce n'est jamais dans l'anarchie que les tyrans naissent, vous ne les voyez s'élever qu'à l'ombre des lois ou s'autoriser d'elles.

Marquis de SADE.

Je m'installe à deux pas de Futura, rue Oberkampf chez Madia, l'une des dernières recrues. Le grand centre new age fonctionne à merveille. J'y passe presque toutes mes journées. J'ai sympathisé avec Dimitri, dont le frère est Starkos depuis trois ans. En un an, une bonne cinquantaine de nouveaux ont intégré la confrérie spirituo-artistique. Futura draine beaucoup de monde, je n'ai pas le temps de penser ni de m'ennuyer. Je chasse Bernard de mon esprit, dans un premier temps, espérant qu'il finira par sortir de mon cœur. Les souvenirs lourds de regrets s'estompent, s'effacent au profit de ma nouvelle vie trépidante. Une fois encore, je me laisse emporter par le tourbillon ensorcelant d'amis attentionnés, légers, gais, enthousiastes. Futura m'enivre. Je suis grisée.

J'avais sans doute réagi de façon excessive lors de ma fuite. J'étais trop investie de haine, peut-être... La ténèbre enveloppait mon esprit : j'étais dans un autre continuum, selon Iso. Mais ce temps de recul m'a permis de voir plus clair en moi. Je ne me laisserai plus jamais entraîner au-delà de certaines limites : le « groupe » oui, Iso non. J'accepte les bases de son enseignement, mais ses méthodes ont imprimé en moi un profond malaise. De toute façon, je ne suis pas obligée de me plier à toutes ses volontés. Un prêtre ne fait pas ce qu'il veut de ses paroissiens, Iso ne fera pas ce qu'il voudra de moi. J'entends vivre sa philosophie comme je l'entends. Je me sens assez forte pour cela.

Mon escapade m'a confortée dans l'idée que je n'ai pas ma place dans la société « extérieure ». Mes tendances idéalistes et mystiques m'empêchent d'y trouver le bonheur, et, surtout, je m'y ennuie terriblement. Les gens manquent tellement de fantaisie : tout est gris, les habits sont gris, les rues sont grises, les bureaux sont gris. Dans toute cette grisaille, Futura fait figure d'îlot paradisiaque. Et puis, Iso est loin. Je ne le vois jamais.

Futura est devenu un endroit très à la mode dans un certain milieu. Très vite, on me confie la responsabilité du salon de thé aux côtés de Dimitri. Il s'est tissé entre nous une relation amoureuse platonique qui m'aide à oublier Bernard, auquel je pense encore de temps en temps. Je concocte des salades végétariennes et des gâteaux biologiques que je vends aux visiteurs, de plus en plus nombreux. Malgré le pourcentage que je suis tenue de reverser à la trésorerie principale de l'association, je gagne plutôt bien ma vie. Et je préfère de loin faire la cuisine et papoter plutôt que tapoter sur le clavier d'un ordinateur sans âme.

Futura est en quelque sorte notre plaque tournante avec le monde extérieur. Le centre propose de nombreuses activités et nos tendances new age attirent beaucoup de personnalités, en particulier du monde du spectacle. Les artistes viennent nous voir pour parler avec nous de l'avenir de l'humanité, du cosmos, de la réincarnation... Des journalistes, curieux, nous rendent visite. Ils cherchent de l'information : Qu'y a-t-il derrière tout cela ? Qui est « l'esprit pensant » de l'association ? Nous répondons toujours la même chose : « notre vocation est strictement humanitaire et écologique ; nos activités sont essentiellement artistiques, répétons-nous comme un *credo*. Les médias ne nous intéressent pas, nous ne cherchons pas à vous attirer. Nous n'avons besoin de personne pour faire notre publicité ».

Nos prêtresses, en habit de cérémonie, minijupes et combinaisons moulantes, ne laissent pas nos visiteurs indifférents. Un grand couturier parisien offre même à une Starkis un modèle de sa toute dernière collection futuriste. Iso ne voit pas tout cela d'un très bon œil. Les relations avec l'extérieur doivent rester distantes et s'en tenir au niveau de l'information, voire de la propagande, et des activités proposées. Inquiet de voir autant d'hommes tourner autour des femmes de la confrérie, Iso finit par déclarer que le service de

« relations publiques » sera désormais exclusivement masculin. En outre, la popularité de certains de nos habitués le tourmente : il n'est plus le seul homme reconnu et adulé par les siens. Ces orbitaux risquent de lui ravir la vedette.

Nous recevons souvent la visite de Michel Jonasz. Pour Iso, ce dernier constitue une menace potentielle à son pouvoir. Certes, le chanteur fait bénéficier Futura de sa notoriété, mais Futura, c'est nous. En fait, le succès remporté par le centre ne satisfait pas le rêve de star d'Iso. Soucieux d'entretenir le culte de sa personnalité, Iso ira jusqu'à demander à Catherine, dont la mère travaille dans le show-business, de se renseigner sur la création d'un fan club. Dans le fond, certains animateurs célèbres sur de grandes chaînes de la télévision nationale ne l'ont-ils pas reçu comme un « mage » ?

J'ai peur de couver quelque chose, disait la Terre
À l'archange du Père éternel.
J'ai des hommes sur le dos et ça me dérange, disait la Terre
Pitié pour le petit personnel…

Iso n'apprécie pas les paroles des chansons de Michel Jonasz. Il est vrai qu'il revendique le monopole du mouvement écologique, humanitaire, et tout ce qui pourrait dorer son blason.

Nous débordons d'initiatives et d'activités. Iso-Zen est en pleine expansion. Notre fourmilière se démène pour rentabiliser Futura, payer le loyer des locaux somptueux et faire des bénéfices. Notre groupe rock, les Transpulseurs, commence à recueillir un certain succès. Leurs chansons sont souvent écrites par Iso :

Passer dans la vie sans savoir pourquoi
Cela te suffit à toi, pas à moi...

Leurs concerts drainent de plus en plus de monde, donc de plus en plus d'argent. En outre, nous sommes tous invités à verser une cotisation de dix pour cent de nos revenus à l'association. C'est le minimum exigé. Le plafond est laissé à l'appréciation de chacun, selon ses ambitions hiérarchiques... Quelques parents naïfs continuent d'envoyer une pension à leurs enfants. Ces derniers grimpent à une vitesse folle dans la hiérarchie.

Gwen et Héléna ouvrent un restaurant à Orléans, à mi-chemin entre Bourrygne et Paris, qu'ils ont baptisé *L'œuf-Nid*, homonyme approximatif d'Ovni. C'est désormais notre étape-détente avant les grandes réunions chez Iso. À Fontenay-sous-Bois, des garçons montent une coopérative biologique. Nous vendons aussi des objets de première nécessité pour les lendemains de l'Apocalypse : du couteau suisse aux barres chocolatées énergétiques, en passant par la combinaison spatiale multipoches... Pour ma part, par le biais du Sentier, je fournis des vêtements cosmiques au groupe, très appréciés d'Iso. Les fabriquants me font un prix de gros, et je réalise une marge correcte en les revendant aux Starkis. Les bijoux fantaisie de Gaëlle rapportent des sommes importantes. De nouveaux ateliers d'orfèvrerie se sont développés.

Nous construisons également des vaisseaux spatiaux, symboles prestigieux de notre future cité cosmique, celle où nous trouverons refuge au lendemain de l'Apocalypse. Ils sont blancs, en forme d'œuf, en résine, le hublot du dessus est en Plexiglas. Le tout tient sur quatre pieds. Ils sont proposés au prix de trente mille francs pièce. Nous en vendrons plusieurs et nous en offrirons un à Iso, qu'il utilisera pour des opérations très privées dont j'ignore la nature, et réservées aux grandes prêtresses. Le généreux couturier déjà évoqué nous empruntera l'une de nos maquettes de cité cosmique pour les besoins de sa publicité. Le style Iso-Zen a le vent en poupe…

Zali emploie des garçons pour l'entretien du château de sa mère à Persouilles. L'argent circule ainsi en circuit fermé. Zali a d'ailleurs démissionné de l'hebdomadaire pour jeunes où elle travaillait. Quelques correctrices et traductrices sont régulièrement employées par des maisons d'édition. Nous avons également une petite imprimerie qui nous permet de réaliser nos tracts. Nous comptons aussi des professeurs de dessin, de philosophie, des instituteurs et institutrices enseignant dans des écoles publiques, et des animateurs spécialisés. Plusieurs sociétés de communication et de formation en entreprise ont fleuri et sont prospères.

Nous possédons une fabrique de biscuits biologiques, installée dans les communs du château de Persouilles. Les fonds nécessaires ont été avancés par le père d'un adepte. Nos biscuits maison, commercialisés sous la marque Plaiciso*, connaissent un tel succès que la licence nous sera rachetée à un prix très intéressant par un industriel de l'alimentation biologique. Iso-Zen a ses entrées dans la plupart des boutiques et restaurants diététiques ou végétariens et nos produits sont très largement distribués.

Nous avons aussi créé une société de prestations audiovisuelles : photo, vidéo, laser, etc. Crisal*, c'est le nom que nous lui avons donné, qui propose des animations plutôt avant-gardistes pour l'époque, se développe très vite.

Enfin, nous réunissons plusieurs ateliers de couture et d'artisanat, et nous gérons une boutique de prêt-à-porter rue du Faubourg-saint-Honoré.

Parmi les activités un peu moins officielles, une dizaine de garçons part régulièrement en Belgique et en Hollande pour acheter des camions à bas prix et les revendre en France au prix fort. La taxe douanière est perçue à Persouilles, en zone Internelle, par le trésorier principal de notre association à but non lucratif.

Grâce à tout cet argent, nous achetons une péniche que nous baptisons *La Lumineuse**, amarrée à Issy-les-Moulineaux, où nous nous réunissons régulièrement. Pour la rentabiliser, nous la louons souvent à des particuliers ou à des sociétés pour l'organisation de séminaires ou de soirées privées.

Savoir utiliser notre argent « à bon escient » fait partie intégrante de notre initiation. Si l'un ou l'autre d'entre nous est détenteur d'un héritage, il lui est vivement conseillé d'élever le niveau énergétique de cet argent gagné, hélas, par des parents chargés de puissances non normalisées. Afin de ne pas s'en trouver alourdi, nous avons la possibilité de nettoyer cet argent sale dans la matrice du groupe. Une fois purifié, il renaîtra pour le bien commun. Et nous sommes toujours tenus d'acquitter notre dîme de dix pour cent. Et plus nous donnons, plus nous consolidons notre investissement dans le travail spirituel collectif.

Outre le fait que l'argent versé par les adeptes sert la cupidité et la volonté de puissance du gourou, l'importance des dons cumulés au bout d'un certain temps retient ceux qui pourraient être tentés de partir : ils n'ont pas payé tout cela pour interrompre leur engagement en cours de route... Ils n'ont pas donné autant d'argent pour rien. Tant que l'adepte reste dans le groupe, il a le sentiment de ne l'avoir pas vraiment perdu.

Au cœur d'Iso-Zen, Futura fait un peu figure de monde à part. Nous sommes moins enclins à nous soumettre aux instances du maître qui travaille en haut lieu avec les élus à Bourrygne. Je ne l'ai pas encore revu depuis ma réintégration. Il ne vient que très rarement à Paris pour, dit-il, contrebalancer l'énergie que nous perdons dans les plans extérieurs au travers de nos activités sociales et artistiques.

Pour le reste, Iso n'a pas à s'inquiéter : les lèche-bottes de service, comme il en existe partout, se chargent des comptes-rendus détaillés hebdomadaires.

C'est ainsi qu'un beau jour, notre maître à penser décrète que les Transpulseurs soulèvent de la ténèbre avec leur musique rock. Nous nous voyons donc dans l'obligation de mettre un terme à ces concerts sataniques qui n'attirent à nous que la racaille, les plans infernaux de la société de consommation.

Iso n'accepte pas la réussite en dehors de lui. Tout succès, toute notoriété ne doit avoir qu'un seul but : la propagande, pour attirer de nouveaux adeptes, accroître son pouvoir.

De passage exceptionnel à Paris, Iso organise une réunion générale à Futura. J'y assiste. J'ai acquis suffisamment de recul. Afin d'honorer mon retour, il me prie de m'asseoir à ses côtés. Il veut me flatter, m'encenser, m'ensorceler.

— Nous sommes très heureux de t'accueillir, Isabelle. Tu nous as manqué. Surtout, nous avons eu peur que tu ne t'enlises trop loin dans les sables mouvants des apparences de la société extérieure. Toutefois, je dois reconnaître que tu es très forte, car ce petit séjour t'a permis de nettoyer certains de tes plans profonds. À présent, je te sens à même de t'engager de manière plus aiguë dans notre programme. Nous avons beaucoup évolué depuis que tu es partie. Désires-tu revenir vivre avec les Angelines ? Je suis d'ailleurs très étonné que tu ne me l'aies pas encore demandé…

Comme il est sûr de lui ! Mon retour a signé son triomphe. Je ne veux pas l'affronter devant tout le monde.

— Pas pour l'instant, Iso. Je viens d'arriver, et je ne sais plus très bien où j'en suis. J'ai besoin de temps.

Il paraît déçu de mes hésitations :

— Ne tarde pas trop quand même. Après, il sera trop tard.

— C'est une décision importante, Iso. Je ne veux pas, comme la dernière fois, la prendre à la légère.

— Réfléchis bien, insiste-t-il, ton circuit pointu me serait très utile parmi les Angelines.

J'en sais trop. Mieux vaut pour Iso m'avoir à ses côtés.

Revenir, oui. Mais subir à nouveau, non. Sous mes airs de petite fille repentie, le bras de fer commence.

Insidieusement, mon petit voyage à l'extérieur a tout de même ébranlé quelques certitudes. Certaines Starkis rêvent aussi de prendre le large, de s'éloigner d'Iso pour aller vivre dans les autres communautés du groupe. Les adeptes sont plus agréables à vivre que leur maître… Des filles consacrées depuis plus de trois ans commencent à étouffer. Iso doit parer à cette menace qui pèse sur son pouvoir. Pour mieux régner, il va donc, une fois de plus, diviser le groupe.

Isolé, l'adepte n'est pas dangereux. Dès que le gourou sent l'émergence d'un clan, d'une poche de résistance, d'influence ou de pouvoir, il casse, broie, écrase, anéantit.

Quinze chefs sont donc désignés, appelés à former quinze « familles ». À charge pour chacun de prendre plusieurs femmes sous sa coupe. Cette nouvelle polygamie ne tiendra pas longtemps. Très vite, Iso se heurtera au désir d'indépendance des femmes.

Il nous fait part de sa lassitude face à ce qu'il appelle le « laisser-aller général », une attitude qui conduit à l'inévitable appauvrissement spirituel. Si nous jouissons du privilège de vivre à ses côtés, ce n'est pas pour nous amuser entre nous, même si nous éprouvons du plaisir à être ensemble, mais pour accéder progressivement à l'état de mutants cosmiques. Nous ne devons pas oublier que le jugement dernier approche.

— La ténèbre envahit le groupe ! clame-t-il. Le niveau vibratoire baisse. Les relations amoureuses handicapent votre esprit et font chuter le niveau spirituel général. Je suis las de vous porter.

Nous l'écoutons sans broncher, tête baissée.

— On m'a rapporté qu'il se trouve parmi vous quelques amazones impénitentes qui aimeraient soumettre les hommes à leurs moindres volontés. Méfiez-vous, messieurs ! Vous vous videz énergétiquement pendant vos ébats, dégoulinant d'affection, d'*infection* ! Et je vous signale que si ces deux mots ont la même racine, ce n'est pas un hasard. « Ma chérie », grimace-t-il, caricaturant nos dialogues amoureux, « je te retrouve ce soir, nous batifolerons ensemble… »

Il ridiculise, humilie, rabaisse pour que chaque adepte, culpabilisé, adopte un profil bas, soit un peu plus déstabilisé. En se moquant des femmes, il pousse les hommes à des sentiments de misogynie primitive, semant la zizanie au sein des couples déjà bien malmenés.

Pour Iso, la « femelle » est la « fée-mal », la fée du Mal. Si un être s'est réincarné en femme, il a « formalisé », c'est-à-dire matérialisé, sa dimension d'âme. La femme a donc un homme en dessous d'elle. La femme est un homme déchu qui, dissimulé derrière ses froufrous, se venge de sa condition en assujettissant l'homme. L'être réincarné en homme, en revanche, a su garder sa dimension d'âme à l'intérieur de lui. Il ne l'a pas extériorisée : elle est restée pure, immatérielle. De même que le fils rédempte la mère, l'homme initié peut rédempter la femme.

— Vous passez des nuits entières à dilapider vos forces. Vos faisceaux de lumière s'éclatent dans la ténèbre. Chevaliers de l'Internel, la vie que vous avez choisi de mener avec moi est un combat de tous les jours sur vous-mêmes ! Au lieu de crucifier vos corps, crucifiez vos penchants malsains, bassement humains ! Ne doit subsister en vous qu'un seul désir : vous élever pour fusionner avec le divin !

Quelques murmures parcourent la salle. Il réclame notre concentration. Nous allons aborder une nouvelle phase. Iso récite les mots magiques qui, bien que je m'en défende, continuent d'exercer une étrange fascination sur la mystique qui vit toujours en moi :

— Vaisseau 246, porte 12…

Iso ordonne aux Starkos de former un cercle devant lui, face à l'assemblée. Les pantins obéissent.

— Chevaliers d'entre les mondes, contrôleurs numériques investis par la conscience, étendez votre champ de communication. Comme ma personne lors des mutations, vous allez désormais assumer une coupe de femmes. Ainsi le groupe sera assaini par en dessous. À présent, que celles qui se sentent prêtes à tenir la coupe subtile des Starkos se répartissent devant leur nouveau seigneur. Attention, mesdemoiselles : vous ne devrez plus entretenir aucune relation avec un autre homme, il y va de l'avenir de notre mission sur Terre, votre engagement est de nature sacrée !

Chaque nouvelle ordonnance extorque le peu d'intimité qu'il nous reste. Un peu à l'écart, je désespère de voir mes amis s'agiter et se déchirer sous mes yeux. Nous ne sommes pourtant pas ensemble pour en arriver là ! Comment concilier nos motivations spirituelles et notre recherche de l'harmonie avec cette lutte de plus en plus contraignante contre nous-mêmes, contre nos désirs les plus intimes ?

Aucun lien amoureux et durable n'est toléré. La stabilité affective menace la toute-puissance du gourou. Rien ne doit être stable : ni le temps, ni les liens, ni le mental. Seules doivent être stables la dévotion et la soumission totale au gourou. Il entretient les rivalités féminines, exploite les vanités, les jalousies amoureuses. Beaucoup d'entre nous sont entrés dans le groupe en couple. Après la rupture avec la famille, les parents, le lien avec le com-

pagnon ou la compagne « d'avant » constitue le dernier point d'ancrage dans la vie qui a précédé l'intégration à la secte, un dernier espace de réalité dans la folie ambiante. Le gourou doit donc s'attacher à le détruire. Lorsque le couple est séparé, les derniers repères s'effondrent. Ainsi, peu à peu, le gourou annihile toute forme de sentiment. Les seules émotions encouragées sont l'orgueil et la peur. Et rapidement, ces dernières dominent les sentiments anesthésiés d'amour et de révolte. Peu à peu, la secte grignote la personnalité de l'adepte, jusqu'à son anéantissement. Une sorte d'Alien virtuel...

Pendant ce temps, les filles, vaincues, déchirées entre leur désir propre et celui d'Iso, vont une à une se ranger auprès d'un Starkos dont elles n'ont que faire, renonçant par leur engagement à tout geste d'amour avec un autre garçon qu'elles aiment peut-être. Je ne bouge pas. Comme les mauvais élèves au fond de la classe, je reste collée au radiateur, derrière tout le monde. Je suis partie de mon plein gré, revenue de ce que je crois aussi être de mon plein gré. J'ai l'illusion d'être forte, suffisamment pour décider moi-même de ce qui est bon pour moi. Je ne veux plus jouer à être obéissante.

— Celles qui ne s'engagent pas aujourd'hui ne sont donc pas prêtes à s'élever, conclut le maître en coulant sur moi un regard d'acier.

Un matin, dans la cuisine de Futura, alors que je coupe des parts de tarte aux pommes, je rencontre

Noé. Nous nous connaissons à peine, il n'habite pas ici. Décorateur d'intérieur, il est installé à Énerga, la communauté d'Asnières. Blond aux yeux bleus, il appartient à la race supérieure des « Aryens ». Il est arrivé chez nous par son amie d'enfance, Lydie, une Starkis.

Son calme me séduit tout de suite. Quelque chose en lui est différent. Il a su garder un langage simple, dépouillé des artifices spritualo-cosmiques. Je me sens vite en confiance. Lorsque j'ose évoquer ma rébellion, il ne m'en fait pas reproche. Au contraire, il semble l'apprécier. Lui-même a toujours tenu à maintenir un certain ancrage dans la réalité par le biais de son travail : un pied dehors, un pied dedans, telle est sa devise.

Il promet de revenir plus souvent à Futura et m'invite à lui rendre visite à Énerga. De toute façon, nous allons bientôt nous revoir, à la prochaine grande réunion générale organisée par Iso.

Je me rends à Bourrygne le cœur léger. Je n'y vais que dans l'espoir d'y croiser Noé. Lorsque j'arrive, la réunion a déjà commencé. Iso semble préoccupé.

— Mes enfants, j'ai beaucoup réfléchi. Et j'ai quelques craintes concernant le salut de vos âmes. Nos nombreuses organisations drainent tellement d'orbitaux, elles vous tirent par en dessous...

Du fond de la pièce, j'observe l'assemblée. Tout près de Ios, les Angelines semblent exténuées. Elles luttent difficilement contre le sommeil. Moi aussi, j'ai connu ces états de vide et de fatigue qui vous laissent à tout instant au bord de l'évanouissement et de la démence. La frontière est si ténue...

Les troubles psychiques qu'entraîne la privation de sommeil peuvent aller jusqu'à une véritable psychose. L'adepte, à l'origine sain de corps et d'esprit, devient alors un malade mental. Sa psychose se caractérise par la perte du contact avec le réel et l'altération foncière du lien interhumain.

Il y a là ma cousine Alice. Je ne l'ai pas reconnue tout de suite, elle s'est décoloré les cheveux. Depuis qu'elle s'est consacrée, elle m'évite. Je n'arriverai pas à échanger un seul mot avec elle. Je suis désormais exclue de l'unique centre d'intérêt qu'elle croit s'être choisi. D'ailleurs, elle n'est plus la même. Il n'y a pas que ses cheveux qui ont changé. Elle semble lointaine, éthérée. Étais-je moi aussi dans cet état, il y a tout juste un an ? Mon Dieu, qu'ai-je fait de sa vie ? Si je ne lui avais jamais téléphoné ce jour funeste, qui serait-elle aujourd'hui ? Victimes, nous sommes tous un peu coupables.

De même, Marie-Jeanne semble fuir mon regard — c'est pourtant la dernière fois que je la vois : une semaine plus tard, elle quittera le groupe.

Je ne suis pas consacrée, je n'ai pas le droit de me mêler aux Angelines. Nous n'avons plus le même niveau vibratoire. En m'évitant, elles se protègent. À mon contact, elles se chargeraient énergétiquement. Peut-être éprouvent-elles aussi quelque mépris à mon endroit. Je ne leur en veux pas, ce n'est pas de leur faute, je sais bien que c'est Iso qui leur met ces idées de supériorité dans la tête. Il n'a de cesse de nourrir leur narcissisme déjà exacerbé. La vérité, c'est que pour lui je constitue une menace potentielle. Je suis une insoumise. Si ses femmes continuaient de me fréquenter, je risquerais de leur transmettre mon « feu ténébreux », mon désir d'émancipation. Au fond d'elles-mêmes, je sais qu'elles m'aiment bien et qu'elles souffrent.

Iso prend place sur son trône de velours bleu, ses Starkis à ses pieds.

— Mes pauvres enfants, vous semblez épuisés. Je sais combien vous êtes attachés à Futura. Ce centre est une grande réussite, et je vous en félicite. Mais c'est aussi beaucoup de travail, et une déperdition énergétique considérable pour l'ensemble de l'égrégore. Et si nous tirons trop par en dessous, les anges vont couper la communication. Vous n'avez plus le temps de muter toutes les énergies qui se soulèvent, elles coiffent vos faisceaux. Par de trop fréquents contacts avec les orbitaux, vous vous engloutissez dans la matière. Tous ces orbitaux qui passent ne viennent que pour s'approprier notre lumière ! Vous n'avez pas la Clairvoyance, et Futura se trouve désormais en zone dangereuse. Il est temps pour moi de vous extraire de cette société de perdition. Paris est très chargée et nos activités ne rapportent plus assez d'argent. Futura est devenu un poids, j'en suis le premier affligé.

Pas rentable, Futura ? Avec tout ce que rapportent

les cours, les conférences, le salon de thé, les cotisations… Je ne le crois pas. Il ment.

— C'est pourquoi j'ai décidé, pour le salut commun, de vous rapprocher de ma protection. Vous allez louer des maisons dans les environs de Bourrygne. Ce seront vos « résidences secondaires », vous y passerez vos week-ends. Ainsi je pourrai vous voir plus souvent et je contrôlerai mieux vos circuits. L'air pur de la campagne vous fera le plus grand bien.

Iso voulait surtout se faire un peu oublier. Notre association, par le biais de Futura, s'ouvrait trop à l'extérieur. Les médias se faisaient de plus en plus insistants. La langue de bois a ses limites. Il y avait danger, risque d'infiltration du groupe par des indésirables. On avait déjà vu des journalistes se faire passer pour des futurs adeptes. Et puis le succès de Futura risquait d'intéresser les agents du Fisc. Iso ne tenait pas à ce qu'ils viennent mettre leur nez dans ses affaires. Les filles d'Iso-Zen, plutôt jolies et charmeuses, attiraient les visiteurs. Ces derniers n'étaient pas toujours dépourvus de charme : elles-mêmes risquaient un jour de tomber amoureuses et de se laisser entraîner à l'extérieur. Elles pourraient parler, raconter la face cachée d'Iso-Zen et de son prophète.

En quelques mois, Futura disparaît. Lorsque nous rendons le local à ses propriétaires, ils frôlent la crise cardiaque. Nous n'avons même pas pris le temps de démonter les casemates et nous avons laissé les matelas de satin pastel, témoins de nos pratiques décadentes. À la place de leurs appartements, ils retrouvent des cabines de vaisseaux spatiaux... En démontant nos décors solidement cloués, nous laissons des trous béants dans les murs.

Bientôt, une dizaine de communautés surgissent autour de Bourrygne. Les villageois, d'abord soupçonneux, abandonnent vite leur méfiance. Les commerçants sont les premiers à nous apprécier : des jeunes, ça consomme. Nous dévalisons les boulangeries et les épiceries du coin. Les habitants nous remercient même de redonner vie à leur village. Pour eux, nous ne sommes que de joyeux inoffensifs. Végétariens, certes, un peu mystiques, bizarrement accoutrés, mais gentils, et puis, surtout, nous sommes tous si polis !

Certaines communautés, exclusivement féminines, sont spécialement aménagées pour les mutations. Partout où nous passons, nous semons des cristaux, dans les étables, dans les champs... Les invisibles doivent pouvoir nous repérer où que nous soyons. Dans les granges, nous disposons des matelas de tissu et des coussins multicolores. Chaque maison est organisée pour accueillir les assemblées générales, de plus en plus fréquentes. Car il s'agit bien de « resserrer nos plans profonds », tellement « éclatés » à Paris...

Je suis consternée par la fermeture de Futura. Pourtant, à ce moment-là, je n'y attache pas trop d'importance. J'ai la tête ailleurs. Je passe de plus en plus de temps à Énerga, auprès de Noé. Bientôt, j'emménage dans un petit appartement près d'Asnières avec les danseuses des Transpulseurs, Marilou et Domi. Bernard est bien loin, désormais. C'en est fini de la folle passion, violente et déchirante. Elle ne m'avait menée à rien : au vide. Avec Noé, je vis une relation sereine, sécurisante. Nous n'avons encore jamais dormi ensemble. C'est l'un des avantages du tantrisme que de faire durer les jeux de la séduction. Noé me comprend, il respecte mes idées comme il respecte mon corps. Notre complicité échappe au regard d'Iso. Nous restons discrets : Noé est chef de « famille ». Parfois, le soir, nous nous évadons, nous allons boire un verre à l'extérieur. Ivres d'amour et de jus d'oranges, nous goûtons à nos lèvres débordantes de promesses.

Je suis heureuse. J'ai un amour, un groupe d'amis qui partagent mes aspirations spirituelles et mystiques. Peu importe Iso, Noé me protégera de lui. Avec Noé, je me sens invulnérable. Tant qu'il sera dans le groupe, je resterai.

Pourtant, Iso se montre toujours plus exigeant. Aujourd'hui, il réunit toutes les femmes à Bourrygne. Les hommes sont priés d'attendre dehors.

— Mes Angelines ne me suffisent plus pour muter toutes les énergies du groupe. Je n'ai plus assez de relais cosmiques. Nous nous préparons à passer une porte d'extrême importance. Je vais avoir besoin de tous vos faisceaux. Il faut donc, pour un temps, que toutes les femmes se consacrent. Mesdemoiselles, vous êtes toutes prêtresses de l'Unité divine cosmique dont je suis l'ambassadeur sur cette Terre. Nous n'avons plus le choix. Le processus programmé par la Conscience Supérieure est inéluctable. Nous devons nous y plier. L'heure du jugement dernier approche !

Je sens remonter des souvenirs enfouis très loin. D'anciennes peurs s'insinuent en moi, des souvenirs lourds d'angoisse, d'épuisement, de perte de moi-même. Iso ne tient plus en place. À plusieurs reprises, ses yeux cherchent les miens. Je m'affole. Sans Noé, je me sens fragile. Et moi qui me croyais si forte...

— Nouvelles appelées dans la voie de la Rédemption, postulantes à la consécration, levez-vous !

À ma grande stupéfaction, comme un seul corps, toutes les filles se lèvent. Le regard d'Iso parcourt l'assemblée à la recherche des éventuelles rebelles. Nous sommes quatre. Quatre sur au moins cent cinquante. Il me fixe un moment, se lève, glisse quelques mots à l'oreille de Joana, et s'en va. Puis, emmené par Joana, le troupeau des consacrées quitte les lieux. Nous restons toutes les quatre à attendre. Au loin, nous entendons les voitures démarrer.

Iso connaît la seule raison qui peut nous donner le courage de lui tenir tête : le péché de la chair, l'amour, l'attachement à un homme autre que lui. Tout ce qu'il méprise et s'acharne à détruire.

Moins d'une heure plus tard, pendant que nous buvons un thé en papotant sur les conséquences de notre refus, Pierre nous rejoint, flanqué de quelques Starkos. Très grave, il prend la parole :

— Ma mission cette nuit est de vous tirer vers le dessus. Je dois vous convaincre de vous consacrer.

Affalée sur les coussins, engourdie de fatigue, je ne l'écoute pas. La nuit promet d'être longue, mais le départ d'Iso m'a apaisée.

— Isabelle, insiste-t-il. Tu as déjà creusé un trou considérable quand tu es partie. Pendant près d'un an, tu n'as pas donné de tes nouvelles. Nous avons perdu beaucoup de temps et d'énergie à te convaincre de réintégrer ta vraie famille. Lorsque tu es revenue, nous t'avons pardonnée. Pourtant, ta trahison a perturbé nos faisceaux, et nous avons pris tant de retard à cause de toi. Et aujourd'hui encore, tu nous handicapes avec ta mauvaise foi !

Non, je ne suis pas de mauvaise foi. Je ne l'ai jamais été. J'ai toujours été motivée par des élans sincères. Mon intégrité dans le groupe est même allée jusqu'à l'intégrisme. Et j'en suis revenue. Cela ne leur suffit-il pas ? Cela ne prouve-t-il pas ma bonne foi ?

— Je n'ai trahi personne !

Déjà, en hurlant cela, je me sens moins forte. Tout à l'heure, quand j'ai refusé de les suivre, j'ai senti la centaine de paires d'yeux posés sur moi. Les reproches étaient tangibles, même de la part de mes plus proches amies. C'est vrai, je les ai abandonnées, une fois de plus. En refusant la consécration, je dérange. Je les empêche d'avancer. Je me sens coupable. Mais c'est plus fort que moi. Un réflexe d'auto-protection me retient. Je ne peux pas, je ne veux pas me consacrer à Iso.

— Isabelle, as-tu une raison de refuser la consécration ? finit par me demander le malheureux Pierre, à trois heures du matin.

Il m'inspire presque pitié.

— Pierre, j'ai déjà été consacrée. Je n'en ai plus envie, c'est tout.

— Les choses ont changé, tu le sais bien...

— Je suis amoureuse de Noé.

Stupeur.

— Et c'est pour ça que tu refuses de te consacrer ? Et qui te dit que Noé veut de toi ?

— Je le sais.

— Dépasse tes désirs humains, Isabelle !

— Je ne peux pas dépasser ce que je connais pas !

Son regard est glacial. Je fais passer mon petit bonheur personnel avant le salut commun. Mon attitude est méprisable.

Pierre invite mes trois compagnes, vaincues, à le suivre à Bourrygne. Il se retourne vers moi, dédaigneux :

— Isabelle, nous te laissons seule pour réfléchir aux conséquences spirituelles de ton refus.

Le lendemain, après une nuit trop courte, Iso revient à la charge. Il est accompagné de toutes ses femmes. Leurs regards sont autant de flèches. Pourtant, parmi ces filles, je compte des amies. Il faut que je leur explique, je ne leur veux aucun mal, je ne veux causer de tort à personne. J'aime Noé, je désire rester auprès de lui, c'est tout. Et cela, elles pourront sûrement le comprendre. Je lève la main pour demander la parole.

— Iso, je voudrais te dire que mon refus ne signifie aucune agressivité à ton égard. Je ne me consacre pas parce que je suis amoureuse de Noé, c'est tout.

Pensif, il serre son menton entre le pouce et l'index.

— Non, ma petite chérie. Tu es dans l'erreur. Je vais t'expliquer pourquoi tu as agi ainsi. Noé n'est pour rien dans ton choix. Tu crois qu'il t'aime, tu crois l'aimer, mais c'est une illusion. Si tu ne grimpes pas cette nouvelle marche, si tu restes encore une fois en arrière, c'est à cause de ton circuit juif. C'est une évidence. Je ne peux pas te contrôler en plan profond. Les Juifs ont des puissances trop horizontales pour ma verticalité en perpétuelle communication avec les entités célestes. Ta réaction est donc normale, tu es trop lourde à porter. Et puis, tu as eu une enfance difficile, tu débordes de haine, n'est-ce pas ?

La voix est doucereuse. Il jongle avec mes démons. Sa fierté en a pris un coup. Il ne tolère pas l'ombre d'une résistance à sa volonté. À cause de mes circuits juifs ! Elles ne le gênaient pas trop, pourtant, deux ans plus tôt, mes puissances horizontales… Un jour, je saurai lui renvoyer son image.

En attendant, il m'a humiliée, ridiculisée, salie devant cent trente filles. Devant mes amies, mes sœurs, ma seule famille. Soudain, je le hais. Qu'imagine-t-il ? Que je vais consacrer ma vie à sa divine grâce ? Assouvir ses fantasmes tordus des nuits entières pour me rédempter ? Rencontrer enfin les dieux à force de me masturber ? Non, non et non ! Là est ma limite.

J'ai tellement besoin de voir Noé, qu'il me rassure. Où est-il ? Que va-t-il penser de tout cela, de mon refus ? Et s'il me rejetait ? Pour la première fois depuis mon retour, je sens monter une vague d'angoisse. À nouveau, je ressens cette envie de hurler, mais pas un son ne sort de ma bouche. Pourquoi, où que je sois, quelle que soit ma famille, je ne suis jamais comme les autres ? J'aimerais tant pleurer, me laisser aller sur l'épaule de Noé, j'ai tellement besoin d'être aimée, cajolée, réconfortée... J'ai peur, peur d'Iso. J'ai blessé son orgueil, il ne l'oubliera pas. J'aimerais tant partir. Seul Noé me retient. Et Noé, aujourd'hui, c'est toute ma vie. Si je n'ai plus grand-chose à partager avec les gens d'Iso-Zen, je sais aussi qu'en dehors d'eux, je n'ai plus rien.

Une main prend doucement la mienne. Iso m'entraîne à la suite des autres filles dans la grange. Il est gentil avec moi. Je n'ai pas le droit de le repousser. Je me laisse guider.

Comme les autres, je me retrouve en position zen sur l'un des matelas de satin. Iso est assis au milieu de nous. Nous allons muter. Je le ferai pour Noé, par amour pour lui, pour ne pas le perdre. Je n'ai plus que lui.

— Retirez vos enveloppes et commencez à vous caresser lentement, mes chéries. Les invisibles attendent un paroxysme puissant, aujourd'hui. Je suis là pour vous soutenir. Je suis à vous, je vous aime, je suis votre père, votre frère, votre amant... Vous m'étiez destinées...

Il ferme les yeux.

— Vous libérerez votre paroxysme à mon signal, pas avant. Je contrôle les opérations à partir d'une dimension supérieure.

Il se lève pour prodiguer les attouchements rédempteurs. Il caresse, pince, claque ou mord les chairs docilement offertes.

Il ne me touche pas. Il connaît le degré de soumission de chacune d'entre nous. Il sait qu'avec certaines il peut, avec d'autres pas.

— Je veux entendre vos doux soupirs. Je suis l'homme cosmique, réalisé par vous, mes fées...

Dissimulée entre deux filles bien en chair, je simule les gestes. Iso respire bruyamment.

— Dites-moi que vous êtes avec moi, que je suis en vous...

Et les fidèles de répondre :

— Oui, Iso... Oui, oui, Iso...

Je me sens enveloppée d'un suave parfum d'encens. La musique douce de Michaël Franck berce nos efforts.

Je soulève discrètement les paupières : Iso s'est mis à danser, décrivant langoureusement de larges cercles avec son abdomen grassouillet. Pittoresque copie de danseuses orientales. Les soupirs s'orchestrent, certains en grave, d'autres en aigu.

— Vous êtes merveilleuses ! Mes maîtres vous saluent. Ils vont émettre un rayon énergétique pour vous recadrer. Tenez-vous prêtes, vous allez le sentir passer en vous…

La tension atteint son point culminant. L'air est moite, saturé d'humidité. Au signal d'Iso, dans un souffle commun, les cris stridents des prêtresses du tantrisme en extase révèlent le passage du rayon cosmique.

Iso se balance d'avant en arrière. Sa respiration est rauque : il aspire l'effluve de nos spasmes en vue de les transcender. Il ira ensuite s'isoler dans ses appartements privés, se reposer auprès de ses favorites. Les mutations le fatiguent beaucoup.

Deux heures plus tard, je retrouve Noé à Parpeçay, la communauté villageoise des blonds, à une cinquantaine de kilomètres de Bourrygne. Nous rentrons à Asnières en voiture.

Ce soir, c'est décidé, je dors avec lui à Énerga. Je ne suis pas consacrée, j'ai donc tous les droits.

Officiellement, m'explique Noé, tout le monde est consacré. Tout rapport physique est prohibé jusqu'à nouvel ordre. Le moindre écart sera rapporté et puni.

À Asnières, on m'attribue une casemate pour la nuit. J'attends que la nichée soit endormie pour me faufiler jusqu'au grenier de Noé.

Et là, dans sa casemate, nous goûtons nos corps pour la première fois.

Notre amour sera plus fort que la haine d'Iso. Noé me protégera. Je suis prête à le suivre jusqu'au bout du monde.

XIV

En route pour la cité cosmique

Dans l'ensemble, les hommes étaient des créatures frêles et lâches qui ne pouvaient endurer la liberté ni faire face à la vérité, et devaient être dirigés et systématiquement trompés par ceux qui étaient plus forts qu'eux.

George ORWELL, *1984*.

Tard dans la matinée, je croise Sylvette. La sainte de l'espace a l'ouïe fine.

— Dis donc, Isabelle, j'ai entendu de drôles de bruits cette nuit. Tu étais avec Noé ?

— Oui, mais nous n'avons rien fait de mal. Tu sais, Sylvette, je connais l'importance de la consécration : j'ai été Angeline !

La pauvre fille me croit. Endoctrinée, elle ne peut imaginer un seul instant désobéir.

Nicky aussi a « entendu ». Nicky est très amoureuse de Noé. Sa réaction me laisse perplexe :

— Je vous ai entendus, hier soir, Noé et toi. Vous auriez tout de même pu m'appeler !

Interloquée, je hausse les épaules et passe mon chemin. Cette fille est folle. Elle ne me laisse plus en paix. Chaque fois que je la croise, elle y va de sa petite réflexion. Parfois, elle se montre carrément agressive :

— Tu es un serpent noir, Isabelle ! C'est pour cela que tu as vampirisé Noé. Tu l'as hypnotisé avec tes charmes de sorcière séternelle. Lydie et toutes les Starkis sont pour moi. Je ne peux pas lutter contre toi, je suis d'une race trop subtile. Je suis une Éternelle, je n'ai pas ta force noire séternelle ! Mais je reprendrai Noé. J'attendrai qu'il te quitte. Tu n'es qu'un incident de parcours. Noé doit dépasser certaines illusions avant de me revenir. Je suis de la race de ses pères, les Éternels, les blonds aux yeux bleus. En me rejetant, c'est lui-même qu'il rejette. Un jour, il comprendra.

Pauvre Nicky… Quand elle n'est pas virulente, elle est triste. Le Rimmel assombrit ses larmes. Elle pleure souvent, comme trop de filles ici. Parfois, elle marmonne tout bas. La folie la gagne, elle aussi.

Lydie, Starkis depuis plusieurs années, ne m'aime pas non plus. La puissante Juive risque de détourner le subtil Aryen de la discipline cosmique. Et ça, elle ne saurait le supporter. Noé est son plus cher ami d'enfance. C'est elle qui l'a fait entrer dans le groupe. Elle tient à ce qu'il reste chaste et pur.

Pour de savantes raisons ésotériques, où il est question de serpent, de matière et d'esprit, Iso change à nouveau de nom : nous devons désormais l'appeler Ios.

Pour fêter le passage de cette nouvelle porte énergétique, symbole de notre ascension vers le divin, nous allons organiser un spectacle qui s'intitulera « Le Festival des arts ». Monté à l'intention de nos familles et de nos amis, il aura pour but de les éclairer sur nos activités spirituelles et artistiques et de les rassurer sur les fréquentations de leurs enfants. Le Festival des arts sera l'occasion de présenter toutes nos créations : nos livres, nos dessins, nos gâteaux, nos bijoux ; nous proposerons également une initiation à la méditation, une séance d'aïkido, une représentation de danse et une introduction au yoga. Le tout s'achèvera par un grand repas végétarien.

Le jour J, plus d'une centaine d'invités sont de la fête. Je n'ai convié personne. Je ne vois plus ma famille. Je me contente de passer de temps à autre un petit coup de fil à ma mère, l'assurant que tout va bien. Ios se limite à de furtives apparitions, aussi sobres que brèves. Nous le présentons comme le « mécène » de nos associations. Un danseur américain, Johnny, fidèle depuis Futura, certifie aux parents sceptiques qu'aux États-Unis, on compte des milliers de communautés comme la nôtre.

Notre festival remporte un franc succès. Les familles partent rassurées sur les occupations peu ordinaires de leurs enfants. Ces derniers leur sont apparus épanouis, ils semblent mener une vie saine et honnête. Le succès de notre fête nous rassure autant que nos parents. Nous oublions pour un temps les jalousies internes. Ios nous félicite pour nos prestations :

— Les êtres extérieurs ne sont pas en mesure de comprendre notre travail. C'est bien de les avoir un peu nourris. Malgré tout, vos familles continuent de tenir une partie de vos plans profonds. Vous avez tous œuvré pour la Conscience Suprême et vous n'avez pas menti : nous sommes véritablement les artisans d'un nouvel art de vivre.

La vie reprend son cours, avec ses obligations, ses rivalités et les crises obsessionnelles de Ios. Une nuit, à Bourrygne, il entreprend une énième chasse aux éjaculateurs impénitents. À trois heures du matin, il réunit toutes les communautés. Il exige une dénonciation publique des coupables.

Un autre jour, pour mettre à l'épreuve notre dévotion à sa personne, il nous demande de nous concentrer sur nos guides intérieurs et de les faire parler par notre bouche, à l'image des pythies. Et chacun, à tour de rôle, de délivrer son message avec le plus grand sérieux :

— Je signe l'alliance avec le père cosmique en la personne de Ios, dit l'un.

— Je suis le gardien subtil du plan métallien et le résonateur de la conscience ultime, dit l'autre.

— Je suis la gardienne du feu sacré, je représente la quintessence du plan de l'âme, la coupe subtile de l'énergie cosmique, dit l'une.

— Je consacre ma vie au travail spirituel…

C'est tout ce que j'ai trouvé à dire. N'importe quoi, pour avoir la paix. Car celui qui demeurera silencieux sera puni.

Régénéré par cette bouffée de dévotion, Ios peut aller se coucher. Il est satisfait.

Mais, plus le temps passe, et plus Ios dénonce le « misérable » niveau de conscience général, selon lui cause de tous nos maux. Un vent de révolte commence à souffler du côté des adolescentes, qu'il a pris sous sa coupe. Il les garde auprès de lui « afin de les préserver des démons qui pourraient les souiller ». Certaines résistent. La mère de l'une d'elles finira même par s'opposer ouvertement à Ios pour sauver sa fille d'un traumatisme irréparable. Mais la plupart des autres cèdent leur fille de bonne grâce, fières d'offrir leur enfant à la cause céleste.

Michela, une jeune fille entrée depuis peu dans notre groupe, se rebiffe :

— Je ne me sens pas le moins du monde attirée par toi, Ios. Malgré ce que tu dis, je n'ai pas entièrement confiance en toi.

Ios garde admirablement son calme.

— Mais alors, pourquoi restes-tu dans le groupe, Michela ?

— Pour le travail spirituel que nous y effectuons.

— Ce groupe est mon œuvre, Michela. Si tu ne me reconnais pas en tant que relais de la conscience, tu n'as rien à faire ici.

— Tu ne représentes pas l'homme idéal à mes yeux. Un guide spirituel, peut-être, et encore, il faudrait que tu le prouves.

Ios est secoué d'un petit rire nerveux.

— Tu doutes de moi ?

— Oui.

— Alors, va, Michela. Je ne te retiens pas. Pas plus que celles et ceux qui pensent comme toi, ajoute-t-il, masquant son trouble par une attitude faussement nonchalante.

— Nous ne sommes pas là que pour toi, Ios. Nous sommes tout de même plus de deux cents, dans le groupe.

Elle lui tient tête. Ses paroles tombent comme des couperets.

Une quinzaine d'adeptes quitteront le groupe pour ne plus jamais revenir. Ces départs sèment dans les esprits un trouble que Ios s'empresse de dissiper :

— Ces filles étaient la proie de forces souterraines très puissantes. Elles n'étaient pas suffisamment fines pour participer à notre travail spirituel. Cela m'a été dur de les renvoyer. Mais il faut savoir s'amputer pour ne pas laisser se propager la gangrène. Vous verrez, vous allez vous sentir plus légers.

Une fois encore, Ios a trouvé une explication. Les forces souterraines ont bon dos. Il essuie ainsi les éclaboussures qui ont taché son statut de prophète. Le piège se referme sur nous. L'énormité nous réduit au silence.

Moi aussi, je pourrais partir. Mais partir pour quoi ? Pour qui ? Pour où ? Retourner chez mes parents ? Cela reviendrait à une régression. Et puis, pour l'instant, Noé ne veut pas partir. Nous nous tenons tous mutuellement, imbriqués les uns dans les autres. Les quinze qui sont partis étaient tous arrivés en même temps. La plupart d'entre nous, à Iso-Zen, font partie d'un clan. Et un adepte ne veut pas quitter son clan. Il ne partira que si le clan suit.

Si je pars aujourd'hui, Noé ne me suivra pas. Il est trop impliqué. Plusieurs figures de son enfance sont ici et tiennent à y rester. Et puis, on se sent tellement décalés, marginaux. Nous n'avons notre place nulle part ailleurs. Le groupe, c'est notre tente à oxygène, notre bulle protectrice. Si nous sortons du bocal, il nous faudra apprendre à respirer un air différent, un air vicié, peut-être. Nous craignons l'asphyxie.

Enfin, ici, j'ai construit ma petite vie. Pendant un an dehors, je n'ai pas réussi à m'insérer. Et l'amour de ma vie se trouve ici. En quittant le clan, on a peur de se perdre dans la société : à l'extérieur, on n'aura plus de limites, on sera obligés d'être responsables. Et que deviendra notre âme, dans tout cela ? On ne peut pas partir comme ça !

Ios nous convoque tous à Persouilles. Les guides invisibles ont suggéré de changer le groupe d'emplacement géographique afin de nous sauver de l'Apocalypse. Si nous nous engloutissons dans le chaos des métropoles industrielles, les entités célestes ne pourront rien pour nous lorsque l'Heure viendra. Sommes-nous prêts à tout quitter ?

Une vague de « oui » déferle du fond de la salle jusqu'aux pieds du maître. Il jubile.

— Inspectons ensemble la surface du globe. Que nous propose l'Occident ? Travailler toute une vie durant dans la petitesse ? Vivre dans la servitude ? Est-ce vraiment ce que vous souhaitez ?

Jamais réponse n'a été plus unanime.

— L'homme est fait pour vivre au soleil. Nous aborderons bientôt une tout autre destinée. Pour l'heure, je veux que tout le monde, hormis les gens du circuit central, regagne Paris. Travaillez, cherchez les opportunités financières les plus intéressantes. Économisez pour décoller vers le paradis. Nous n'en reviendrons peut-être pas.

À Paris, la confrérie s'organise comme une fourmilière. Ios ne nous convoque plus, trop préoccupé par l'organisation sociale, fiscale et énergétique de notre transmigration imminente. L'urgence est à la quête de l'argent du paradis. Nous fermons la plupart de nos communautés pour économiser le montant des loyers. Nous nous entassons dans de petits appartements, à quatre ou cinq dans de minuscules chambres de bonne. Je partage un studio d'à peine vingt mètres carrés avec Noé et un autre couple, Éric et Marilou. J'accumule les heures de secrétariat, Noé les décorations d'appartement. Le projet me conforte dans mon choix de rester dans le groupe. J'ai hâte d'atterrir sur des terres baignant dans un océan vierge, de me poser enfin sur le paradis terrestre.

Le bruit court : lors d'un voyage astral, les guides célestes auraient indiqué à Ios le pays idéal où édifier notre cité cosmique. Pour la première fois depuis deux mois, Ios nous réunit à Bourrygne.

— Cela fait bien longtemps, mes enfants. Je travaillais dans des plans d'une très grande intériorité. Si je vous ai demandé de venir aujourd'hui, c'est que je sais désormais où se trouve le lieu de convergence cosmique. C'est très loin d'ici. J'ignore si vous pourrez tous me suivre. Il y a beaucoup d'appelés, mais il n'y aura que peu d'élus...

Ios ne saurait mieux stimuler notre engagement. Pour faire durer l'enchantement, il nous laisse deviner le lieu béni. Excités, nous passons en revue tous les pays, de l'Inde au Tibet, via le Pérou, l'Australie, le Canada, le Brésil, les États-Unis, et même, pourquoi pas ? Vénus. Soudain, comme sous le coup d'une illumination subite, Alexandre, un garçon d'ordinaire assez timide, se redresse :

— Tahiti !

Ios se lève.

— Alexandre le Grand, numérateur indexé sur l'axe Terre-Ciel, tourne-toi par ta droite.

Alexandre s'exécute avec fierté.

— Tu seras le premier à passer la porte de contact. Ta conscience te guide jusque dans les mots. Approche-toi un peu et assieds-toi à mes pieds. Il s'agit bien de Tahiti. N'est-ce pas formidable ? Les pacifiques doivent vivre au bord du Pacifique, clame-t-il. C'est une évidence. Mes enfants, nous voici bientôt au bout de nos peines. Notre cité cosmique nous attend.

Nous ne tenons plus en place. Tahiti ! À nous les lagons, les plages de sable blanc et les couchers de soleil ! Les fleurs de tiaré dans les cheveux, les senteurs vanillées et les forêts de cocotiers ! Cap sur le paradis terrestre ! Enfin !

La réalité nous rattrape vite. Il faut beaucoup, beaucoup d'argent pour concrétiser un projet aussi ambitieux. Les finances de chacun sont épluchées. Cinq Starkis et deux Starkos seront aidés par leur parents. Ios paiera les billets de trois d'entre eux. Nos cotisations les aideront à passer la porte de l'International. Ils quitteront bientôt la France.

Pour créer un monde nouveau, il faut d'abord se purifier. Ios tient à ce que nous nettoyions nos plans profonds :

— Chaque objet volé à un proche ou dans un magasin depuis votre entrée dans le groupe doit être restitué. Les Starkos ont préparé une grande table où vous les déposerez. Vous avez une semaine pour rendre la matière misérablement acquise. Les objets seront redistribués à une œuvre de bienfaisance.

En huit jours, la table de dix mètres sur deux est recouverte d'objets en tous genres. Je récupérerai même une enveloppe à mon nom contenant de l'argent. Nous sommes ensuite invités à méditer sur ces méfaits afin de prendre conscience de l'enchaînement karmique auquel ils nous lient. Les Starkos tiendront le rôle de confesseurs. Toutes nos révélations seront retransmises au maître.

Nous sommes soumis à un véritable interrogatoire.

Qui a mangé de la viande ? Qui a fumé ? Qui a pris de la drogue ? Qui, parmi les hommes, n'a pas pratiqué la contention énergétique ? Qui a eu des rapports sexuels avec des êtres de l'extérieur ? Qui n'a pas respecté la consécration ? Avons-nous eu des pensées malsaines à l'égard de Ios ?

Je mens effrontément pour en finir au plus vite avec cette mascarade. Certains iront jusqu'à avouer qu'ils ont peut-être exagéré sur le poisson…

Peu de temps après, Pierre part en éclaireur en Polynésie. Il n'en reviendra pas : le lieu de convergence énergétique se trouve bien là-bas. Les plus fortunés d'entre nous partiront dès le mois de janvier. L'argent reste décidément le chemin le plus court pour se rapprocher de Dieu.

Nous sommes également invités à nous mettre en règle avec la société infernale que nous nous préparons à abandonner à son triste sort. Nous devons acquitter toutes nos dettes avant de partir. Il ne s'agit pas de se faire arrêter à l'aéroport. Le passage de la douane doit s'effectuer sans anicroches d'aucune sorte. Nous ne devons laisser aucun créancier susceptible d'aller nous rechercher jusqu'à Tahiti. Ios est soucieux de laisser de lui et de son groupe une image saine, honnête, et des finances irréprochables. Il tient à se faire oublier.

À Paris, nous nous affairons tous à « extraire le liquide de la matière » ou, plus simplement, à gagner de l'argent. Grâce à mes relations dans le show-business, je fais embaucher six filles à la billetterie d'une grande salle de spectacles de la capitale. Les salaires et les pourboires en réconcilient plus d'une avec mes puissances horizontales juives. J'en fais profiter Lydie et, du coup, nous oublions vite nos différends. Travailler la rassure et, au fond, tout n'est pas à rejeter de cette société, toute méprisable soit-elle.

L'arrivée des Starkis dans le monde du travail ne passe pas inaperçue : certaines n'ont pas mis les pieds à l'extérieur depuis plus de cinq ans ! Fidèles à la mode cosmique, elles se rendent aux guichets comme aux réunions d'Iso-Zen. En minijupe, blouson doré ou argenté, hautes bottes cavalières, maquillées, parfumées, elles s'étonnent d'être aussi directement abordées par les hommes :

— Les circuits yang de l'extérieur ne contrôlent vraiment pas leurs énergies basales ! Ils sont lourds, s'indignent-elles.

Trois mois passent, Noël approche, le dernier passé en France tous ensemble. Ios, ému avant le grand départ, donne ses dernières recommandations. Il s'inquiète pour nous.

— L'heure est venue pour moi de décoller de ce vieux continent fatigué, annonce-t-il, la larme à l'œil. Hâtez-vous de me rejoindre avant l'Anéantissement Final. Les îles paradisiaques sont aptes à recevoir tous nos faisceaux. Vous allez me manquer… Et vous, allez-vous pouvoir tenir le choc de mon absence ?

Il guette nos réactions. La plupart affiche une certaine tristesse.

— Une fois par semaine, Tristan et Benjamin présideront une réunion. Vous devrez vous y rendre. Il est impératif que vous soyez reliés à la numération Internelle. Une partie de moi reste à vos côtés. Notre belle aventure continue. Vous me rejoindrez, par petits groupes, selon la hiérarchie en vigueur. Pierre a établi d'excellents contacts là-bas. Tous les Tahitiens attendent avec impatience l'arrivée de notre troupe d'artistes.

Nous avancerons donc masqués…

Ios est couvert de cadeaux. Il partira dans les îles avec une caméra étanche, des draps de bain, une toile peinte par Marie, des parfums enivrants, des bijoux de famille, des vêtements et des poèmes.

— Merci, mes enfants. Du fond du cœur, je vous remercie. Vos offrandes me touchent. Nous allons maintenant vous informer des dates échelonnées de vos départs.

Le mien est prévu en mars, celui de Noé en juillet. Ios a apporté un soin tout particulier à séparer les couples.

— À présent, puisque c'est notre dernière réunion tous ensemble avant mon départ, je vous invite à passer un par un la porte de l'International dans le subtil. Vous allez visualiser votre déplacement à Tahiti, comme un « lâcher prise » de tout ce qui vous retient ici. Je dépose là des perles de cristal. Priscillia distribuera les roses aux filles et Michaël les bleus aux garçons. Vous les porterez à votre cou jusqu'à votre arrivée en Polynésie. Elles constitueront notre lien énergétique. Par ailleurs, continuez d'accueillir des nouveaux en mon absence : ils tiendront l'antenne parisienne. Ainsi, notre égrégore continuera de s'étendre.

Ios respire profondément. Par mimétisme, l'assemblée prend une grande inspiration.

— Mes maîtres me demandent de vous saluer. Vaisseau 4. Puissance numérale 399. Je capte vos émissions. Exactitudes confirmées sur le plan 33. Vitesse du transfert 892 unités. Contact établi.

Une semaine plus tard, nous rejoignons Ios à l'aéroport de Roissy. Il arpente le hall de départ, flanqué d'une douzaine de filles vêtues de jupes aussi courtes que brillantes. Leur maquillage est celui d'un jour de fête. Ios, très digne dans sa combinaison blanche multipoches, allume les diodes de son ceinturon. Il porte ses bijoux d'apparat.

Puis viennent les larmes des adieux déchirants, sous les regards des voyageurs médusés.

L'avion décolle. Enfin. Il est parti pour de bon.

Ios le Mutant se sauve.

Libérés de l'emprise de Ios, nous nous laissons un peu aller. Je revois mes parents, je leur annonce à la fois mon amour pour Noé et mon prochain départ pour la Polynésie. Je me rapproche aussi de Matilda, ma petite sœur. Elle se joint régulièrement à nos fêtes et à nos escapades à la campagne.

Des réunions ont lieu une fois par semaine. Mais Tristan et Benjamin ne possèdent pas le charisme de Ios. Leurs discours nous ennuient à mourir. Finalement, nous sommes quelques-uns à boycotter ces grands-messes. Au sein de notre micro-société, nous formons une poche de résistance tandis que les plus fanatiques s'organisent en un véritable service d'espionnage. Ils sont soucieux d'œuvrer en faveur de la conscience et, surtout, du portefeuille de Ios. Ils multiplient les moyens de nous extorquer les cotisations. D'autant que Noé et moi commençons à gagner beaucoup d'argent. Par l'intermédiaire d'une amie, nous avons fait la connaissance d'un importateur de gadgets électroniques. Noé s'est révélé un brillant commercial. De mon côté, je continue la billetterie tout en assurant le secrétariat de Noé. Fiers d'être parvenus à subvenir seuls à leurs besoins dans une société finalement pas si monstrueuse, certains quittent le groupe, renonçant à Tahiti. La consécration, enfin, bat de l'aile. Des Angelines renouent avec leur ancien petit ami. Les souris dansent…

Mars arrive. Je retarde une première fois mon départ. J'ai de quoi payer mon billet, mais je préfère attendre mes amis.

Entre-temps, ma petite sœur Matilda s'est amourachée de l'un des nôtres, Basile. Un jour, elle me pose une question :

— Dis-moi, Isabelle, Basile fait l'amour bizarrement… Tu aurais pu me dire que vous aviez des pratiques sexuelles pas normales ! Je ne pouvais pas le deviner ! Le tantrisme, c'est hindou, par rapport à des énergies et tout ça ? Dis, c'est quoi ces salades ? Je n'y comprends rien. Il n'éjacule jamais ! En revanche, il est en érection tout le temps. Je te le jure, ça dure des heures !

J'éclate de rire. Elle n'a pas l'air de trouver cela très drôle.

— Ce type est quand même un peu obsédé, il me fait peur avec ses orgasmes qui n'en finissent pas. Il devient tout rouge et tremble comme une feuille. Tu sais ce qu'il fait ? Il compresse violemment son sexe en retenant sa respiration ! C'est un malade ! Tu es sûre qu'il est normal ?

XV

Dans les griffes du diable

Fuir, là-bas fuir !

Stéphane MALLARMÉ.

Ios est installé à Tahiti depuis trois mois. Malgré la distance, il fait passer ses consignes et s'informe de l'état d'âme et de finances de chacun. Il prépare « énergétiquement » notre arrivée massive sur le territoire polynésien.

Personne n'a encore l'autorisation de le rejoindre, des conditions « telluriques » s'y opposent, sauf rares exceptions, décidées en haut lieu, dont je suis. Ios demande à Noé, par l'intermédiaire de Lydie, de m'envoyer à Tahiti d'urgence.

— Tu sais, Lydie, lui a-t-il expliqué, Noé est en train de s'engloutir dans la matière. Il est le jouet des puissances d'Isabelle. Si cela continue comme ça, tu risques de te sentir mal, Lydie. Cela va tirer ton faisceau par en dessous. Les puissances d'Isabelle sont très étendues. Elle peut emmener Noé très loin de nous… Tandis que si elle est rapatriée à Tahiti, elle lui servira de relais avec la conscience.

Ainsi, pour que Noé puisse poursuivre sa « percée dans la matière » sans se laisser « engloutir », il faudrait que j'éloigne de lui mes « puissants ». Là-bas, replongée dans la « cosmicité » auprès de Ios, assurément, je lui serais plus utile. Le but est de nous séparer. Que Noé continue d'enrichir le groupe, mais sans moi : ensemble, nous sommes trop forts. Séparés, nous serons plus fragiles, plus malléables. Et puis, moi à Tahiti, Noé, avec son argent, ne pourra que venir me rejoindre. Je servirai en quelque sorte d'otage, ou d'appât… Je me rappelle alors l'un des premiers enseignements d'Iso-Zen : Seul, l'homme ne peut rien.

Par le biais de notre agence de voyages, Argosinter — la dernière-née de nos sociétés —, tous les billets d'avion sont achetés à l'avance. Tout est parfaitement organisé. Il suffit de signer le chèque. Noé, influencé par Tristan — il est à la fois son ami d'enfance et son ex-beau-frère —, me pousse à partir.

Marilou reste à Paris. Elle veillera sur Noé, tandis que son petit ami, Éric, sera lui aussi du voyage. D'après Ios, Marilou remplacera facilement mon « faisceau » : elle est brune comme moi, les cheveux longs. Nous avons le même profil.

Il ne me reste que quinze jours pour faire mes adieux et préparer mon départ. Le temps passe vite, trop vite, à courir dans tout le Sentier pour acheter mon lot de vêtements cosmiques et me constituer une pharmacie de produits naturels.

La veille du départ approche. J'ai peur, je ne suis pas tranquille. Pourtant, je vais embarquer pour le paradis. Qui résisterait à l'appel des lagons cristallins ? Mais j'appréhende. Que sera mon quotidien si près de Ios ? Saurai-je me préserver, si loin de Noé ? Et s'il ne venait jamais me rejoindre ?

Pour ma dernière soirée, je vais dîner chez mes parents. Toute la famille est réunie. Je suis émue. Ma mère pleure et me bénit dans l'art de nos coutumes. Elle jette de l'eau derrière mon passage en criant mon prénom : je reviendrai donc entière.

Après le repas, je cours retrouver Noé. Nous parlons de longues heures. Il promet de me rejoindre très vite, le temps de réunir de quoi monter une affaire à Tahiti. Nous serons indépendants, m'assure-t-il.

Si seulement il avait voulu, nous aurions pu rester ici, faire notre vie à Paris, tous les deux. L'importateur de gadgets avait proposé à Noé un poste intéressant. Mais Ios est formel : nous puisons dans la matière pour un temps seulement, et dans un seul but, le rejoindre. Sinon, gare à l'agonie de notre âme… Nous serons nombreux à renoncer à un commencement de réinsertion socioprofessionnelle. Au nom du paradis…

La nuit, nous sommes réveillés par un coup de téléphone de Lydie. La conversation ne me rassure guère :

— C'est vraiment bien, là-bas, Lydie ? Tu sais, je ne suis pas sûre d'avoir envie de partir tout de suite…

— Ne t'inquiète pas. Noé doit te rejoindre bientôt.

Et puis toi, tu n'as pas à t'en faire, tu n'es pas consacrée, tu n'es pas Angeline, tu es libre ! Ce n'est pas comme moi, je vis l'enfer…

— Je croyais que c'était le paradis ?

— Oui, bien sûr, l'île est merveilleuse, les gens sont gentils… Mais tu sais bien, avec Ios, c'est toujours pareil. Et le paroxysme, avec la chaleur, ça devient vite insupportable. Et puis, on habite à Moorea, c'est loin de Papeete…

— Arrête, Lydie. Tu m'angoisses.

— Mais non ! Tu verras, on va bien s'amuser !

— Peut-être… Prépare-moi un coin douillet !

— Promis ! Dans une tente avec les cent-pieds ! Ce sont de gros insectes qui piquent très fort ! Et je ne te parle pas des cyclones qui balayent tout sur leur passage !

Elle rit.

— Ah ! j'oubliais : on doit se mettre des bassines sur la tête pour ne pas se faire assommer par les noix de coco. Vive le charme sauvage des îles !

Le matin, j'ai du mal à me réveiller. Mais l'avion ne m'attendra pas. C'en est fini de la fête et de la liberté… Je suis rappelée par l'armée pacifique de jonction cosmique.

Après vingt-deux heures d'un vol épuisant, nous atterrissons à Tahiti à quatre heures du matin heure locale. Le soleil se lève tout juste sur les îles. Le parfum entêtant des fleurs alourdit l'air chaud et humide. On se croirait dans une piscine surchauffée. Même sous les énormes ventilateurs du hall de l'aéroport, j'étouffe. Pourtant, il fait encore nuit.

En passant la douane, Éric et moi ressemblons à un couple de touristes sans histoires. Quand je lui donne l'adresse de notre « correspondant » sur le territoire, le douanier sourit : nous sommes bien une soixantaine à avoir annoncé la même.

Selon la coutume, nous sommes accueillis avec des colliers de fleurs de tiaré, de frangipanier et d'hibiscus. Le charme est de courte durée : Lydie n'est pas là. Ce sont Paul et Annie, des amis de Gaëlle, mandatés par Ios, qui sont venus à sa place. Je me méfie de ce duo de l'espace et j'affiche ma déception. Plutôt réservés, ils font néanmoins partie des plus fanatiques.

Nous prenons un rapide petit déjeuner à l'aéroport. Puis nous grimpons dans un bus local avec de la musique reggae à tue-tête, direction le port. Un petit paquebot nous y attend, le *Kéké 2*. Il nous conduira sur l'île de Moorea en une heure. Je m'installe au premier étage du bateau et me laisse bercer par le roulis et les chants des Tahitiens. Ils sont de bonne humeur, j'ai la gorge nouée. Éric est tout sourire. Apparemment, il s'adapte mieux que moi.

Paul et Annie nous expliquent l'organisation du groupe à Moorea, réparti en deux communautés. Pour le moment, Ios ne tient pas à ce que nous nous installions à Tahiti. C'est encore trop tôt, selon lui. Ios et ses proches logent dans une grande maison au bord du lagon, dans le lieu-dit Opunohu. Les autres disciples sont installés à Temae, du côté des montagnes. C'est là que l'on m'a préparé une place.

Depuis les premiers départs de janvier, j'ai un peu perdu le fil. Je questionne Paul sur les résidents de Temae ; ce sont les plus zélés : des femmes très dévouées à Ios, des hommes officiellement « en abstinence », ayant fait vœu de chasteté. Leur seul langage est le langage cosmique. Ils ne dialoguent qu'avec Ios et avec les anges… Comment pourrais-je trouver une quelconque complicité avec eux ? Leur soumission au maître est absolue et j'arrive chez eux comme une verrue, une excroissance maligne.

Malgré la beauté de l'endroit, je n'arrive pas à succomber à la magie. La clarté m'éblouit, les couleurs vives me font mal aux yeux. Je pense à Noé, à mes amis restés à Paris. J'ai le mal de mer. Déjà, je redoute « l'araignée mentale qui va me sucer le cerveau ». Au regard des Tahitiens, je devine qu'ils ont déjà repéré le groupe… Que suis-je venue faire dans ce trou ?

Arrivée au petit port de Moorea, une plaque de béton surchauffée, je reconnais Sylvain. Il nous attend dans une estafette pour nous conduire chez Ios. Durant le trajet, il m'énonce les lois en vigueur : la consécration a fait son grand retour, elle concerne les hommes comme les femmes ; et tout le monde se sent bien mieux qu'en France ; un temps d'adaptation avant de faire basculer les mauvaises habitudes parisiennes : aimer, s'ouvrir, se libérer, s'épanouir…

Quand nous arrivons à Opunohu, tout le clan dort encore. Sans doute la fatigue des réunions nocturnes. Pascaline, une Starkis, réveille Lydie qui me saute au cou. Elle me prend la main et m'entraîne sur la plage. À l'écart, nous pouvons parler librement.

— Ça va mal en ce moment. Nous sommes trois Starkis à ne plus supporter la consécration. Ça fera bientôt quatre ans, je n'en peux plus. J'attends Tristan, mais après...

— Qu'est-ce qui ne va pas, encore ?

— Ios dit que l'énergie tellurique du lieu risque de nous investir et que le voyage nous a fragilisés. Il exige des mutations toute la journée. Je suis épuisée. Je craque. Ça me fait plaisir de te voir.

J'ai quitté Paris, laissé Noé entre les mains de Marilou, j'ai fait vingt mille kilomètres, pour entendre *ça* ? Et moi qui, jusqu'au bout, ai voulu croire que je m'envolais vers le paradis ! Le soleil polynésien darde déjà ses rayons brûlants et le diable est à ma porte...

— Plusieurs filles du circuit central en ont assez, poursuit-elle, impitoyable. Et on ne peut même pas en parler entre filles : il y a tellement de rivalités entre nous, elles iraient aussitôt tout répéter à Ios ! La bonne ambiance, quoi...

Nous marchons les pieds dans l'eau. Le jour est complètement levé. Lydie s'est tue. Nous rentrons.

Ios est réveillé. Il organise sur-le-champ une réunion pour accueillir les nouveaux insulaires.

Les Starkis, toutes molles comme des poupées de

chiffon, sont assises en tailleur autour de leur divin maître. Certaines, entre deux bâillements, nous adressent des petits sourires. Ios porte une chemise à fleurs et des lunettes de soleil.

— Bonjour mes amis. Je suis content de vous retrouver en ces lieux. Bienvenue sur notre base. Vaisseau 248, porte 7. Vous êtes enregistrés. À présent, levez-vous, Éric et Isabelle. Vous allez découvrir un pays enchanteur. Sur ces terres, nous ne sommes plus coiffés par la couche de ténèbres qui enfonce l'Europe dans l'enfer de la matière. C'en est fini de l'engrenage satanique dans la technologie et l'industrie ! Ici, c'est le paradis. Mes guides nous ont bien dirigés. Servez donc à nos amis ces fruits délicieux, mesdemoiselles !

Puis il s'adresse directement à moi :

— Alors, Isadora, il paraît que Noé s'en sort très bien ? Cela me fait toujours plaisir de voir extraire brillamment le liquide de la matière. Je t'ai fait venir pour éviter que ton chevalier n'engloutisse son faisceau. Il a besoin de toi, ici. Je sais que tu aurais préféré rester auprès de lui et le combler comme tu sais si bien le faire…

Il se met à rire. Puis il reprend son sérieux :

— Vaisseau 12. Contact établi. Tourne-toi par ta droite, Isadora. Tu vas te plaire ici. Tu vas bronzer et t'épanouir. Mais raconte-nous plutôt ce que fait Noé exactement.

— Eh bien… Nous sommes en contact avec un importateur de gadgets et de jouets électroniques : des téléphones, des jeux… Nous les avons revendus facilement.

— Il faudrait savoir si nous pourrions en importer ici, de ces gadgets… Nous allons y réfléchir. Demande à Noé de se renseigner auprès de son importateur. Et… combien avez-vous gagné, exactement ?

Là, je suis un peu ennuyée. Je ne sais pas combien Noé reverse régulièrement à Ios… Je diminue un peu la somme :

— Environ cent trente mille francs… Noé a encore quelques affaires en vue…

— Voilà une intéressante percée dans la matière. Viens un peu par ici… Ne trouvez-vous pas qu'Isabelle est épanouie ? Tu as fait le bon choix avec Noé. Oh, mais notre Isabelle est une rusée ! Elle sait ce qu'elle fait, et où elle va ! Elle se sort de toutes les situations difficiles avec aisance !

Ios me réserve une arrivée triomphale. Pour les filles, coupées du reste du monde, je suis une « nourriture psychologique ». Je représente un peu tous les amis qu'elles ont laissés en France. Depuis leur arrivée, perdues sur une île en plein milieu de l'océan Pacifique, elles vivent recluses autour de leur seigneur.

Il enchaîne :

— Maintenant que vous allez partager notre évolution au quotidien, ici ou dans la communauté de Temae, j'aimerais que vous me disiez si vous êtes consacrés ou non.

Car, bien sûr, la consécration pour tous n'est plus qu'un lointain souvenir. Ios doit nous « recadrer », il sait qu'à Paris, nous l'avons un peu oublié. Chaque nouvel arrivant sur le territoire doit déclarer son état : consacré, non consacré. Peu osent opter ouvertement pour le second choix.

Lydie me regarde en souriant. Elle me fait de grands signes pour que je vienne me joindre à son calvaire. Sans hésiter, Éric se déclare consacré et abstinent. Je ne bronche pas.

Ios intervient :

— Je ne comprends pas, Isabelle. Noé n'est pas là, profites-en ! Tu serais un relais bien plus efficace pour lui si tu te consacrais, tu peux me croire.

Je ne réponds pas.

Il renonce. Pour l'instant.

La réunion s'achève sur les consignes de base :

1) rester discrets,

2) participer à toutes les réunions.

Je rassemble mes bagages dans un silence glacial. J'en veux à Noé de m'avoir jetée dans les griffes du diable. Rien n'a donc changé. Rien ne changera jamais. Tahiti, Bourrygne, c'est toujours la même chose. Je n'ose imaginer ce que ce serait sur Vénus… Pendant trois ans, j'avais réussi à garder mes distances tout en m'épanouissant au sein du groupe. Ici, je ne peux plus lui échapper. Ici, je suis coincée.

Lydie me rejoint.

— Ne le prends pas mal, Isabelle. Tu sais, avant que tu arrives, je me sentais descendue. Ios m'a dit que cela irait mieux pour moi quand tu serais là. Et c'est vrai : je me sens déjà mieux ! Tu es reliée à mon meilleur ami, tu me soutiens donc en plan profond. Mais Ios dit que je dois rester consacrée, sinon je risque de passer sous ton faisceau et alors je ne le supporterais pas, je suis trop subtile. Tu comprends ?

Je ne comprends que trop. Ios a tout prévu : sur cette île, nous sommes ses prisonniers. Que vaut le paradis sans la liberté ?

— J'en ai marre de tout ça. Ce qui me stresse le plus, c'est d'habiter avec tous ces dingues. J'étais mieux à Paris.

J'accélère la cadence et m'enfonce au milieu des cocotiers pour rejoindre la voiture qui doit m'emmener à Temae.

— Tu verras, dans quelques jours, ça ira mieux ! me lance Lydie au loin.

La maison de Temae se compose de trois *fares*. Un *fare* pour la cuisine, un pour la salle de bains et un qui sert de dortoir. Ce dernier comprend deux pièces : une pour les filles, une pour les garçons.

Le jardin n'a pas de clôture. Derrière la maison, le relief escarpé de l'île nous offre une montagne luxuriante, et, en face, le lagon azuré. À cause de la chaleur tropicale, chargée d'humidité, nous vivons plus dehors que dedans. Les manguiers, les bananiers, les jasmins et les tiarés distillent dans l'air leurs parfums sucrés.

Le soir de mon arrivée, cafardeuse, j'écris une longue lettre à Noé. Ios en est rapidement informé.

Il m'accuse alors de brouiller les communications avec la France…

Je suis à Temae depuis deux semaines. Le temps passe et traîne… Je parle très peu à mes compagnons. Je garde mes distances et prends mon mal en patience. Bientôt, Noé me rejoindra et alors, à nous la liberté. Je passe mes après-midi à flâner sur les plages du Kia Ora, un des plus beaux lagons de l'île. Les Tahitiens ont l'air plutôt gentil, nous échangeons parfois quelques mots, un sourire. Mais je ne dois lier amitié avec aucun étranger. C'est la consigne.

Je me sens très seule.

À Moorea, peu de gens vivent dans les montagnes. À première vue, l'île paraît peu fréquentée. Il faut aller chez l'épicier chinois pour croiser les habitants du coin. L'auto-stop est une pratique courante : nous n'avons jamais bien longtemps à attendre. Nous n'avons pas encore adopté le *pareu* (paréo) local et nos uniformes cosmiques ne manquent pas de susciter quelque curiosité bien légitime. Les Tahitiens sont irrésistiblement attirés par la concentration de filles blondes : que vous dormiez seule ou accompagnée, ils n'hésitent pas à venir se glisser dans votre lit au beau milieu de la nuit !

L'île est minuscule. On en fait le tour en une heure de voiture. Et l'on a beau « rester discrets », les rumeurs vont bon train. Les Tahitiens disent entendre de drôles de mélopées, un peu comme les chants des sirènes…

Le gouvernement local a déjà expulsé des communautés de son territoire. Il est vrai que la tranquillité et l'isolement des îles attirent les « marginaux » de toute obédience. Pour l'instant, notre façade d'artistes internationaux en vacances passe très bien. Mais il nous faut rester prudents. Entre les adventistes, les témoins de Jéhovah, une communauté israélite, des bouddhistes, des animistes et de nombreuses églises parallèles, les regroupements spirituels ne manquent pas. Des curieux se risquent parfois à nous aborder ; parmi eux, un Français, que les locaux appellent « le *popaa* » (« blanc », en tahitien). Il habite un petit *fare* au flanc des montagnes. Seul depuis des mois, il a endossé le *pareu* comme unique vêtement. Il pêche sur sa pirogue ou à la nage. L'arrivée de toutes ces naïades enchanteresses l'a sorti de sa retraite. Lors d'une rencontre furtive chez l'épicier chinois de Paopao, il a jeté son dévolu sur Frédérica, une Starkis. Ios ne saurait tolérer l'ombre d'un rival sur « son » territoire. Il nous ordonne d'inviter ce « puissant » afin de contrer ses objectifs douteux.

— Isabelle, tu t'occuperas de lui. Tu n'es pas consacrée, et puis les ébats amoureux doivent te manquer, loin de Noé…

Croit-il qu'à force de harcèlement, je finirai par lui céder ? Il se trompe : ses humiliations renforcent ma rébellion.

À l'heure dite, nous accueillons le *popaa* en grande pompe. C'est moi qui suis chargée d'aller lui parler. La rencontre sera brève. Frédérica, sur ordre de Ios, est restée méditer dans son *fare*. Ne la voyant pas, le *popaa* est reparti comme il était venu, par le lagon.

— Alors, qu'est-ce que ce type a dans la tête ? me demande Ios, nerveux.

— Je ne sais pas. Rien de spécial.

— Vous avez parlé de quoi, pendant une demi-heure ? Je vous observais de ma fenêtre.

— De la vie dans les îles…

— C'est tout ? Tu te moques de moi, Isabelle !

— Nous avons aussi parlé un peu de Frédérica.

— J'en étais sûr !

Il claque ses mains sur ses cuisses. J'observe son corps velu. Dieu n'avait sans doute plus assez de poils pour en faire un singe.

— Il la trouve jolie, c'est tout. C'est un solitaire. Il vit dans la montagne avec son chien, ses poules, son couteau et sa pirogue.

Ios ne m'écoute plus. Aveuglé par sa jalousie, il peste contre Frédérica.

— Tu vois, tu attires ce genre de circuits distordus ! Avec tes airs d'ange, tu joues avec le feu !

Tremblante, Frédérica fait mine de se défendre :

— Pas du tout, Ios. Je n'ai rien fait. C'est lui qui m'a abordée.

— Abordée ! Tu l'as ensorcelé, oui !

Ios singe Frédérica, tortillant son gros fessier de gauche à droite comme une vamp.

— Et, bien sûr, tu ne t'es rendu compte de rien, ma chérie ? Tu n'as pas senti son circuit de puissance ?

— Non… Il avait l'air très gentil, c'est tout, pleurniche-t-elle de sa voix de petite fille.

Je suis excédée. Tout ceci est pathétique et ridicule.

— Bien, Frédérica. Tu ne sortiras plus de ton *fare* pendant deux semaines, c'est compris ?

Elle essuie ses yeux rougis. Elle a peur. Ios ne la lâche pas du regard. Depuis combien de temps a-t-elle peur à ce point ? Que lui a-t-il fait ?

— Il faut être très prudent, reprend-il, radouci. L'énergie de puissance de Tahiti est différente de celle de l'Occident. Protégeons-nous en conséquence. La chaleur est reliée au feu. Le feu peut être purificateur ou destructeur. Ici, les énergies basales vous montent à la tête.

Il arpente le salon de long en large, moulé dans son slip de bain violet.

— Frédérica, resserre-toi au lieu de gémir ! Les maîtres de ce garçon sont rusés, mais je suis plus fort qu'eux. Tu t'es laissé manipuler par la ténèbre, petite sotte !

Je regarde au loin les vagues se fracasser sur la barrière de corail. Je n'entends plus rien.

Quelques jours plus tard, Ios charge les garçons de trouver un autre lieu d'habitation. Il relie l'incident du *popaa* au nom du lieu : *Opunohu*, en tahitien, signifie « poisson-pierre ». Ce vertébré aquatique d'apparence préhistorique est doté d'une épine dorsale si venimeuse qu'une seule de ses piqûres peut paralyser sa victime durant plusieurs mois. Un hameau portant un tel nom est donc de mauvais augure.

Bientôt, Ios et sa cour quittent Opunohu pour Maharepa, localité voisine de Temae.

Une centaine de disciples arrivent pendant les mois de juin et juillet, noyés dans le flot des touristes de passage sur l'île pour les fêtes du *Heiva i Tahiti.* Mais le débarquement n'échappe plus aux autorités et chacune de nos incursions à l'extérieur nous vaut souvent la une de la presse locale.

Les Tahitiens aiment bien faire la fête. Ce soir, le sorcier prépare la cérémonie traditionnelle de la grande marche sur le feu, perpétuant ainsi l'esprit de ses ancêtres. Le chenal de feu mesure à peu près huit mètres de long sur trois de large. Il me paraît immense. Il s'agit de le traverser dans la longueur, les pieds nus, sans aucune protection. L'expérience rejoint nos aspirations mystiques. Sous les pierres, les braises rougeoyantes chauffent le public fasciné, entassé sur les gradins.

Notre groupe remplit une bonne partie des tribunes. Ios est assis près du sorcier. Il prépare notre passage en s'accordant à l'énergie magique du moment. À son signal, nous devrons descendre pour passer la porte du feu purificateur.

Comme tous les ans, un Tahitien convie tous les volontaires à avancer vers les braises. Ios, suivi de tout notre groupe, s'élance. Le sorcier roule des yeux exorbités. L'animateur s'affole :

— Autant de candidats pour la marche sur le feu !

On n'a jamais vu ça ! Voulez-vous vraiment tous passer ?

Le sorcier s'agite devant le feu. Muni de branches d'arbres magiques, il invoque ses dieux. Puis l'homme au micro se tourne vers nous, traduisant ses paroles :

— Le sorcier vous demande une grande concentration. Ceux qui veulent passer doivent attacher leurs cheveux, ôter tous les foulards et les vêtements larges. Ceux qui vont passer ne doivent penser à rien d'autre, faire le vide dans leur esprit. Au moment du passage, il ne faudra pas regarder le sol, ni se retourner. Vous devrez seulement fixer droit devant vous et tout oublier.

Ios passe le premier. Nous le suivons, en ordre hiérarchique. Faire le vide dans notre esprit ne nous est pas difficile. La plupart d'entre nous passe le feu sans se brûler. Devant moi, Sylvette se retourne juste avant la fin : elle sera brûlée au deuxième degré. Je passe sans encombres.

Une fois la cérémonie terminée, nous nous retrouvons tous dans une de nos communautés, à Paea. Nous sommes sous le coup de l'excitation.

— Alors, mes enfants ? Vous vous en êtes à peu près bien sortis. Qui s'est brûlé ?

Ils sont une quinzaine à lever la main. Deux ou trois filles sont en larmes.

— Que s'est-il passé, Sylvette ?

— Je me suis retournée, j'ai eu peur.

— Tu n'étais donc pas suffisamment resserrée. Ceux qui n'ont pas réussi à passer la porte du feu n'ont pas encore accordé leurs figures de puissance dans notre nouvelle configuration. En passant le feu, vous vous purifiez des miasmes ténébreux. Ceux qui sont passés, qu'avez-vous ressenti ?

— Au moment du passage, dit Michaël, j'ai fermé les yeux et je me suis concentré sur ma flamme intérieure. Et je la voyais grandir à mesure que je marchais.

— Moi, dit Véra, c'était très fort. Quand je marchais, je sentais mon guide me traverser par le haut et me protéger pour mon passage.

— Moi, je ne pensais plus à rien. Le feu m'hypnotisait, c'était fantastique ! J'ai très bien senti que je passais la porte.

Ios est satisfait :

— Très bien. Cette porte va nous permettre de nous hisser vers une dimension plus pure. En France, nous avons passé la première porte, la porte de purification par la Terre. Ce soir, nous venons de passer la porte de purification par le Feu. La porte de purification par l'Eau se traversera avec des bateaux. Et c'est aussi ici, à Tahiti, que nous passerons la porte du Ciel, la plus élevée. Chaque changement important doit se signer dans le plan formel : désormais, appelez-moi Iso. Ios est mort… Iso renaît de ses cendres.

Deux journalistes viennent nous rendre visite. Iso en personne les informe de nos activités artistiques et de nos tendances écologiques. En les congédiant, il promet de les inviter à notre prochain spectacle. Iso fait rapatrier d'urgence les techniciens de Crisal, notre société audiovisuelle. Ils sont priés d'abandonner leurs contrats en cours pour la cause sacrée. Noé ne fait pas partie du voyage, des affaires le retiennent encore à Paris...

Peu à peu, en deux mois, des petites communautés fleurissent entre Tahiti et Moorea. Nous comptons désormais plusieurs appartements dans le centre de Papeete. Des coloristes et des dessinateurs occupent une grande maison dans les montagnes, à Mahina, côté océan. Nous avons monté un atelier de fabrication de *pareus* à Paea, et un autre dans la somptueuse maison d'une femme d'origine chinoise du nom de Lio. Elle et son frère sont à la tête d'une société d'import-export à Tahiti. Les opportunités lucratives sur le territoire sont nombreuses : commerce, artisanat, décoration, spectacle...

Il est temps de justifier notre invasion par un grand show médiatique. D'autant que la plupart d'entre nous, touchés par la paresse des îles, le fameux *fiu*, ne se sent pas d'humeur à « percer dans la matière ». L'occasion de remédier à notre léthargie se présente avec le tournage du film *Le Bounty*, avec Mel Gibson.

Les invisibles auraient donné leur feu vert pour toutes propositions de travail dans les îles. Un tiers d'entre nous est engagé sur les deux tournages. C'est ainsi que cent cinquante personnes du clan ouvrent un compte dans les banques du territoire.

Les tournages durent plus de deux mois. Ils nous

dispensent des cours théoriques et pratiques d'Iso. Je commence alors seulement à goûter la vie paradisiaque des îles et je prends le large.

Mon aversion pour Iso est irréversible. Je l'ignore tout en profitant de ses « bontés » : il s'est acheté un bateau à moteur et une paire de skis nautiques. Nous passons des journées sportives dans sa maison sur pilotis, au bord du lagon. Nous ne sortons de l'eau que pour croquer à pleine bouche des fruits délicieux gorgés de soleil.

Seules les filles consacrées sont encore concernées par les mutations. Pour moi, ce genre d'opération douteuse appartient à un passé révolu. Je ne suis dans le groupe que pour vivre auprès de mes amis. Iso n'est plus rien pour moi.

Sur le tournage du *Bounty*, nous nous lions avec Max, le second régisseur du film, et Gérald, un Belge, le cuisinier. Ils s'intègrent peu à peu à notre groupe et le soir, à la veillée, nous avons de longues discussions avec eux. Ce sont eux qui, les premiers, évoqueront l'idée de nous équiper de voiliers pour croiser dans les îles. Iso s'emballe pour ce nouveau projet. Nous sommes tous encouragés à composer des équipages d'une dizaine de personnes et à acquérir des bateaux en réunissant nos fonds. Pour ma part, j'attendrai Noé.

Iso nous vante les mérites et les avantages spirituels d'une vie maritime.

— Pourquoi pensez-vous que je me sois établi à Maharepa ? Ce n'est pas le hasard. Observez bien cette maison et dites-moi ce qu'elle a de particulier.

Nous réfléchissons. Iso adore que nous nous creusions la cervelle avec ses questions insolites.

— Priscillia, que dis-tu ?

Elle lui répond d'une voix suave.

— Je dis que c'est une maison sur pilotis, donc au-dessus de l'eau.

— Exactement.

Les Starkis sont plus belles que jamais. Toutes bronzées dans leurs *pareus* colorés, elles affichent avec insolence leur taille mannequin nourrie essentiellement de fruits. Les êtres cosmiques n'ont pas besoin de beaucoup de nourritures terrestres... Elles ressemblent à des sirènes anémiées.

Je n'ai pas vu Iso approcher. Il m'apostrophe, visiblement de très bonne humeur :

— Tu es jolie, aujourd'hui. Il est mignon, ton petit short, avec ces côtés transparents. Tu peux difficilement mettre une culotte là-dessous. Tu n'en portes peut-être pas ?

Je sens sa lourde main moite caresser mon dos nu. Je me raidis.

— La vie des îles te va bien. Je me demande si Noé te manque vraiment. Tu es radieuse. Tu sais, je suis aussi du signe du Bélier, comme lui... Ce feu qui t'attire tant, je peux te le procurer...

Il continue en soulevant mes cheveux. Je n'ai pas bougé.

— Ton circuit s'est affiné, ces derniers temps, les filles l'ont capté. Tourne-toi par ta droite. Tu es digne de signer une nouvelle alliance et de revenir au sein de mon vaisseau. Si tu le souhaites, bien entendu…

— Je ne prendrai pas cette décision sans Noé. Ce ne serait pas honnête de ma part.

— Mais que crois-tu qu'il fasse à Paris ? s'indigne-t-il, vexé. J'ai appris qu'il s'amusait bien avec Marilou. Il a tôt fait de te remplacer ! À plus tard, Isabelle. Médite sur ce que je viens de te dire…

Le tournage du *Bounty* prend fin. Les producteurs américains, avec lesquels les Starkos entretiennent d'excellentes relations, nous cèdent un village dans la montagne, sur un petit col avant le Belvédère : bien que construits sommairement pour les besoins du film, sous ce climat, les *fares* sont habitables. Le village peut contenir une vingtaine de personnes. En plus, nous n'aurons aucun loyer à payer : Iso nous encourage vivement à aller nous y installer.

Habiter là-haut m'éloignera de lui. Je suis donc volontaire. Pilou, pourtant Starkos, est également intéressé, à la grande consternation de son maître. D'autres amis qui partagent à présent mes sentiments à l'égard du gourou se joignent à nous : Éric, Gaétan, Yuri, Basile, Julien, un ami de Futura, Guenièvre, un couple de Nice, Nathalie et Cédric, et quatre garçons arrivés depuis peu à Tahiti. Nous ne sommes donc que quatre filles pour onze garçons. La plupart des femmes, consacrées, ne peuvent s'installer avec nous : elles sont tenues de rester entre filles et leur contact avec les hommes doit se limiter à leur unique seigneur et maître.

Dès huit heures le lendemain, nous nous mettons en route. Nous préférons marcher tôt le matin, quand le soleil n'est pas encore trop haut. Le village se situe à une dizaine de kilomètres dans la montagne. Le site surplombe tout l'intérieur de l'île. La vue est grandiose. Les contours vert sombre de l'ancien volcan se détachent de l'étendue bleue du ciel et de la mer confondus. Au loin, un chapelet de nuages coiffe les sommets. Un arc-en-ciel immense illumine le tout. Je n'ai jamais rien vu d'aussi beau.

Le village a été construit selon les anciennes traditions tahitiennes, uniquement en bambous et feuilles séchées. Les *fares* sont disposés en cercle et orientés vers le centre de l'île. Tout autour, des champs d'ananas, des arbres fruitiers et des bois. Il y a même un papayer derrière mon *fare*, dont les délicieux fruits roses égayent mes petits déjeuners quotidiens. Pour nous laver, nous nous baignons dans la rivière qui coule juste derrière nos cabanes.

Nous vivons comme Robinson, et les couples retrouvent un peu d'intimité. J'attends toujours Noé avec impatience. Aucun d'entre nous ne se rend plus aux réunions. Le clan des rebelles s'affirme. Iso ne le tolère pas longtemps. Après trois semaines d'une relative tranquillité, il nous rend visite, accompagné de sa troupe, dont Lydie fait partie. Malgré ses réticences et sa lassitude, Iso la tient toujours sous sa domination. Et son petit ami, Tristan, l'encourage à rester auprès du maître. Dès son arrivée, elle me chuchote à l'oreille :

— Iso dit que vous êtes en prise directe avec un des plus vieux puissants du monde, celui de l'Atlantide ! Vous êtes en danger, Isabelle, mais vous ne vous en rendez pas compte, fais attention !

— En danger ? Mais tu plaisantes, on ne s'est jamais sentis aussi bien !

Elle change alors de langage. Elle sait bien que je ne crois plus à toutes ces sornettes. Coincée entre Iso et Tristan, elle ne survit, comme beaucoup d'adeptes d'ailleurs, que grâce à une sorte d'état schizophrène.

— En bas, c'est terrible. Et depuis que vous êtes partis, cela va de mal en pis. Attention, le voilà.

Boudiné dans une tenue mauve, Iso réclame notre attention. Il n'est pas venu s'amuser : sa visite est une opération énergétique.

— Je vois que vous êtes bien installés, mes enfants.

Dédaigneux, il inspecte les lieux avant de poursuivre :

— Mais notre programme est d'une tout autre envergure. Ce village n'est qu'un échantillon de ce que nous sommes en mesure de réaliser ensemble. C'est trop petit pour tout le monde. Mais je comprends mieux vos absences. Ce n'est pas facile pour vous de descendre tous les jours… Pourtant, j'ai bien peur que vous soyez investis par le puissant du lieu. Ne l'avez-vous pas senti ?

Non, nous n'avons rien senti. Il affiche un air consterné.

— Enfin… Ce village était un essai. Je voulais voir si vous étiez capables de vivre isolés du reste du monde. Il n'y a ici ni eau courante, ni électricité. Je vous félicite, vous avez fait preuve d'un bon détachement de la matière. Mais nous n'allons pas nous terrer à Moorea. Nous devons tous nous synchroniser avec l'énergie locale. Bientôt, nous partirons vivre sur des voiliers. Avec Crisal, nous préparons un spectacle. Il aura lieu dans quinze jours, au centre culturel de Tahiti. Vous participerez à son organisation. Je compte sur vous. À bientôt.

Deux jours plus tard, nous sommes tous convoqués en assemblée extraordinaire. Nous nous y rendons en traînant la sandale. Nous ne pouvons pas ne pas y aller. Montrer une marque d'indépendance, c'est tout de suite agir *contre* Iso. Nous ne sommes contre personne. Nous tenons simplement à préserver notre espace de tranquillité. Nous ne voulons pas d'ennuis.

Nous attendons l'arrivée d'Iso dans la chaleur moite du début d'après-midi. À travers la mince cloison de bois, nous entendons le chant des sirènes... Bientôt, la mélopée cesse. Une à une, les Starkis apparaissent, vêtues d'un simple *pareu*. Iso arrive le dernier, majestueux, habillé tout en noir, avec un pantalon en stretch satiné, retenu à la taille par un large ceinturon.

— Bonjour mes amis. Que le temps passe vite ! Je vous ai réunis pour vous informer que l'ensemble du circuit central et moi-même allons acheter un bateau : un voilier de quatorze mètres de long. Nous l'appellerons le *Sidérella*. Nous devrions pouvoir nous y installer après quelques semaines de remise en état.

J'espère que notre projet maritime avance aussi pour vous. N'oubliez pas notre mission. La plupart d'entre vous se sont purifiés par le Feu. L'heure est venue de poursuivre notre ascension vers la Conscience Suprême par les mers : la purification par l'Eau, avant l'ultime retour, la purification par le Ciel.

Après ces considérations maritimo-cosmiques, Iso nous donne l'ordre de quitter au plus vite notre village de Moorea.

Nous devenons trop rebelles. Nous offrons une résistance intolérable. Iso associe notre attitude à l'influence énergétique du tournage du *Bounty* : à l'époque, sur ce grand voilier, l'équipage, ligué contre son capitaine, avait organisé une mutinerie…

À regret, nous abandonnons donc notre havre de paix pour nous réinstaller à Opunohu, dans la première résidence d'Iso. Son nouveau domicile se trouve à Papeete, près de la cale de halage, pour se rapprocher de son bateau. Nous restons seuls à Moorea, Iso ayant entraîné avec lui le reste de ses ouailles. Pourtant, même éloignés, nous sommes sous sa coupe : le loyer d'Opunohu a été payé par le groupe pour une durée de trois mois…

Après cinq mois d'attente, Noé arrive enfin à Tahiti. Je le mets vite au courant de la situation. Il se range aux idées de notre petit groupe de rebelles. À Opunohu, loin de la matrice du groupe, nous vivons de mangues et d'eau fraîche. Chaque matin, nous cueillons des fleurs de tiaré pour parfumer la maison et nous partons nous perdre sur l'île, et, surtout dans le lagon, où nous nous laissons flotter des heures durant sur une planche sans voile, à contempler la faune marine, haut lieu d'émerveillement.

La traversée Moorea-Tahiti dure une bonne heure et coûte cinquante francs : trop long, trop cher. Excellent prétexte que nous invoquons, l'air contrit, pour rester chez nous, entre nous. Mais Iso requiert notre présence à Syntahia, le spectacle qu'il nous avait annoncé lors de sa visite au village et auquel, finalement, nous n'avons toujours pas apporté la moindre contribution.

Nous devons justifier notre statut d'artistes, dont certains Tahitiens commencent à douter sérieusement. Le spectacle devrait étancher une curiosité devenue gênante. Chacun s'affaire donc, avec plus ou moins d'enthousiasme, à la préparation du grand show de façade. Les Starkis profitent des répétitions pour se libérer un peu de l'emprise du maître. Séquestrées des journées entières dans des *fares* surchauffés par le soleil, le plus souvent portes et fenêtres hermétiquement fermées, elles ont besoin de respirer. Des amitiés se nouent alors, pour le moins sulfureuses, entre elles et quelques-uns des garçons de notre clan.

Désormais, pour Iso, nous incarnons le diable. Dans ses harangues, il nous surnomme « les Lucifériens ». Nous symbolisons les infidèles, les mécréants. Ce sera son erreur : en marquant ainsi, aux yeux de tous, notre rébellion au fer rouge de la vindicte, il l'amplifie et en étend l'influence.

La veille du spectacle, Iso fait déposer des cristaux sur la scène pour filtrer les énergies négatives du public, forcément investi de ténèbres. Les décors futuristes sont montés lestement : néons fluorescents, papier milar argenté et doré. Nous ne manquons pas de volontaires expérimentés. Les costumes sont tout aussi clinquants.

Sur la scène, nos deux danseurs professionnels — ils donnaient des cours à Futura — s'échauffent, déguisés en oiseaux blancs. Deux heures avant le lever de rideau, nous retrouvons Iso paré de ses plus beaux atours, combinaison dorée et bijoux de diodes électroniques rouges clignotantes. Il nous rappelle les dernières consignes :

— Ce soir, nous allons investir la zone tellurique du faisceau de coordination unitaire. Il s'agit d'une opération extrêmement délicate. La population se fera une image de nous à partir de ce que nous lui présenterons. Lors du spectacle, ne parlez pas à n'importe qui et restez tous groupés. Seuls les Starkos et quelques responsables habilités à le faire interviendront auprès de la presse. À mon signal, vous me rejoindrez tous chez Jonathan : c'est un *popaa*, mais on peut lui faire confiance, il est des nôtres et il met sa maison de Papeete à notre disposition pour la soirée. Pendant le spectacle, les Starkis danseront, offrant ainsi notre plus belle image. Pendant ce temps, Benjamin contrôlera les puissances soulevées avec son synthétiseur métallien. Enfin, chers amis, n'oubliez pas de travailler à notre grand programme maritime. Le *Sidérella* est prêt à amarrer. Nous y emménageons prochainement. Notre mission est de nous extraire de la Terre. Me suis-je bien fait comprendre ?

Un silence religieux témoigne de notre approbation.

— Nous ne sommes plus des Terriens. Nous serons désormais les habitants de la mer, les Merriens. Nous avons déjà intégré l'énergie de la Terre, énergétiquement située en dessous de la mer. La Terre représente la matière, la mer symbolise l'intermédiaire entre le Ciel-Esprit et la Terre-Matière. Nous devons nous attacher à retrouver cet état premier de l'esprit. À présent, allons nous préparer pour le spectacle. Et que la fête commence !

Tout s'est déroulé comme prévu. Rassurées, les autorités locales mettent à notre disposition le centre culturel pour d'autres prestations. Entassés dans la maison de Jonathan, nous attendons le maître de cérémonie. Malgré la nuit, il fait lourd, le temps est à l'orage.

À son arrivée, Iso, très grave, prend la parole.

— La Rencontre approche. Que les êtres qui vivront avec moi sur le *Sidérella* se lèvent.

Les sept Starkis s'exécutent, certaines la mort dans l'âme. Iso prétextant une urgence cosmique, elles sont invitées à s'installer sur le bateau le soir même.

Nous sommes congédiés sous une pluie diluvienne. Les Starkis passeront la nuit à transporter leurs effets personnels et ceux du maître à bord du voilier.

Durant plusieurs semaines, nous aurons une paix

royale. Iso est trop occupé à jouir de son nouveau caprice, payé par l'association. Sur son bateau, il exerce un contrôle total sur son petit monde. C'est l'isolement absolu, l'insularisation poussée à l'extrême. Le voilier est une île dont il est le seul maître.

Un mois plus tard, quatre Starkis « démissionnent ». Lydie, Joana, Flora et Olivia boycottent les mutations. Malgré les menaces d'Iso, elles intègrent notre communauté de Lucifériens. Cependant, elles gardent le silence sur les raisons de leur fuite.

À bord du *Sidérella*, les filles sont malades. Elles souffrent de nausées, de douleurs diffuses et lancinantes. Iso pose comme toujours son diagnostic en termes cosmiques :

— Le groupe se fait infiltrer par la ténèbre ! La destruction menace de se propager à l'intérieur même de notre enceinte ! Vous vous demandez pourquoi vous ressentez tous ces malaises dans votre corps ? Vous pensez donc être capables d'affronter toutes seules de telles puissances ? Erreur fatale ! Le seul moyen de vous protéger est de poursuivre votre purification par l'Eau ! Vous ne pouvez plus revenir en arrière, le processus est irréversible !

À terre, Iso organise une grande réunion à l'intention de tous ses adeptes.

— Dans trois mois au plus tard, tout le monde doit être sur la mer. Nous devons créer la flotte Internelle de jonction cosmique. Débrouillez-vous pour acquérir vos bateaux. Empruntez : ici, c'est très facile. Nous avons déposé assez d'argent dans les banques du territoire : elles ne pourront rien vous refuser. Il suffit de vous munir d'une justification de domicile.

— Il est deux heures du matin, coupe Pierre. Tout ceci peut peut-être attendre demain...

Iso n'apprécie pas l'intervention.

— J'ai le sentiment que vous ne saisissez pas bien l'urgence de la situation. Pour l'Internel transfert, la fatigue et le temps n'existent pas.

La réunion se terminera au petit matin.

Nous obtenons effectivement des prêts avec une facilité déconcertante. Bientôt, nous possédons une flottille de six voiliers.

Gérald, le cuisinier du *Bounty*, a pris les commandes d'une embarcation exclusivement féminine. L'orgueilleux heurte le premier récif de corail venu. Le bateau coule. Et ce ne sera pas le seul. En plus des emprunts, il va falloir payer les réparations des coques endommagées et des mâts brisés...

Les habitants de l'île se tordent de rire. Ils nous appellent « les E.T. » ou encore « les gentils bargeots ». Nous devenons vite la risée des Tahitiens : non seulement les « extraterrestres », achètent des voiliers à n'importe quel prix, mais en plus, ils ne savent même pas naviguer !

Iso devient de plus en plus odieux. Entassés comme des sardines sur les ponts des bateaux ancrés les uns aux autres dans le lagon de la Marina du Lotus, nous passons de longues heures à l'attendre sous un soleil de plomb ou sous une pluie tropicale, le ventre vide, souvent ivres de fatigue. Il accuse :

— Vous êtes en train de détruire ce que j'ai mis tant d'années à édifier ! Vous saccagez mon œuvre !

Il menace :

— Mes gardiens célestes veillent ! Ils m'informent de toutes vos pensées malsaines, de vos moindres gestes ! Les Starkis se sont engagées dans un contrat d'intériorité, elles ne s'en dégageront pas comme ça ! Quant à vous, les Lucifériens, les Judas qui me trahissent, gare aux conséquences de vos actes ! La colère céleste sera terrible !

Que de menaces dans ces non-dits... L'épuisement, la tension de plus en plus lourde, la chaleur, la peur de ce qu'Iso pourrait fomenter contre nous, nous réduisent au silence.

— Bien sûr, reprend-il avec douceur, si l'une des quatre Lucifériennes voulait quitter Satan et réintégrer notre vaisseau, je lui accorderais une chance.

Allongé sur un matelas de satin, entouré de sa gracieuse cour en déclin, il attend. Nous ne saisissons pas la main tendue.

— Tu sais très bien pourquoi nous refusons, commence Olivia. Nous...

— Nous n'avons que faire de tes considérations négatives, coupe Iso. Quant aux garçons qui se prêtent aux caprices des anciennes Starkis, ils se préparent eux aussi à s'engloutir dans les champs de la mort !

— Isabelle, intervient Jean-Philippe, tu ne trouves

pas que tu en as assez fait ? C'est toi la première qui as introduit Lucifer au sein de notre groupe.

Avant même que je puisse réagir, Olivia intervient :

— Isabelle n'a rien à voir avec tout ça ! Elle n'est pas au courant du centième de ce qui se passe ici.

Iso se lève. Il congédie les garçons : la suite du « programme » ne les concerne pas. Je m'apprête à les suivre, mais il ne l'entend pas ainsi.

— Isabelle, tu restes avec nous. J'ai besoin de ton faisceau.

Les Starkos me barrent le passage. Je dois obéir au maître.

Je retourne m'asseoir au milieu de mes compagnes d'infortune. Je me jure que l'on ne m'y reprendra plus. Plus jamais je n'accepterai de monter sur son bateau. Je n'ai que faire de ses menaces. Iso se fait mielleux.

— Je vous comprends, mes chéries. Vous êtes épuisées. Votre arrivée à Tahiti vous a fragilisées, c'est normal. Isabelle, cela fait si longtemps que je ne me suis pas occupé de ton circuit, je ne pouvais pas te laisser t'en aller. Je suis responsable de toi, je dois tout faire pour te soustraire aux griffes de Lucifer. Je le peux encore, si tu me fais confiance.

Pour me brancher avec le cosmos, il m'écrase la tête de sa lourde poigne. Au bout de quelques minutes de concentration, il déclare la réunion terminée. Elle n'a même pas commencé… D'un geste de la main, il renvoie les Starkis dans leur cabine et laisse partir Lydie, Olivia et Joana.

— Isabelle, je n'ai pas terminé avec toi.

Iso dessine de larges mouvements au-dessus de ma tête. Il me « code ». Ses fidèles Starkos forment un rempart autour de nous. Il entreprend alors de me caresser. Seule la simulation d'un paroxysme peut accélérer ma délivrance. Je maîtrise plutôt bien l'exercice vocal. Ce fut bref. Sûr de son fluide, le « guide » n'y a vu que du feu. Une fois encore, les entités célestes ont omis de l'informer de mes pensées profondes…

— Te voilà à nouveau reliée à mon faisceau, Isadora. Grâce à mon fluide, la liaison a été immédiate. Mon faisceau est si puissant qu'il lui a suffi de quelques secondes pour te traverser.

Il me libère, après avoir averti ses Starkos :

— Veillez bien sur Isabelle : elle va passer une porte très importante.

Une manière de leur demander de resserrer leur surveillance.

Je me dirige vers la passerelle. Olivia et Lydie m'attendent dans la voiture. C'est alors que Sylvain, un fidèle disciple, pose sa main sur mon bras :

— Alors ? Calmée, Isabelle ?

Je ne réponds pas.

— Doucement, Sylvain, intervient Michaël. Elle est codée maintenant. Iso a fait un travail sur elle.

Je m'esquive. C'est décidé : je ne participerai plus jamais à une quelconque réunion.

XVI

Briser la loi du silence

Ils étaient nus, le fruit qu'ils mangeaient était défendu et, néanmoins, ils s'imaginaient être au Paradis.

Arthur KOESTLER.

RIEN. Il n'y a rien qui vaille la peine d'être retenu de ces sept années d'un pseudo-enseignement philosophique et spirituel. Le groupe, les vaisseaux, les mondes parallèles, la jonction cosmique, le maître aux pouvoirs supérieurs, tout cela était un leurre. Pourtant, à deux reprises, je me suis laissé berner. Pendant près de sept ans, un homme a abîmé mon cœur et mon esprit. Tout cela n'était que mensonge. Iso ne détient aucun pouvoir surnaturel. Il ne peut rien contre moi que je ne puisse maîtriser. Il ne me fait plus peur.

Avant de partir pour ne plus jamais revenir, je veux comprendre. Je veux en savoir plus sur l'abominable machination qui a englouti sept années de ma vie. Quels secrets murent les Starkis dans le silence ? De quoi ont-elles si peur ? Quelles horreurs mon ignorance, ma peur, ma vanité ont-elles donc cautionnées ?

Je donne rendez-vous à quelques-unes des Starkis que je sens à bout de nerfs dans un salon de thé de Papeete. Il y a bien sûr Olivia et Joana, mais aussi Marie, Géraldine, et Talie qui nous rejoint un peu plus tard, les traits tirés, le visage boursouflé. Ses lunettes de soleil ne suffisent pas à cacher qu'elle a pleuré. Devant nos gâteaux et nos jus de fruits frais pressés, la tension tombe, les langues se délient.

— Tu as une sale tête, Talie.

— Je suis fatiguée. Je ne fais que pleurer, je n'en peux plus…

— Qu'est-ce qui se passe, Talie, qu'est-ce qu'*il* t'a encore fait ? demande Marie en lui frottant affectueusement le dos.

— Je craque, je ne veux plus être consacrée. Iso a complètement manipulé Cyril : maintenant, il ne veut plus me faire l'amour ; juste des petits câlins, et encore… Il ne me parle que de consécration. Je vais devenir folle !

Elle se mouche bruyamment. Marie continue de lui masser le dos, Olivia lui tient la main.

— Iso a toujours été si possessif, intervient Géraldine. Et il n'y a pas que les femmes qu'il convoite et qu'il veut pour lui tout seul ! En ce moment, il s'intéresse surtout à l'héritage de Benoît, il y a quand même plus de deux millions à la clé !

Joana s'indigne :

— Là, tu abuses, Géraldine. Tu ne vas quand même

pas dire, toi aussi, qu'Iso est un escroc ! Il ne faut pas non plus s'investir complètement contre lui...

— Il aime l'argent, comme tout le monde, tout simplement... En tout cas, tu le sais bien Joana, il n'est pas le saint homme que nous imaginions il y a quelques années... Il en a trop fait. Regarde Talie : il lui a encore tapé dessus, c'est évident !

Je n'en reviens pas.

— Tu veux dire qu'il est violent ? Il vous bat ?

— Isabelle ! tu débarques ? me lance Géraldine. Tu n'as jamais entendu crier quand tu vivais à Bourrygne ? C'est vrai que dans ces moments-là, il montait le son de la stéréo...

— Je ne pouvais pas imaginer cela. Non. Il n'a jamais rien fait de tel devant moi. Et puis, je ne suis pas restée très longtemps à Bourrygne, je me suis sauvée...

— Évidemment. Il est assez intelligent pour savoir sur qui, et en présence de qui, il peut se laisser aller à la violence.

— Mais tout de même, je ne comprends pas, Géraldine. Si tout cela est vrai, s'il te bat, pourquoi restes-tu ?

— Parce que j'aime Benoît. Et lui, pour l'instant, tu vois bien dans quel état il est. Iso le domine complètement. Il ne vit que pour la jonction cosmique. Il y croit.

— Si Benoît acceptait de te suivre, tu partirais ?

— Bien sûr ! Mais il ne partira jamais. Iso le coiffe. Je vous l'ai dit, Benoît n'est plus lui-même. Il se consacre jour et nuit à son élévation spirituelle. Il passe ses journées à « remonter ses énergies »... Il ne quitte pratiquement plus sa chambre, il y fait une chaleur à crever. Surtout qu'il n'ouvre jamais les fenêtres, à cause des énergies extérieures ! À peine réveillé, il commence à se masturber, que je sois là ou pas. Que voulez-vous que je fasse, il est persuadé de remonter ses énergies ! Après, il reste des heures enfermé sous la douche pour encore remonter ses énergies. Quand il sort, c'est pour aller voir Iso. Il est devenu dingue... Quelquefois, il ne me voit même pas. Il parle tout seul, il délire. Je ne peux quand même pas l'abandonner dans cet état...

— Tu sais, Isabelle, il cogne sur toutes les filles, me dit Joana. Et cela n'a plus grand-chose à voir avec les ténèbres, crois-moi. Quand on essaie d'en parler un peu aux garçons, ils nous traitent de folles ou de menteuses. Ils ne peuvent pas imaginer ce que nous subissons. Ou bien ils ne le veulent pas. Ils n'assistent jamais à tout cela. Iso n'est pas fou. Au début, on se disait qu'on avait fait quelque chose de mal, c'était de notre faute, on était punies. Mais depuis Tahiti, c'est de pire en pire : il a décidé que nous devions muter par la douleur !

Je reste sans voix. Olivia enchaîne :

— Moi, il m'a menacée. Si je pars, il va m'arriver un malheur, c'est sûr. Vous savez, je crois vraiment qu'Iso a des pouvoirs supérieurs. Et il détourne son don à son profit. Vous vous souvenez de Bénédicte ? Eh bien, dès qu'elle est partie, elle a eu un kyste à l'ovaire, il a fallu l'opérer, et elle a eu plein d'ennuis. Et Jennifer : deux mois après son départ, elle a eu un accident de voiture, elle a failli y rester ! Sophia, la pauvre, a fini à l'asile psychiatrique... Et la liste est longue ! Quand on quitte Iso, on est en danger !

— Et Antoine, qu'est-ce qu'il dit ? Il ne te croit pas, lui non plus ? Vous avez quand même vécu longtemps ensemble avant d'entrer dans le groupe !

— C'est vrai, et c'est même de sa faute si je suis ici. Et le pire, c'est que je l'aime toujours. Mais Iso nous a séparés pour de bon. C'est un peu comme Benoît, en moins grave : ce n'est plus l'Antoine que j'ai connu. Il vit comme un zombie et il n'écoute plus personne à part Iso. Il n'a plus aucune volonté, plus aucune personnalité... Iso a le pouvoir de transformer les êtres en profondeur. C'est pour ça qu'il peut les rendre malades et même provoquer un accident...

— Arrête, Olivia, crie Joana. Tout ce qu'on est en train de raconter à Isabelle soulève de la haine. Je commence à avoir mal au ventre.

— Écoute, Joana, on a le droit de se décharger en parlant. On ne fait rien de mal. On a assez subi : regarde les marques que j'ai sur les poignets, et sur les chevilles !

— C'est quoi ?

Elle se tait. Elles se regardent entre elles, baissent les yeux. Les victimes se sentent coupables. Elles ont honte.

Olivia se racle la gorge et reprend.

— À Bourrygne, juste avant de partir à Tahiti, il a

eu une lubie. Pour nous dégoûter à jamais de l'enfantement, il nous a fait vivre un pseudo-accouchement…

Joana lève les yeux au ciel. Olivia poursuit :

— …un pseudo-accouchement pour nous libérer du désir primaire de procréer. Il s'est d'abord servi d'un spéculum pour vérifier si notre… « véhicule formel » pouvait passer la porte cosmique.

— Un truc de gynéco ?

— Oui, il est équipé…

Joana se bouche les oreilles. Elle fredonne une mélopée en se balançant d'avant en arrière.

— Ensuite, il a enfoncé sa main dans notre vagin, avec ses grosses bagues. On n'a pas pu s'asseoir pendant une semaine. Les plus atteintes n'ont même pas eu le droit d'aller voir un médecin. Et puis, comment auraient-elles justifié leurs blessures ?

Machinalement, mes bras se referment sur mon corps. J'étais partie à temps de Bourrygne. Je frissonne, consciente d'avoir échappé au pire.

Plus tard, lors de mes cours d'acupuncture traditionnelle chinoise, on nous dira que la femme enceinte a « le Ciel dans le ventre » et que « l'utérus est la sphère des étoiles. » Le gourou, sous prétexte d'élever notre âme pour atteindre Dieu et son royaume céleste, nous privait du Ciel et des étoiles…

— Au début, il n'était pas comme ça. Mais avec toutes ces filles à ses pieds, il a perdu la tête.

Je conclus :

— Finalement, il transgresse toutes les disciplines qu'il nous impose.

— Iso est le seul homme que j'ai connu dans ma vie, avoue Talie. J'ignore ce que peut être une sexualité normale. Quand je suis rentrée dans le groupe, j'avais seize ans. Je suivais ma sœur. Et aujourd'hui, j'ai peur de finir dans un asile. Tout ce à quoi j'ai cru pendant neuf ans s'effondre comme un tas d'immondices. Ma sœur est encore entre les mains d'Iso. Elle est toujours consacrée. Je ne peux pas l'abandonner, je dois la protéger. Petit à petit, je ne désespère pas de l'amener à comprendre la vérité. Mais vous savez, quand on est complètement dedans, on ne veut pas croire les autres. C'est comme si on était possédé. On ne voit plus la réalité telle qu'elle est. Tout est flou, tordu, déformé.

De grosses larmes roulent sur ses joues. Je lui prends la main, j'essuie son visage de petite fille.

— Jusqu'où faudra-t-il qu'il aille pour que tu partes, Talie ?

— Isabelle, j'ai vingt-trois ans. Je suis arrivée si jeune… Aujourd'hui, je ne sais rien faire, je ne connais personne en dehors du groupe. À l'extérieur, c'est le désert. Je me vois mal affronter la vie toute seule, sans famille, sans amis, sans ressources et à moitié déglinguée…

Ce genre de conversation est interdite. Nous avons brisé la loi du silence. Nous nous quittons avec la promesse de lutter ensemble. Iso perd du terrain. C'est une évidence. Il est allé trop loin. Il a trop tiré sur la corde, elle s'use, elle va parfois jusqu'à se rompre, provoquant le « déclic » salvateur d'une brutale prise de conscience.

Je n'ai plus qu'une idée : me sortir de ce guêpier et aider mes amis à y parvenir.

Plongée dans mes pensées, je remonte à pied le boulevard Pomaré. Aux abords du port, je croise Florian. Il s'apprête à rejoindre Iso sur son bateau.

— Salut, Florian. Je peux te parler une minute ?

— Je suis là pour t'éclairer, Isabelle. Parle en confiance.

Nous allons nous asseoir sur un banc face à la mer.

— Écoute, ce que j'ai à te dire n'est pas très facile. Mais je crois qu'Iso n'est pas clair. Ses motivations me semblent obscures. Je finis par me poser des questions sur sa sincérité… En plus, il est profondément raciste. Tu peux comprendre que, pour moi, c'est un peu dur…

Je n'ose pas aborder tout de suite ce que je viens d'apprendre.

— Tu n'es pas sérieuse, je pense.

— Très sérieuse, Florian. Et je sais de quoi je parle. Il n'y a pas d'Africain, ni même d'Antillais dans le groupe. Pourquoi ? Ne t'es-tu jamais posé la question ? Quant à la seule métisse, Zabou, il lui fait subir devant tout le monde les pires brimades à cause de la couleur de sa peau.

— Mais enfin, cela n'a pas de sens : Iso médite tous les jours pour la paix dans le monde !

— Et pourquoi les Starkis sont-elles presque toutes blondes aux yeux bleus ?

— Tu te méprends, Isabelle. La preuve, c'est qu'Iso s'inquiète beaucoup pour les pays sous-développés. Il est bien au-dessus de vulgaires notions de racisme ! On est bien à Tahiti, tu ne trouves pas ?

— Florian, ne détourne pas la conversation. D'ailleurs, j'ai entendu dire qu'Iso est antisémite, même au sein de sa propre famille.

— Si Iso ne voit pas sa famille, ce n'est pas parce qu'elle compte quelques Juifs, tu le sais bien.

— Il n'empêche qu'il m'a toujours reproché mes origines.

— Non. Je ne pense pas que tu doives interpréter ses paroles ainsi. Sa façon de s'exprimer est parfois un peu hermétique. Il fait simplement référence à ton faisceau de puissance. Nous sommes tous attachés à la matière de façon particulière selon notre race, et c'est cela que nous devons transcender…

— Dis-moi, Florian, j'ai aussi une autre question à te poser. Pourquoi, à ton avis, Iso en veut-il tellement aux anciennes Starkis ? Elles ont juste besoin de relations affectives plus… normales. Après cinq années de fidèle consécration, c'est bien légitime, tu ne crois pas ?

— Leur départ est une trahison. Tu sais, Iso est responsable de leurs âmes. Elles mélangent leurs faisceaux de lumière avec des êtres trop lourds, Iso n'a pas eu le temps d'effacer ses codages. C'est très dur pour lui.

Inutile de poursuivre. Aucun dialogue sensé n'est possible avec lui. Sa pensée se noie dans le verbiage cosmique.

Florian n'est pas méchant. Il est seulement possédé. Dans quelques minutes, sans doute, Iso connaîtra les moindres détails de notre petite conversation.

Dès le lendemain, j'aperçois Iso à la terrasse d'un café du centre de Papeete. Vêtu d'une combinaison blanche, il trône au milieu de cinq femmes maquillées à outrance. Il ressemble plus à un proxénète qu'à un prophète. Il m'appelle d'un signe de la main. Je suis curieuse d'entendre ce qu'il a à me dire.

Je m'approche.

— Petite puissante, grogne-t-il. Tu crois que je vais continuer de m'encombrer d'un poids lourd comme le tien ? Tes considérations ne m'intéressent pas. La critique est aisée. Mais que fais-tu, toi, pour autrui, dans ta petite vie égoïste ? C'est à cause de brebis galeuses comme toi que le programme n'avance pas.

— Je me pose des questions, c'est tout.

— Alors pose-les toi toute seule. Si c'est pour nous emmerder avec tes ténèbres, tu peux partir ! J'ai assez perdu de temps et d'énergie avec toi, petite conne !

C'est la première fois qu'il m'insulte. De rage, il me jette un stylo à la figure. Puis il se lève, dédaigneux. Flanqué de ses esclaves sacrées, il s'éloigne pieds nus vers la plage, s'enfonçant dans le sable, pestant contre les coraux qui jalonnent son divin passage.

Le soir-même, il convoque le groupe. Les Lucifériens sont indésirables, ils ne sont pas conviés. Mais, nous aussi, nous avons nos antennes. Ses paroles me seront rapportées par Lydie :

— Mes amis, l'heure est grave. Le clan des Lucifériens menace de mener notre groupe à la déflagration énergétique ! J'interdis à quiconque de les voir et de leur parler. À compter d'aujourd'hui, je ne réponds plus du salut de leur âme. Quoi qu'il puisse leur arriver désormais, je ne saurais en être tenu pour responsable. Ils ne jouissent plus de la protection des entités célestes. Satan est à présent libre de les posséder et de les détruire !

La flotte galactique ne cesse de croître. Elle compte maintenant vingt-six bateaux ancrés et attachés les uns aux autres dans le lagon. Chaque voilier a été rebaptisé par Iso : *Starbird*, *Starkor*, *Végalis*, *Axiel*, *Ioran*, *Iniatia*... Les passants s'arrêtent de plus en plus nombreux devant la Marina du Lotus où sont amarrés les voiliers. « Les E.T. en bateau » constituent l'attraction. Le clou du spectacle, c'est Héléna, fidèle disciple. Arrivée au terme de trois années de consécration, elle s'est perdue dans une douce folie. Chaque matin à la même heure, la pauvre fille s'installe sur sa valise devant la passerelle du *Sidérella*. Dès qu'une Starkis sort du bateau d'Iso, elle la supplie de lui céder sa place auprès du maître. En haillons, assise sur son bagage, elle attend, désespérément, qu'il pleuve, qu'il vente ou qu'il brûle. À la nuit tombée, elle rentre chez elle, une sordide camionnette infestée de blattes tropicales volumineuses et répugnantes.

Un Starkos, à l'instigation d'Iso, a écrit aux parents de la jeune fille pour les informer de l'état critique de leur enfant. Touchés par le dévouement que semblent manifester les amis d'Héléna à son égard, soulagés de la savoir entre de bonnes mains, logée, nourrie, ils enverront régulièrement de l'argent à l'association pour subvenir aux besoins de leur fille et soutenir l'action « humanitaire » d'Iso-Zen.

Cette manière d'extorquer des dons aux parents — en général les plus fortunés — fait beaucoup recette à Tahiti. Il faut dire que les jeunes « dérangés » ne sont pas rares au sein du groupe. Mathias, le petit ami d'Héléna, a lui aussi complètement régressé. Il passe ses journées à faire des dessins enfantins qu'il dédie à Iso. Stéphane, lui, a sombré dans une sorte d'autisme profond. Il suit pas à pas un Starkos qui est chargé de lui. Ses parents aussi envoient de l'argent. Carole a fait un petit séjour de deux mois à l'hôpital psychiatrique de Papeete. Catherine, elle, est soignée en psychiatrie en France. Son internement durera sept ans. Au total : quatorze ans de vie gâchés. Et combien encore… La liste serait longue des schizophrènes, malades mentaux et hallucinés en tout genre. Certains ne s'en remettront jamais. Et les tentatives de suicide ne sont pas exceptionnelles.

Du côté des Lucifériens, nous nous affranchissons. L'oncle de Basile, installé sur le territoire depuis vingt ans, offre de nous aider à monter un camion-crêpes sur le port de Papeete. Les Tahitiens sont très gourmands, nous assure-t-il. Par ailleurs, nous cherchons à acquérir un bateau. Mais, à cause des E.T., les prix des voiliers ont beaucoup grimpé à Tahiti.

C'est alors que nous rencontrons Tekki, un navigateur local, qui propose de nous initier à la navigation sur son thonier breton, *L'Aurochs*. Nous embarquons tous pour une croisière dans les îles Sous-le-Vent. La première nuit, nous avons le mal de mer. Il y a de la houle et le bateau tangue un peu trop. Nous nous enfermons dans le carré, tous plus ou moins malades. Nous finissons allongés et assommés de calmants. Seul Noé, qui a le pied marin, passe la nuit sur le pont à discuter avec Tekki.

Nous débarquons le lendemain matin à Tahaa, une petite île au charme fou, merveilleusement sauvage. Puis nous mettons le cap sur d'autres îles toutes aussi paradisiaques : Huahine, « l'île jumelle » qu'Hiro, dieu des Voleurs, coupa en deux, Raiatea, « l'île sacrée », et Bora-Bora, « la perle des îles Sous-le-Vent », sertie de *motus* (îlots). La traversée durera dix jours. Nous rentrons à Papeete requinqués, débordant d'enthousiasme et de projets.

À notre retour, sachant que nous sommes à la recherche d'un voilier, et ayant vu que, tout compte fait, au bout de quelques jours de pratique, nous n'étions pas de si piètres navigateurs, Tekki nous propose un projet d'association : achetons notre bateau et montons avec lui une société de charters. Cela marche très bien par ici.

L'idée nous séduit. Sa concrétisation, avec l'aide de Tekki, pourrait être lucrative. Il reste à trouver un voilier assez grand et pas trop cher… Nous apprenons qu'un superbe bateau de seize mètres trente-deux, le *Tétrag*, est à vendre en Guyane à un prix intéressant. Bien sûr, il faut aller le chercher là-bas. Mais pourquoi pas ? Nous réglerions son propriétaire sur place, puis nous ramènerions le bateau à Tahiti par la mer. Nous partirions pour revenir sur un grand voilier, complètement indépendants. Le rêve !

Rapidement, nous constituons notre équipage : Tony et Marie, Basile et Katy, ma cousine Alice, qui commence à se poser quelques questions, Yuri, Noé et moi. À chacun de rassembler un huitième de la somme, deux cent mille francs, soit trente mille francs chacun en comptant les frais d'accastillage. Corinne, la petite amie de Yuri, encore à Paris, apportera elle aussi sa contribution à partir de la France. Yuri est très enthousiaste : dès que nous aurons acquis le *Tétrag*, Corinne viendra le rejoindre à Tahiti.

En une semaine, nous avons déjà réuni la moitié de la somme.

Iso est vert de rage. Le bateau que nous envisageons d'acheter mesure deux mètres de plus que le sien. Il interprète notre projet comme une insulte à sa personne. Aussi déclare-t-il lors d'une réunion que notre embarcation serait néfaste : *Tétrag*, en langage cosmique, signifierait en effet « double terre », le mot contenant deux fois la lettre *t,* symbole de la terre-matière et donc de la ténèbre. Ainsi, selon les guides invisibles, la « bonne affaire » serait une galère...

— Ils ne reviendront pas vivants, prédit Iso. La Guyane est le trou du cul du monde. Tous les bandits et les criminels y trouvent refuge. C'est un pays dangereux.

Lydie, très inquiète pour Noé, nous transmet les menaces d'Iso. Elle nous apprend aussi que le gourou se prépare à acquérir un bout de *motu*, à Bora-Bora : trop d'articles sont parus dans la presse locale sur les E.T. ; l'envoyé d'un magazine parisien, qui s'était déjà beaucoup intéressé à Futura, est même venu spécialement passer une semaine à Tahiti avec la ferme intention de s'infiltrer dans le groupe pour en savoir plus. Il est reparti bredouille. Rien n'a transpiré. Les E.T. ne défendent que des causes très nobles... Pourtant, les rumeurs s'amplifient : sur leurs bateaux, les extraterrestres feraient des partouzes... Les réunions deviennent délicates à organiser sans éveiller la curiosité des autochtones. Le groupe commence à être un peu trop surveillé. Tout cela finit par déranger Iso. Et d'ici à ce que la police vienne fourrer son nez dans ses affaires...

À qui veut l'entendre, Iso clame haut et fort le motif officiel du prochain déménagement à Bora-Bora : le groupe s'éloigne de la zone des essais nucléaires de Mururoa, les radiations risquant de compromettre l'atterrissage imminent des vaisseaux interdimensionnels.

À Bora-Bora, les gens se méfient. Installé depuis des années sur l'île, Paul-Émile Victor ne voit pas d'un bon œil la venue de ces E.T.

La parcelle de *motu* dont Iso devient le maître est baptisée « Galactéus ». Désormais, la cité cosmique a le statut de propriété privée. Nul étranger ne sera admis sur ces terres sans l'autorisation d'Iso. Le temps de se faire un peu oublier et de resserrer sa troupe.

Dans le même temps, un des plus anciens Starkos, Claudius, quitte le groupe. Il sera l'un des rares à oser aller parler à des journalistes de la presse tahitienne. Il ne mâchera pas ses mots, qui seront retranscrits dans l'un des titres de presse locaux.

Lorsque, près de dix ans plus tard, j'ai tenté d'obtenir de ce journal une copie de l'article en question et des nombreuses références à la secte dans la presse locale, qui parlait toujours à l'époque des E.T. ou des extraterrestres, j'ai été éconduite. Je n'ai pu tirer que peu d'informations et aucun journaliste n'a accepté de me parler. Ils semblent se méfier encore, puisque, avant de répondre négativement à ma requête, ils se sont enquis de mes liens actuels avec le groupe. « Savent-ils que vous demandez copie de ces articles ? Avez-vous leur autorisation ? » Tout ce que j'ai pu apprendre, c'est que le groupe avait bien infiltré la presse tahitienne. La rédactrice en chef de l'une de ces publications m'a récemment confirmé que trois membres de la secte avaient travaillé plusieurs années au journal. Un film aurait même disparu des archives…

Les événements se bousculent. Il est temps pour nous de concrétiser notre projet avant que nos coéquipiers, encore très fragiles, se fassent récupérer par le groupe. Il faut faire vite, il y va de notre liberté. Je partirai donc en Guyane avec Noé. Je réglerai la moitié de la somme au propriétaire du bateau. Lydie, qui continue de nous rapporter ce qui se passe « à l'intérieur », tente de nous retenir : Iso aurait eu des visions funestes. Si nous partons, nous ne reviendrons pas. Elle ne peut s'empêcher de le croire. Iso a déjà fait par le passé des prédictions qui se sont réalisées, me soutient-elle. Plus que les mauvais présages d'un faux prophète, ce qui m'inquiète, c'est que nos amis, les autres membres de notre équipage, semblent ébranlés par les paroles de Lydie. Je mesure alors combien Iso tient encore tout le monde sous sa coupe. Nous n'avons pas tous atteint le même degré de détachement.

La veille de notre départ, Iso me fait savoir qu'il souhaite me rencontrer sur son bateau. Je suis intriguée : que peut-il encore avoir à me dire ? Sûre de moi, un peu curieuse, j'accepte l'invitation.

J'arrive alors qu'il injurie ses Starkis. Lorsqu'il m'aperçoit, il s'arrête net. Gêné, il les congédie. Je me retrouve seule avec lui sur le pont.

— Isabelle, ma chérie. Florian a vu passer un vaisseau. En pleine journée, c'est de très bon augure pour ton voyage. Tu ne l'as pas vu ?

— Non.

Il me tend un petit coffret :

— Tiens, je te confie une perle noire. Tu dois savoir que je monte une société d'import-export de bijouterie. Nous évoluons beaucoup, tu sais, en ce moment. Cette perle noire, je te la confie. Tu t'arrangeras pour la faire expertiser à Paris, je voudrais savoir combien je pourrais la revendre là-bas. Ton père est bien bijoutier ?

— Oui…

— Très bien. Je suppose que tu es impatiente de rejoindre Noé. Vous partez quand ?

— Demain matin.

— Soyez prudents.

Le visionnaire scrute le ciel.

— En vous éloignant de moi, vous perdez la protection de mes guides. Vous le savez ?

— Ne t'inquiète pas pour nous. Nous serons bientôt de retour à Tahiti.

Un drôle de sourire se dessine sur son visage.

— Peut-être…

Ce sera notre dernière entrevue.

Véra, Starkis, a vécu six années auprès du gourou :

« À Tahiti, nous vivions entassées sur les voiliers sous un soleil cuisant. Pendant deux ans, je n'ai plus vu ni parents ni amis en dehors du groupe. Une nuit, sentant que je me fatiguais de lui, il m'a intimé de choisir "un sujet de transfert" parmi les adeptes. Alors j'ai pensé à Julien. Il a ordonné à ses Starkos d'aller tout de suite le réveiller. Julien est arrivé tout endormi sur le bateau. Iso lui a expliqué que je l'avais choisi pour établir un transfert pointu et ponctuel avec ses puissances. Qu'il avait besoin de son faisceau de coordination séternelle pour m'empêcher de me perdre dans la ténèbre. Julien était complètement ahuri. L'acte devait se dérouler sur-le-champ, sur le pont du bateau et en sa présence. Alors, nous l'avons fait. Nous n'avions pas le choix… C'était l'époque où Iso nous avait demandé de passer du régime végétarien au végétalien : nous ne mangions plus que des fruits. Julien a été très gentil. Il me dira plus tard avoir eu l'impression de faire l'amour à une femme-fruit… »

Aujourd'hui, Julien et Véra ont quitté la secte. Ils sont mariés et ont un enfant.

Lydie est restée dix ans dans le groupe, dont huit en tant que femme du gourou :

« Un jour, Iso nous a distribué un petit cadeau de l'espace : un morceau de Plexiglas cylindrique, que Michaël avait récupéré dans un atelier de décoration. Il nous demande de le tailler en forme de phallus afin de canaliser l'énergie perverse de nos désirs inavoués. Quelques jours plus tard, il nous a priées de le rejoindre munies de nos axes phalliques. Il nous a alors demandé de projeter nos plans profonds sur l'objet magique. D'une main, il fallait se l'enfoncer dans le vagin, de l'autre se caresser. Certaines n'avaient pas fini de polir leur outil de travail. Elles se sont blessé la matrice. Elles saignaient tandis que les autres se masturbaient. Notre naïveté, notre bêtise, notre innocence nous aveuglaient. Iso détestait le sang des femmes, ce sang qu'elles avaient versé dans leurs anciennes vies de guerrières, de sorcières, de Jocaste… Ensuite, il nous a demandé de nous l'enfoncer dans l'anus. On hurlait de douleur. Les Starkos, même s'ils nous entendaient, n'intervenaient jamais. »

Aujourd'hui, Lydie a retrouvé une vie normale. Elle a tiré un grand rideau blanc sur son passé.

Frédérica, huit ans femme du gourou, amie fidèle de Priscillia :

« Un jour que je mangeais dans la cuisine, Iso est arrivé. Il sortait d'une "opération" avec Priscillia. Il m'a jaugée, a estimé que je pouvais à mon tour "passer la porte". Il m'entraîne dans le jardin. Il faisait froid et humide, c'était en plein hiver. Il choisit un coin un peu à l'écart, m'ordonne de m'agenouiller, de fermer les yeux dans une attitude zen, et d'ouvrir la bouche. J'obéis. Il baragouine quelques mots en langage cosmique, puis il me dit : "Après ce transfert, plus rien ne me séparera de toi ma chérie" Et je sens son machin se fourrer dans ma bouche, et il urine abondamment, tenant ma tête pour me forcer à tout avaler. L'odeur m'a obsédée pendant des mois, je la transpirais, j'avais ingéré toute sa pourriture. Je le haïssais... Mais tout ça, c'est du passé, c'est loin... ça n'a jamais existé. »

Frédérica a quitté la secte un an après moi. Aujourd'hui, elle reste très fragile. Elle vit avec un ex-adepte dont une sœur et une cousine sont encore entre les mains du gourou.

XVII

J'étais dans une secte

Qu'as-tu fait, ô toi que voilà
Pleurant sans cesse,
Dis, qu'as-tu fait, toi que voilà,
De ta jeunesse ?

Paul VERLAINE.

En ce début de juillet, je m'envole pour la Guyane avec Noé.

Dès notre arrivée, nous allons visiter le voilier. Comme convenu, Noé remet cent mille francs d'acompte au propriétaire du *Tétrag*. Le reste suivra, envoyé par nos amis restés à Tahiti, le temps pour eux de réunir le solde. Le bateau est spacieux et, malgré ses seize mètres trente-deux de long, sa ligne est élégante et effilée. Il saura nous ramener à bon port. Je nous vois déjà, avec Noé, au cœur du Pacifique, bercés par la mer et portés par les vents jusqu'aux îles du bout du monde, les îles Sous-le-Vent. Nous voguerons le cœur léger vers notre nouvelle vie. Nous avons tout pour réussir : l'amour, la promesse d'une activité lucrative et pas désagréable, un cadre de vie paradisiaque. Encore un peu de patience…

Pour l'instant, les arrhes versées nous permettent seulement de loger dans le bateau, accosté sur le fleuve Kourou près de l'embouchure. Les courants sont violents et nos nuits sont agitées.

Comparée à Tahiti, la Guyane est un enfer. L'eau y est boueuse, les moustiques déchaînés et l'ambiance moite et saturée. Les gens ne sourient pas. Le racisme entre les locaux et les blancs m'oppresse. La nuit, les caïmans dévorent des chiens attachés devant les maisons. Ce matin, dans une pirogue voisine de notre bateau, une tortue agonisait retournée sur le dos. Poliment, mais fermement, on nous a priés de ne pas intervenir. L'animal, en voie de disparition, est pourtant protégé…

Je n'aime pas ce pays.

Deux mois passent sans aucune nouvelle des six autres membres de l'équipage. Nous commençons à nous inquiéter un peu. Un courrier de Lydie, toujours en contact avec Noé, vient confirmer mes soupçons : affaiblis par notre départ et pressés par Iso, nos amis nous ont laissé tomber. Nous avons payé cent mille francs, nous n'aurons jamais le complément. Le piège s'est refermé sur notre crédulité. Nous sommes coincés en Guyane. Pour combien de temps ? Qu'allons-nous dire au propriétaire ? Nous n'avons aucun moyen de gagner de l'argent ici. Nos maigres économies seront bientôt épuisées. Qu'allons-nous devenir ?

Yuri est parti retrouver Corinne en France, Iso lui a finalement donné son accord pour la rapatrier à Tahiti. Les autres se sont une fois encore fait récupérer, Iso les a tirés de justesse des griffes empoisonnées des « ambassadeurs des ténèbres », en l'occurrence Noé et moi.

Tous les jours, à la Poste de Kourou, je m'acharne à tenter de les joindre par téléphone, mais tous s'esquivent. Je deviens hystérique. Ils branchent en permanence leur répondeur et les rares fois où nous parvenons à leur parler, ils simulent l'ignorance, arguent de leur bonne foi et de leur fidélité et nous assurent de leur arrivée prochaine, promettant de nous rappeler dans les plus brefs délais. À deux reprises, pour mieux tromper notre impatience, Yuri nous fait déplacer jusqu'à l'aéroport de Cayenne. Chaque fois, le propriétaire nous a prêté sa voiture, réservoir plein, pour aller chercher un fantôme. Jamais Yuri n'a pris l'avion pour Cayenne, et sans doute n'a-t-il jamais eu l'intention de le prendre. Et Alice ! Ma propre cousine ! Pas un mot, pas une lettre, plus rien.

Nos nerfs lâchent.

Je ne comprends pas. Après tout ce que nous avons enduré à Tahiti, nous serrant les coudes, leur attitude demeure incompréhensible. Comment Iso peut-il avoir conservé un tel ascendant sur des gens qu'il a humiliés, trompés, dont il a violé l'âme et le corps ? Comment peut-il encore les posséder ? Nos amis nous évitent comme le choléra. Comment peuvent-ils nous lâcher ainsi, si près du but ? Craignent-ils à ce point la rupture et l'indépendance ? Vont-ils encore longtemps refuser de grandir, de devenir *adultes* ?

Au bout de trois mois épuisants à lutter dans le vide, nous n'avons plus un sou. La Guyane semble bel et bien destinée à devenir notre bagne. Iso a eu sa revanche. « Punition céleste infligée aux Lucifériens », doit-il rabâcher aux malheureux zombies qui végètent autour de sa seule personne.

Désespérée, je parviens à joindre Yuri à Paris. Je contiens ma colère, j'adopte un ton très calme.

— Yuri, je ne comprends pas. Quand allez-vous nous envoyer le reste de l'argent ? Nous sommes coincés ici depuis des mois sur le *Tétrag*. Le propriétaire en a assez, on lui a fait rater une vente. Il exige l'autre partie de la somme, c'est normal. Il est même prêt à baisser le prix à cent cinquante mille francs au lieu de deux cent mille. Yuri, c'est une affaire ! As-tu oublié notre projet de charter ? Mais enfin, qu'est-ce que vous faites ?

— J'attends l'argent de Basile et des autres, c'est pour ça que je reste un peu à Paris. Ce n'est pas la peine de tous aller s'enliser en Guyane. Je suis plus utile ici.

Mon calme ne dure pas longtemps.

— Yuri, tu te moques de moi ! Ça fait des semaines que nous n'avons plus aucune nouvelle de vous !

Il soupire.

— Ce n'est pas si simple, Isabelle.

— Crois-tu que je sois dupe, Yuri ? Je sais que Corinne a vu Iso et qu'entre eux deux, tout va pour le mieux !

— C'est vrai. Mais ça n'a rien à voir avec le fait que je n'ai pas envoyé l'argent.

— Et les autres ?

— Le problème, Isabelle, c'est que vous êtes partis complètement investis contre le groupe. Vous avez laissé une très mauvaise image derrière vous. Alors, c'est normal, tu comprends, tout le monde vous lâche.

— Tu plaisantes ! Nous étions tous d'accord pour quitter le groupe, il me semble ?

— La situation a changé… Votre faisceau s'est beaucoup englouti depuis.

— Mon *quoi* ? Mais tu te fiches de moi, Yuri ! Comment peux-tu encore avaler les balivernes de ce dégénéré ? Et les deux lapins que tu nous as posés, à l'aéroport de Cayenne, c'était à cause de notre faisceau, peut-être ?

— Iso n'a jamais été d'accord avec ce projet.

— Et alors ? Ça m'est bien égal ! Il n'a jamais été concerné ! Cela nous était égal *à tous* !

— C'est vrai, mais nous étions dans l'erreur, Isabelle.

— Il vous a bien récupérés. Vous n'avez décidément rien compris. Réfléchis, Yuri, si le peux encore : Iso ne *veut* pas que le *Tétrag* arrive à Tahiti, cela lui ferait de l'ombre ! Imagine-nous débarquant à Papeete avec notre bateau, tellement plus beau et plus grand que le sien : il ne le supporterait pas. Notre réussite ferait des envieux dans le groupe, d'autres seraient tentés de suivre notre exemple. Et c'est cela qu'il veut éviter ! Ceux qui échappent à son emprise réussiraient ? Allons ! Ceux-là échouent ! Voilà où mène la désobéissance au maître : à l'échec, à la faim, à la ruine ! Yuri, n'en avez-vous pas assez de vous laisser manipuler ? Cela n'a-t-il pas encore fait « tilt » dans ta tête ? Quant à Corinne, qu'à ton insu il éloigne de toi, pourquoi se montre-t-il si attentionné à son égard ? Mais parce que son père est richissime, Yuri ! Et cinéaste, en plus ! Et Iso rêve d'être une star ! Ça non plus, tu ne l'as pas compris ?

— Calme-toi, Isabelle. Tu me charges. On ne peut pas partir du groupe comme ça, c'est tout. Écoute, Tina est à Paris, elle est ici. Je te la passe, elle veut te parler.

— Mais…

La voix enfantine de Tina m'interrompt.

— Isabelle, reprends-toi. Nous tenons en ce moment une réunion à votre sujet. J'ai mis le haut-parleur. Soixante-dix personnes t'écoutent. Nous ne voulons pas vous laisser tomber, mais Iso est très occupé en ce moment.

— Mais nous ne demandons rien à personne ! Nous ne faisons plus partie du groupe !

— Fais redescendre ta haine, Isabelle. Visualise la plaque métallienne en dessous de toi pour filtrer les forces qui t'envahissent. Parmi les gens qui sont encore en France, certains sont prêts à vous aider. À la condition, bien sûr, que vous soyez encore avec nous. Mais pour l'instant, l'urgence, c'est que Noé et toi vous vous concentriez sur votre faisceau intérieur pour établir une ligne subtile entre nous.

Le langage cosmique n'a plus prise sur mon esprit. Mon cerveau ne se laisse plus faire.

— Je me fiche de vos considérations célestes d'allumés ! On ne fait plus partie de votre bande de cinglés, tu m'entends ?

— Isabelle, reprend Yuri. Ne t'investis pas comme ça. Canalise ta haine.

— Nous avons tout perdu à cause de vous ! Depuis cinq mois, nous végétons dans un port pourri ! Vous nous avez trahis. Hier encore, vous fustigiez Iso, aujourd'hui vous abritez votre lâcheté derrière une bonne conscience truffée de mensonges ! Et vous vous disiez mes amis ! Et toi, Yuri, tu voudrais que je « canalise » ma haine ? Mais c'est vers toi que je la canalise ! Vers toi et ta pauvre bande de paumés de Dieu !

De rage, je jette le combiné.

Iso a gagné. Il a rattrapé ses brebis égarées. Nulle force, nulle volonté ne semble pouvoir s'opposer à son pouvoir. Je suis impuissante.

Désespérés, nous dépensons nos ultimes deniers pour envoyer un télégramme à Jean-Philippe, avec lequel je croyais avoir lié une réelle amitié. En vain. Il ne répondra jamais. De dépit, une après-midi où je me morfonds dans le carré du bateau, j'écris à Iso.

Iso,

Voilà cinq mois que nous moisissons en Guyane. Tu es le seul responsable de notre échec. Pendant ces longs mois d'attente, j'ai eu le temps de réfléchir, de tourner et de retourner la situation dans laquelle tu nous as piégés.

Je comprends que ton unique but, depuis le début, depuis que tu as créé le groupe, ta prétendue association spirituelle, est de profiter de nous, de nous humilier pour te glorifier. La spiritualité n'est qu'un prétexte pour nous attirer, un vernis pour la galerie. Y crois-tu seulement toi-même ? Permets-moi d'en douter. Derrière le prophète, se cache un manipulateur satanique. Tu nous veux tous à ta botte, toutes surtout, jeunes femmes et adolescentes d'abord.

Ne compte plus sur moi, Iso. Je garderai longtemps le goût amer de ces années perdues. J'ai eu la faiblesse de croire en toi. À présent, ton manège me saute à la figure. Tout devient très clair, aussi terriblement transparent que le cristal. Comment ai-je pu être aussi sotte ?

Je sais que tu es bien content de nous savoir en si mauvaise posture. Notre réussite, nos velléités d'indépendance et de liberté diminuaient ton pouvoir. Nous te faisions de l'ombre.

Mais tu ne l'emporteras pas au paradis, Iso. Moi aussi, je suis en ligne directe avec Dieu. Comme tout être humain. Et je n'ai pas besoin d'un quelconque faisceau, ou relais, pour m'adresser à Lui.

À jamais.

Isabelle.

Lors d'une réunion générale, Iso a lu un extrait de ma lettre. Elle les a beaucoup amusés.

Miracle ! Le propriétaire du *Tétrag* a trouvé un nouvel acquéreur. Nous récupérons la quasi totalité de la somme investie. Bientôt, nous allons pouvoir rentrer. Nous allons rebâtir notre vie, tout recommencer à zéro. Nous travaillerons, nous aurons des enfants, peut-être. Une vie simple et saine.

J'ai vingt-cinq ans. Qu'ai-je fait de ma jeunesse ? Comment ai-je pu m'aveugler à ce point ? Je n'arrive pas à comprendre : comment, à deux reprises, ai-je pu me faire avoir ? Par quelle faille Iso s'est-il immiscé dans ma personnalité, dans ma volonté, au point de remodeler mon identité, de s'approprier mon esprit, mon corps, et de me dépouiller jusqu'à l'annihiler de la conscience que j'avais de moi-même ? Je me croyais rebelle : pendant toutes ces années, je n'aurai été qu'une piètre suiveuse.

J'étais dans une secte. Le mot tombe comme un couperet. Je le répète, affolée. Je le tourne et le retourne dans tous les sens. Une secte… là où vont tous les marginaux, les paumés, les débiles mentaux. Du moins, c'est ce que disent les gens…

Le maître était un escroc. Et pendant que je me réveille encore la nuit, terrassée par l'angoisse, lui se dore la pilule sur une plage de Polynésie.

Où est la justice là-dedans ?

Même si j'ai fait un garrot à mon âme, elle n'a pas fini de saigner.

Quelques mois plus tard, un cyclone ravage Tahiti. Le *motu* où la secte s'est réfugiée, loin des regards curieux, est dévasté. Les disciples s'abritent sous des bassines pour ne pas être assommés par les tempêtes de noix de coco.

L'esprit des îles rejette les E.T.

Iso est acculé : d'abord la vague de réfractaires, puis le vent forcissant de la rumeur publique, une pluie d'articles dans la presse locale, tout cela ne pouvait s'achever que par une tornade dévastatrice. Ce jour-là, le Ciel n'était pas avec lui. Mon Dieu est finalement plus puissant que le sien…

Je tourne une lourde page de ma vie, une page noircie d'erreurs, de taches et de ratures. Le souffle apaisant de ma libération attise l'énergie qui n'a jamais cessé de couver au fond de moi. Je m'en sortirai.

Une nouvelle vie commence. De nouveaux amis, un nouveau look, un nouveau regard, même ; une nouvelle voix, un nouveau langage, de nouvelles habitudes. J'ai tout à redécouvrir.

Six mois après mon retour à Paris, je vais consulter un médecin. Il a déjà vu défiler quelques rescapés d'Iso-Zen. Il n'en revient pas :

— Vous êtes tous dans le même état : vidés, complètement anémiés. Que faisiez-vous donc à Tahiti ?

Pendant de longs mois, ce médecin va m'aider. Sur sa recommandation, je vais m'inscrire dans une école traditionnelle d'acupuncture. Je découvrirai alors les véritables bases de la médecine énergétique, utilisées et exploitées à tort et à travers par notre gourou. Je prendrai peu à peu conscience de l'engrenage dans lequel j'ai mis le pied à dix-sept ans. J'entreprendrai aussi une longue psychothérapie. Progressivement, avec le temps, les nausées nocturnes et les cauchemars finiront par s'estomper. Avec le temps…

Certains de ceux restés à Tahiti nous inondent de lettres et de rayons de soleil parfumés. Le groupe s'est disloqué. Lydie, Tristan, Francis, beaucoup ont quitté le groupe. Après le cyclone, ébranlés par notre aventure, soixante-dix autres disciples ont suivi. Tristan et Lydie sont restés en Polynésie. Tristan travaille dans une menuiserie, il gagne bien sa vie. Il aurait même une place pour Noé.

C'est l'hiver. Paris est décidément trop gris. Deux mois plus tard, nous embarquons, direction Papeete.

Lydie et Tristan nous accueillent avec des colliers de fleurs parfumées. Nous logerons dans leur jolie maison en bois, du côté le plus sauvage de Moorea, près de Papetoai, au bord du lagon turquoise. Noé fait un bon menuisier. Il retape les *fares* du club Méditerranée, situé à deux kilomètres de notre maison. Nous bénéficions ainsi de tous les avantages réservés aux « gentils membres », dont l'une des plus belles plages de l'île. Mais je préfère mon petit bout de lagon qui s'étire à l'infini. Les eaux calmes reflètent le soleil couchant et la mer épouse le ciel. La vision est divine. Dieu est un coloriste merveilleux. En ces lieux, l'immensité semble vivre et respirer. Je me sens chez moi. Enfin.

Quelques mois plus tard, une vingtaine d'ex-membres d'Iso-Zen se donnent rendez-vous à cinq heures du matin, sur le mont Ivirairai. Nous participons à une méditation internationale pour la paix dans le monde, une idée qui viendrait du Canada.

Et, tous en chœur, pour la première fois, nous méditons pour une cause juste et noble.

Le spectacle du lever du soleil est fantastique. Au loin, dans la brume du matin, se dessine l'île de Moorea.

L'avenir est à nous…

Épilogue

Ils ne se révolteront que lorsqu'ils seront devenus conscients et ils ne pourront devenir conscients qu'après s'être révoltés.

G. Orwell, *1984.*

À l'heure où j'achève ces pages, la secte Iso-Zen est toujours très active. Sous son nouveau nom, elle continue de gérer de nombreuses associations de couverture, d'invoquer les extraterrestres et les maîtres de l'invisible, de prêcher l'Apocalypse. Le gourou est un homme d'affaires organisé et prévoyant. Sa petite association des années soixante-dix a bien prospéré. Il possède désormais des immeubles à Antibes, dans la baie des Anges, plusieurs domaines et chaumières à la campagne et, toujours, son bout de *motu* à Bora-Bora.

Depuis un peu plus de douze années que j'en suis sortie, la secte s'est développée. Le gourou a quitté Tahiti en 1989, après y avoir monté un commerce très lucratif d'exportation de perles noires. À l'heure actuelle, il vit avec ses plus fidèles disciples dans un domaine que la secte a acquis à son retour de Polynésie, dans la région d'Orléans, non loin de

Bourrygne. Il existe maintenant des communautés dans toute la France, en particulier dans le Midi, à Marseille, et dans le monde entier : Canada, Brésil, Tahiti... Jusqu'à présent, elles coulent toutes des jours tranquilles.

Au moment où nous mettons sous presse, le gourou projette de fuir la France avec le gros de ses adeptes par les voies fluviales — ils possèdent deux péniches amarrées à Juvisy et plusieurs bateaux à moteur aux noms plus qu'évocateurs... — vers les pays du Nord, via la Hollande et le Danemark, et, peut-être, les pays de l'Est.

Le gourou aura bientôt soixante ans. Mais, d'après les derniers témoignages que j'ai eus, sa libido et sa mégalomanie ne sont pas calmées. Et pour quelle raison le seraient-elles, qui oserait se mettre en travers de son chemin ?

Boutiques diététiques, restaurants biologiques, librairies ésotériques, centres de conférences, bijouterie, confection, art, édition spécialisée, illustration d'ouvrages : de l'Administration aux professions commerciales, artistiques et artisanales les plus diverses, par le biais de petits intérêts et de petits coups de main, la secte est partout. À l'intérieur, rien n'a changé : les mutations cosmiques, la consécration, les sévices...

Quand j'ai commencé à vouloir recueillir des témoignages d'ex-adeptes, en leur garantissant l'anonymat, j'ai compris que même si l'on a quitté la secte depuis plus de dix ans, la secte, elle, ne vous a pas forcément quitté. Une ancienne Starkis, après avoir lu un des chapitres de mon témoignage, m'a déclaré :

« N'as-tu pas peur des répercussions énergétiques ? Au travers de ton livre, tu soulèves de la haine. Ios va te renvoyer des énergies négatives. Ne sous-estime pas sa force… »

Beaucoup ont peur de parler. Sur une quarantaine de demandes, seul quatre ex-adeptes ont accepté de me livrer un témoignage écrit. La plupart préfèrent la fuite dans le mensonge, l'oubli, voire la négation. Par respect, je n'ai pas insisté. Qui suis-je pour les contraindre à faire resurgir des démons qu'ils ont eu tant de mal à endormir ? Mais je ne peux m'empêcher de m'interroger : Comment, après tant d'années, le gourou tient-il encore tout ce monde ? Comment expliquer que certains, pourtant victimes de ses perversions et escroqueries, se seraient même engagés, par courrier signé, à plaider en sa faveur ?

La plupart demeurent persuadés qu'en dépit de leur éloignement physique, ils sont toujours reliés énergétiquement au gourou. Ils utilisent encore son langage, leur pensée reste imprégnée de la sienne. Voilà ce qui me choque peut-être le plus : même si les gens ont quitté la secte, ils sont encore conditionnés.

« Tu sais, Isabelle, j'atteins toujours des paroxysmes, me confiait encore récemment Joana, le plus naturellement du monde.

— Tu plaisantes ?

— Non, je t'assure ! Quand le plaisir vient, je le tire jusqu'à la tête. »

J'ai rencontré d'anciennes adeptes qui se demandent si le gourou n'influence pas encore leur vie amoureuse en s'adonnant à une quelconque magie noire à leur insu. Neuf ex-Starkis sur dix ont eu des difficultés à avoir des enfants : des problèmes pour être enceintes, des grossesses à risques, des césariennes traumatisantes, des hémorragies... Là où il s'agissait de séquelles psychologiques et (ou) physiologiques, elles incriminaient le mauvais œil.

À force d'auto-persuasion, l'ancien adepte se dit qu'au fond, tout cela n'était pas si grave :

« Oui, d'accord, il y avait les mutations. C'est vrai, nous étions une cinquantaine de filles à nous masturber sur l'ordre d'Osi, les garçons regardaient. Mais on était couvertes, ce n'était pas bien méchant...

— Couvertes ? Tu veux dire, des couvertures ?

— Non, mais on avait gardé nos sous-vêtements... »

L'ex-adepte cherche à démystifier. Il est tellement plus facile de se dire que ce n'était pas si mal, dans le fond, que de reconnaître qu'on a été maltraité, humilié, manipulé, conduit à des actes qu'aujourd'hui on réprouve.

Beaucoup continuent même à entretenir des liens avec le gourou par le biais d'activités commerciales et artistiques. D'autres, sans aller jusqu'à conserver une relation directe avec la secte, ont choisi de mettre à profit leur cheminement à l'intérieur d'Iso-Zen. Ils n'ont pas le courage d'affronter la lucidité crue. C'est trop douloureux pour leur amour-propre. Reprenant le langage de la secte et son enseignement, ils s'improvisent alors sexologues, psychothérapeutes, sophrologues. Ils organisent des séminaires en entreprises, proposant des cycles de relaxation aux cadres surmenés. Ils n'ont pas fait « tout cela » pour rien, ils entretiennent ainsi l'illusion de ne pas avoir *perdu* leurs plus tendres années. Ils se convainquent que le gourou a été leur première source d'inspiration, l'initiateur qui les a amenés à se réaliser. Ils ne peuvent pas ne pas le défendre. En l'accusant, ils s'accuseraient eux-mêmes.

Celui qui entre dans une secte s'enferme dans le refus global de toute autre idée. Il a un tel besoin d'être reconnu, écouté, compris. Son espace intérieur imaginaire occupe une place démesurée dans sa vie. Il est souvent un créatif refoulé. Un grand sensible. Il se sent incapable de s'adapter aux valeurs d'un monde trop dur. Il est la proie de peurs irrationnelles qui trouvent leur repos dans l'élan mystique. Et les gourous exploitent son mal de vivre, cette misère psychologique typiquement occidentale.

L'adepte, cloisonné dans une cage psycho-affective, ne peut admettre la réalité de ce qu'il vit, si évidente soit-elle. Ce n'est pas en l'agressant et en démontant son système de croyance qu'on peut le dissuader de quoi que ce soit, car un système de défense automatique est inséré dans le programme de manipulation. Il faut prendre le temps de l'écouter et d'analyser les mécanismes du labyrinthe de compromis dans lequel il est piégé.

Je comprends aujourd'hui que pour refaire le monde, il faut vivre *dans* le monde.

Combien de temps encore les gourous pourront-ils sévir sans être inquiétés ?

Quand ils attaquent en diffamation, quand des procès sont intentés contre eux, souvent, ils gagnent.

Tous ont d'excellents avocats.

À qui profitent les sectes ?

Le droit à la liberté de culte ne saurait couvrir les crimes contre la dignité de l'homme.

Selon les dernières conclusions de l'Assemblée nationale après la présentation du rapport de la Commission d'enquête sur les sectes, l'arsenal judiciaire n'aurait pas besoin d'être modifié.

Il suffirait d'appliquer les lois existantes.

Tout simplement...

Paris, le 19 janvier 1996

Isabelle,

Comme tu t'en doutes, nous suivons ta démarche, le plus souvent avec surprise, par médias interposés. Un certain nombre de raisons t'ont amenée à entreprendre cette action et le but de cette lettre n'est ni la polémique, ni le jugement de valeur ou l'explication, encore moins la justification de tel ou tel comportement de part et d'autre.

Ce que nous cherchons, comme nous l'avons toujours fait, c'est à éclaircir ce qui se passe au-delà des apparences et, ce faisant, aider ceux qui en ont besoin en fonction des informations et des possibilités qui sont les nôtres.

Nombre de tes formulations apparaissent comme l'expression d'une forme de désespoir et de souffrance intérieure. En ce sens, l'action que tu mènes a sans doute une vertu thérapeutique. Pour notre part, tout ceci nous permet de faire le point sur les réactions de ceux qui n'ont pu suivre le rythme soutenu des années passées. Pour les uns comme pour les autres, ces événements permettent donc de « nettoyer » un passif obligatoirement généré par une démarche novatrice qui a été très utile pour les uns et moins pour d'autres.

Étant bien entendu que nous aurions préféré dialoguer directement avec toi comme nous l'avons fait avec ceux qui rencontraient telle ou telle difficulté passagère dans leur évolution. En ce sens nous renouvelons notre proposition de dialogue direct afin que tu saches que nous serons présents si tu as besoin d'aide et que nous ne t'en voulons pas.

Il semble qu'au dialogue tu aies préféré l'affrontement. C'est ton choix. Tu es restée suffisamment de temps proche de nous pour savoir que, pour notre part, nous avons toujours privilégié l'entraide et la coopération dans la mesure où, par expérience, nous savons que la négativité se trouve toujours, à un moment ou à un autre, neutralisée par la négativité.

Il nous semble que la vie actuelle est suffisamment difficile pour ne pas se rajouter sans cesse des énergies dures à gérer et à digérer. Même si, pendant un temps, on peut projeter ses problèmes sur les autres, vient un moment où il faut soi-même se prendre en main pour les solutionner, et si ce n'est pas ici durant cette vie, ce sera ailleurs et autrement.

Toute réaction passionnelle entraîne son lot de déformations, de diffamations et de contradictions spectaculaires. Nous voulons bien croire que certains journalistes ont ainsi repris tes propos pour les rendre plus spectaculaires puisque la logique médiatique est, entre autres, d'exploiter la peur à des fins mercantiles, sans se priver de rajouter des mensonges aux pseudo-vérités. Dans un ouvrage récent, de nombreuses personnes ont déjà écrit leurs témoignages sur les expériences vécues au sein de l'équipe durant ces dernières années[1]. *Celles-ci et d'autres sont prêtes à défendre leur honneur, leurs idées et leur style de vie partout où il le faudra.*

L'action que tu mènes correspond donc à ton état d'esprit actuel. Mais qui sait si tu ne regretteras pas tout ceci dans deux ou trois ans comme le font tant de personnes qui, un beau jour, parce qu'elles sont passées à une autre étape de leur évolution, ne comprennent plus les motivations de leurs actions passées.

Plus tard, elles font part de leurs regrets concernant ce qu'elles ont pu dire ou faire en remerciant pour leur aide passée tous ceux qu'elles rendaient responsables quelque temps auparavant. Nous avons eu des exemples de ce type de réactions.

Il existe donc de nombreuses raisons pour rester ouverts au dialogue et à la communion en refusant de s'enfermer dans une réaction agressive tout à fait anti-spirituelle et anti-évolutive. Si d'autres désirent suivre un autre chemin, c'est leur liberté et leur responsabilité.

Depuis toutes ces années, on a appris beaucoup de choses incroyables sur « l'envers du décor ». Quand on possède ces informations, on mesure combien l'infor-

1. L'ouvrage en question, diffusé en librairie, était dirigé par le gourou.

mation du public est partielle et combien nombre de problèmes — dont celui des sectes, dont tu fais apparemment ton cheval de bataille — sont tout à fait secondaires par rapport à ce qui se trame réellement derrière toutes les apparences et qui concerne toute l'humanité.

En tout cas, que ce soit par réelle passion ou, plus malheureusement, par intérêt financier ou gloire fallacieuse, si tu étais plus informée, sans doute aurais-tu plus de réserve et ménagerais-tu davantage l'avenir.

Amicalement,

Florian et tous ses amis.

Celui qui,
après avoir été négligent,
devient vigilant,
illumine la Terre
comme la Lune émergeant des nuées.

Paroles du Bouddha.

Remerciements

Merci à deux grandes dames de cœur et d'esprit, Joëlle de Gravelaine et Janine Tavernier, pour leur humanisme quotidien et leur soutien dans les moments de doute et de désespoir.

À Véronique de Bure, mon éditrice, qui a su me guider et respecter mon travail sans se l'approprier.

Et, pour les coups de pouce, les coups de main et les coups de plume, M. St., Brigitte, Talie, Laurent, Bernard, Mathieu, Joane, Marie-Claire, Stéphane, Martine, Claire, Vincent, Marjo, Marie-Pierre, Boët, Katia, Nathalie T., Lako et les dix mille autres…

Table

Cet ouvrage a été achevé d'imprimer en septembre 1996
dans les ateliers de Normandie Roto Impression s.a.
61250 Lonrai
N° d'imprimeur : 961798
Dépôt légal : septembre 1996
ISBN : 2-88456-001-7